तेलुगु साहित्य में चलम् (1894-1979) को प्राप्त विशिष्टता अतुलनीय है। कहा जा सकता है कि कोई व्यक्ति अपनी खोज करता हुआ जितनी दूर जा सकता है, उतनी दूर तक की इन्होंने यात्रा की है और बिना झिझक या डर के अपनी इस सारी यात्रा को अपनी रचनाओं में प्रतिफलित किया है।

चलम् ने कहानी, उपन्यास, कविता, रूपक, एकांकी, निबन्ध, पत्र लेखन, अनुवाद आदि कई विधाओं में अनेक रचनाएँ की हैं। इनके जीवन और साहित्य को लेकर अनेक निबन्ध और पुस्तकें प्रकाशित हुई हैं।

100 वर्ष पहले 1925 में रचित और भारत का पहला स्त्रीवादी सिद्धान्त-ग्रन्थ या मेनिफेस्टो कहलाने योग्य यह पुस्तक चलम् की रचनाओं में सर्वाधिक प्रशंसित और अभिशंसित हुई है।

स्त्री-पुरुष सम्बन्धों की समस्या के विषय में चलम् के विचार स्पष्ट रूप से जानने हों, तो सिद्धान्तपरक यह रचना पढ़नी ही पड़ेगी। इस रचना के कई संस्करणों के लिए कई बार लिखी इनकी भूमिकाओं को पढ़ना भी आवश्यक है। स्त्री की स्वतन्त्रता को लेकर वे क्या चाहते थे, यह उन्होंने यहाँ स्पष्ट कर दिया है।

जिन विचारों से सहमति जताने में आज भी हमारे समाज को झिझक होगी, ऐसे उग्र स्त्रीवादी विचारों और आन्दोलन के पुरोधा के रूप में चलम् यहाँ प्रस्तुत हुए हैं।

इसीलिए चलम् आने वाली पीढ़ियों के लेखक हैं।

चलम् की रचनाओं में सर्वाधिक संस्करण भी इसी पुस्तक के प्रकाशित हुए हैं।

• • •

स्त्री

गुडिपटि वेंकटचलम्

तेलुगु से अनुवाद

जे. एल. रेड्डी

वाणी प्रकाशन

प्रकाशन के उत्कृष्टतम 63 वर्ष

vaniprakashan.com

पेपरबैक पहला संस्करण : 2026

वाणी प्रकाशन

4695, 21-ए, दरियागंज, नयी दिल्ली-110 002

फ़ोन : + 91 11 23273167, 23275710

शाखाएँ

अशोक राजपथ, पटना-800 004, बिहार

कॉफ़ी हाउस कैम्पस, महात्मा गांधी मार्ग, प्रयागराज-211 001, उत्तर प्रदेश

महात्मा गांधी अन्तरराष्ट्रीय हिन्दी विश्वविद्यालय, वर्धा-442 001, महाराष्ट्र

sales@vaniprakashan.in
vaniprakashan@gmail.com

Stri
by Gudipati Venkatchalam
The Telugu Original Translated in Hindi by J.L. Reddy

ISBN : 978-93-7348-436-5
Non-Fiction/History

मूल्य : ₹ 495

आर. टेक ऑफ़सेट, दिल्ली-110 032 में मुद्रित

वाणी प्रकाशन का लोगो मक़बूल फ़िदा हुसैन की कूची से

समर्पण

उस स्त्री जगत को, जिसकी पुंजीभूत व्यथा के झंझानिल ने पल-भर को भी मुझे स्थिर-शान्त नहीं रहने दिया और अपनी उत्कट वेदना के भार के तले मुझे दलते हुए और मेरा दम घोंटते हुए जो हर क्षण मेरे जीवन पर शासन करता रहा है।

आमुख

स्त्री का भी शरीर है; उसे व्यायाम देना चाहिए। उसका भी मस्तिष्क है; उसे ज्ञान देना चाहिए। उसका भी हृदय है; उसे अनुभूति देनी चाहिए–इस बात को न समझने वाले इस देश को, मैं जो लिख रहा हूँ, ये बातें समझ में आयेंगी क्या?

मैं जानता हूँ, लोग कहेंगे कि पश्चिमी सभ्यता का दीवाना कोई बदहवासी में अंडबंड बक रहा है। लेकिन मैं मानता हूँ कि बचपन में ही ऐसी कोई पुस्तक मिल जाती, तो मैं अपने जीवन को आज से कई गुना अधिक पवित्र और सार्थक बना लेता।

मेरे-जैसे लोग भी इस नये युग में शायद हों!

–चलम्

अनुक्रम

1

आज फिर

पहले संस्करण की प्रस्तावना के अन्त में 'आज के लिए ये उपाय हैं। ये उपाय मुझे अच्छे लग रहे हैं।' यह लिखने के बाद इसका भी मैंने संकेत दिया था कि कालक्रम में मेरे विचार बदल सकते हैं। मेरे उद्‌देश्य और आचार-विचार बदलें, तो देखकर प्रसन्न हो लेने की आशा लिए बहुत लोग बरसों से प्रतीक्षा में बैठे हैं। यह प्रतीक्षा मेरे प्रति हितैषिता के कारण नहीं, बल्कि जिन युवकों के बारे में वे सोचते हैं कि मेरे तौर-तरीक़ों का अनुसरण करके ख़राब हो रहे हैं (वास्तव में सुधर रहे हैं) उनको मुझसे विमुख करके उनको भी अपने जैसे कचरे में बदलकर सड़ाने की आशा से कर रहे हैं। कहने को तो बड़ी-बड़ी बातें बहुत होती हैं कि युवा लोग ही भविष्य के निर्माता हैं। पर जब युवा लोग उनसे अधिक उन्नति करते हैं, तो 'बड़े लोगों' को बहुत ईर्ष्या होने लगती है। इसीलिए हम देखते हैं कि जितने भी लोगों ने संसार का महान उपकार किया है, और दम-खम वाले रहे हैं, उन सभी लोगों ने ऐसे 'बड़े लोगों' के विरुद्ध विद्रोह किया था। असल में आँख मूँदकर माँ-बाप की बात पर चलनेवाले लड़के का कोई भविष्य नहीं होता। गुरुओं की बात पर चलनेवालों का तो और भी नहीं।

अपने समय में जिन युवकों ने अपने बड़ों के विरुद्ध विद्रोह किया था, उनको भी बड़े होने के बाद बच्चों को नैतिकता का उपदेश देते हुए, उन पर अधिकार जताते हुए और उनके स्वतन्त्र सोच को कुचलते हुए मैंने देखा है। ऐसे माता-पिता भी देखे हैं, जो अपने माँ-बाप को तो कोसते रहे कि उनकी शादी बचपन में ही करा दी थी, लेकिन ख़ुद अपने बच्चों के मामले में ठीक वही ग़लती कर रहे हैं। ऐसे लोगों को भी जानता हूँ जो मेरी कहानियों और विचारों की प्रशंसा करते रहे, अपनी निजी स्वतन्त्रता के बहुत आग्रही रहे, उछल-कूद मचाते रहे और बाद में शादियाँ कीं, नौकरियाँ ढूँढ़ लीं, मकान बनवा लिये और चुपचाप ग़ायब हो गये। स्वतन्त्रता की देवी कलकत्ते की काली से भी भयंकर है। वह निरन्तर सुख का नैवेद्य और

अश्रुओं का अभिषेक माँगती है। अन्त तक उसकी आराधना कर सकने का दम-खम रखनेवाले विरले ही होते हैं। अधिकांश लोग तो स्वतन्त्रता की आराधना अपनी व्यक्तिगत कठिनाइयों से मुक्ति के लिए ही करते हैं। जीवन-भर उस देवी को झेल पाना उनके बस का नहीं है।

पहले संस्करण की प्रस्तावना के अन्त में मैंने उपर्युक्त वाक्य दि. 2-12-1930 को लिखा था। आज दि. 2-12-1940 को दस साल के अतिरिक्त अनुभव के बाद 'स्त्री' को दुबारा पढ़कर मैंने यह देखने की कोशिश की कि मुझे अपने विचारों को कहीं बदलने की ज़रूरत तो नहीं है? इन पन्द्रह सालों में (स्त्री का लेखन 1925 में हुआ था) मैंने बहुत दूर की यात्रा की है। (अन्दर की, बाहर की नहीं) आयु के मामले में नहीं, मन के मामले में जो बढ़ते हैं, विकास करते हैं, उनका इन आयासक यात्राओं से बचाव नहीं है।

सबसे बड़ी बात यह कि अब मेरी ज़िम्मेदारी पहले से बढ़ गयी है। बहुत समय से मैं डर रहा था कि ऐसा दिन आ न जाये। जिस दिन किसी को मेरी चाह नहीं होगी और मेरा बहिष्कार कर दिया जायेगा, उस दिन मैं स्वच्छन्द हो जाऊँगा। तब 'मैं क्या लिख रहा हूँ, क्या कर रहा हूँ।' इस को लेकर मुझे कोई संकोच नहीं रहेगा।

दस साल पहले मेरा ज़िन्दा रहना जिन लोगों को अच्छा नहीं लगता था, उन लोगों पर आक्रमण करके अपनी बात आगे रखना ही मेरे लिए महत्त्वपूर्ण था। लोगों को जितना ग़ुस्सा दिलाता, उतनी ही मुझे ख़ुशी होती। अपने विरोधियों को संत्रस्त करने के लिए तीखी-से तीखी बातें भी कमज़ोर लगतीं। इसलिए उन दिनों लिखी मेरी पुस्तकें अतिरंजित और एकतरफ़ा वक्तव्यों, द्वेष से भरी गालियों और अनावश्यक लैंगिकता से भरी रहती थीं। आज यह मालूम होते ही, कि चेहरे की मुद्रा से, कण्ठस्वर से, पत्रों से, मौन से, स्तब्धता से, ऐसी परिस्थितियों में से, जिनमें कुछ पूछना या लिखना कठिन हो, कुछ लोग आतुरता से मुझ से प्रश्न पूछ रहे हैं, मेरी बातों का कुछ मूल्य मान रहे हैं, तो मेरे पैरों में बेड़ियाँ पड़ गयी हैं। मेरी निश्चिंत और स्वच्छन्द यात्रा समाप्त हो गयी है। यह डर लगने लगा है कि असावधानी से जाने क्या लिखकर, या न लिखकर, क्या बोलकर या न बोलकर मैं लोगों को गुमराह कर दूँ।

जिनको सचमुच यह शिकायत है कि मैं घमण्डी हूँ और बात नहीं करता, उन से कह रहा हूँ। (बात करने के लिए मेरे पास कोई आये ही नहीं, इस उद्देश्य से मेरे विरुद्ध प्रवाद जो फैलाते रहते हैं, उन प्रिय मित्रों से नहीं) मैं बात नहीं करता हूँ, तो इस डर के कारण कि शायद सच न बोल सकूँ। (मेरा असत्य मुझे हानि पहुँचाये, तो

कोई बात नहीं। मैं डरता हूँ कि वह दूसरों को कहीं हानि न पहुँचाये)। इस विश्वास के कारण कि मैं अपने मौन से, मितभाषिता से लोगों को स्वयं सोचने के लिए प्रेरित कर सकूँ, तो यह उनके लिए अधिक हितकर होगा, यह समझने के कारण कि सही उपाय यही है, यह बात ज़ोर देकर कहने का अधिकार मुझे नहीं है, इस कारण कि लोगों के प्रति, उनके निजी विचारों के प्रति, और उनकी स्वतन्त्रता के प्रति मुझ में सम्मान की भावना है, और इस विश्वास के कारण कि हर व्यक्ति का मार्ग अलग है, मेरा मार्ग कुछ सीमा तक सूचना देने के लिए ही है, और वह मुझे छोड़कर किसी दूसरे के लिए पूरा का पूरा उपयुक्त नहीं हो सकता। सब लोगों की सूचना के लिए 'यह बात अच्छी है', यह लिखना और विशेष रूप से किसी एक व्यक्ति से 'यह तुम्हारे लिए अच्छी है' यह कहना अलग-अलग बातें हैं। लेकिन दुर्भाग्य की बात यह है कि मुझे समाज के प्रति क्रोध है और व्यक्तियों के प्रति प्रेम। समाज (मुझे मिलाकर) मुझ से और दूसरे अनेक लोगों से अधिक विवेकहीन है। व्यक्तियों में मुझ से उन्नत भी कोई नहीं है, तो मुझ से हीन भी कोई नहीं है।

'स्त्री' को मैंने ध्यान से पूरा पढ़ा है। छपाई की ग़लतियों को छोड़कर बदलने लायक बात एक भी दिखाई नहीं पड़ी। चिन्ता इस बात को लेकर ज़रूर हुई कि नैतिकता का उपदेश देने वालों की भर्त्सना के लिए और अनुपम रीति से स्त्री-पुरुष के परस्पर आकर्षण की स्तुति करने के लिए नये और अधिक प्रभावी शब्द मैं सीख नहीं पाया।

धर्म और नैतिकता को लेकर मैंने अपने विचारों को व्यापक बना लिया है। लेकिन मैं यह चेतावनी देना चाहता हूँ कि धर्म को लेकर, नैतिकता को लेकर और दर्शन को लेकर बात करनेवालों पर ज़रा भी विश्वास न करें, उनके पास धर्म या नैतिकता, रत्तीभर भी नहीं है। मनुष्य की स्वतन्त्रता का समर्थन करने वाले मनुष्यों और पुस्तकों से जिस-जिसकी सहमति नहीं है, वे सब दुष्ट हैं, ग़ुलाम हैं, और चोर हैं—कोई सन्देह नहीं।

बहुत लोग मानते हैं कि मेरी किताबें (विशेषकर 'स्त्री' को) पढ़कर लोग ख़राब हो गए हैं। 'ख़राब होना' का क्या मतलब है, इस सवाल को अलग रखें, तो 'ख़राब हुआ' आदमी एक भी मुझे दिखाई नहीं पड़ा। आजकल किसी प्रकार की परस्पर आसक्ति या आकर्षण के बग़ैर सिर्फ़ आदत की वजह से 'निष्काम कर्म' करने वाले इन गृहस्थों से ज़्यादा ख़राब होना कैसे सम्भव है, यह बात-बहुत सोचने पर भी मेरी समझ में नहीं आ रही है। इस पुण्यभूमि में शायद मुझ अकेले का ही मन विशेष रूप से पापमय है। यदि सचमुच ऐसे लोग हों, जो मेरी पुस्तक पढ़कर 'ख़राब' हो गये हों, तो वास्तव में वे लोग न जाने कितने सुधर गये होंगे!

सारा संसार हमारी ही आँखों के सामने अपेक्षा से कहीं अधिक तेज़ी से जब बदलता जा रहा हो, देश-के-देश बहे जा रहे हों, तब हल्दी और महावर को लेकर, शुद्धान्न की हांड़ी के दानों को लेकर लाज-संकोच को बचाने को लेकर छटपटानेवाली बूढ़ी सासों को, श्लील-अश्लील का फ़ैसला करते तेलुगु कथाकारों को, स्कूलों के अध्यापकों को और पत्रिकाओं के आलोचकों को देखकर हँसी आती है, और मन उदास हो जाता है।

मेरी जिन कहानियों को ये लोग अनैतिक कहते हैं, उन कहानियों को पढ़ने के लिए ही लोग पत्रिकाएँ ख़रीद रहे हैं। यानी तेलुगु भाषियों में सभी शिक्षित लोग अनैतिक हैं! लेकिन इन्हीं कहानियों को छः-छः बार पढ़ने के बाद इन आलोचकों ने पत्रिकाओं में यह लिखना तो अभी बन्द नहीं किया है कि ये कहानियाँ अनैतिक हैं। क्या करें? अजायबघर में रखने लायक ये लोग दस साल में और भी दुर्लभ हो जायेंगे। देखकर हँसने के लिए इनमें से शायद कोई बचा न रहे, इस चिन्ता से चलिए, हम आशीर्वाद दें कि हमारे आह्लाद के लिए अभी दस साल और ये लोग बने रहें।

'सेक्स' जीवन का सूत्र है। बच्चों से लेकर बूढ़ों तक सब को जाने-अनजाने प्रेरित करके उन पर शासन करता रहता है। यह कहकर कि मुझ में वह प्रेरणा नहीं है, या मुझे उसकी ज़रूरत नहीं है, कोई चाहे जितना अपने को धोखा दे ले, कोई लाभ नहीं है। कोई सोचे कि 'जीवन कहीं है नहीं, हम जी ही नहीं रहे हैं। जीवन महत्त्वपूर्ण नहीं है', तो उसका जितना अर्थ होगा, 'सेक्स' की प्रेरणा को नकारने का भी उतना ही अर्थ होगा। वे लोग धन्य हैं जिन्होंने इस आकर्षण के अस्तित्व को स्पष्ट रूप से स्वीकार किया है और उस सुख को साधा है। उसके समान उन्नत साधना और अपूर्व आनन्द दूसरा कोई नहीं है। झूठी नैतिकता और यश के आकर्षण में पड़कर आत्मवंचना करने मात्र से वह शक्ति दबनेवाली नहीं है। वह शक्ति ऐसे लोगों को अभागा और निष्फल प्राणी बनाकर ही छोड़ेगी।

2-12-40
बेजवाड़ा (विजयवाड़ा) **वेंकट चलम्**
आन्ध्र प्रदेश

2

तीसरी बात

स्त्री-पुरुषों की पारस्परिकता का अनुभव अमूल्य है, यह मानते हुए और श्रृंगार भावना के मूल्य पर विश्वास करते हुए जो लोग अपने जीवन को ही नहीं, अपने सम्पर्क में आए दूसरे लोगों के जीवन को भी सुखमय बनाने में तत्पर हैं, उन लोगों के लिए मैंने 'स्त्री' की रचना की है। जो लोग मेरे स्वातन्त्र्य-प्रबोधन को समझ नहीं पाते या ग़लत समझते हैं, उन लोगों के लिए विवाह का बन्धन बहुत उपयोगी है। लेकिन हमें ऐसे साहसी व्यक्तियों की आवश्यकता है जो समाज के आचारशास्त्र का विरोध किसी चीज़ की आड़ में, स्वार्थ भावना से, अपराध भावना से या क्षमा याचना के साथ नहीं, समाज के प्रति निष्ठा के कारण, लोगों के प्रति प्रेम के कारण कर सकते हैं। मेरे लेखन में समाज के प्रति झलकने वाला सारा द्वेष-आक्रोश समाज के अज्ञान और क्रूरता में पिसते मनुष्यों के प्रति प्रेमभाव ही है।

फ़िल्मों में, कहानियों में युवा लोगों की "यह समाज बेकार है। हम जैसे लोग उसकी परवाह क्यों करेंगे? समाज बेवकूफ़ है" जैसी दंभोक्तियाँ जो हम सुनते हैं, वे निरर्थक ही नहीं, बहुत नीचतापूर्ण भी हैं। उस समाज की कृपा के बिना, उसके आधार के बिना जो लोग एक मिनट भी टिक नहीं सकते, वे ही लोग ऐसी बातें करते हैं।

समाज के विधान के विरोध को आवश्यक समझने वाले और विरोध करने का सामर्थ्य रखनेवाले लोग हमेशा कम ही होते हैं। किसी के प्रतिरोध के द्वारा स्वयं उसका और दूसरों का भला होना हो, तो वह व्यक्ति अपने लिए जिस स्वतन्त्रता की माँग करता है, उसे सब के लिए भी स्वीकार करना होगा। उसे स्वजनों पर अपना अधिकार छोड़ना पड़ेगा और अपने प्रतिरोध के कारण होनेवाली यातनाओं को गर्व के साथ सहन करना होगा।

इन विचारों के प्रचार से यह आशा की जा रही है कि हर एक हृदय में थोड़ा या बहुत परिवर्तन अवश्य आयेगा, लोग नये कोण से देखना सीख जायेंगे और चुप रहने

के कारण, मूर्खता के कारण या अज्ञान के कारण लोग असहायों के साथ, दुर्बलों के साथ जो अन्याय कर रहे हैं, वह उजागर हो जायेगा। यह विश्वास भी है कि क्रमशः लोग नयी रोशनी में आँखें खोलेंगे।

ज्यों-ज्यों सभ्यता बढ़ रही है, लोगों के काम-धंधे, सरोकार और आशाएँ बढ़ रही हैं, मनुष्य को मनुष्य के रूप में देखना कम होता जा रहा है। 'यह मेरी स्त्री है' वाला भाव चला गया है और स्त्री बगल में सुख देने वाले शरीर की हैसियत से भी गिरकर केवल एक वस्तु, एक विचार (आइडिया) और केवल एक निराश्रित जीव बनती जा रही है। स्त्री के लिए पुरुष भी वही हो गया है। उसे खाना-कपड़ा, गहने और सामाजिक प्रतिष्ठा देने वाला एक साधन, बस।

एक स्त्री के रूप में पत्नी को पुरुष और पुरुष के रूप में पति को स्त्री कुछ भी नहीं दे पा रहे हैं। एक के शरीर पर दूसरे का ध्यान भी नहीं रह गया है। इस तरह सोचने पर केवल लज्जा और घिन होने लगती है। मुख्य रूप से आज की शिक्षा और आज के धर्म के कारण ऐसी दुर्भाग्यपूर्ण स्थिति पैदा हो गयी है। जितने दिन तक यह माना जाता रहेगा कि सुख पाने के लिए धन और सम्पत्ति बहुत महत्त्वपूर्ण हैं, तब तक मनुष्यों के हृदय में किसी दूसरे मूल्य के लिए जगह नहीं रहेगी। जिस मिट्टी ने उसकी सृष्टि की है, उस मिट्टी से और जिस रोशनी ने उसकी आँखें खोली हैं, उस रोशनी से मनुष्य क्रमशः दूर होता जा रहा है। लोगों की दृष्टि में जिसके पास पैसा नहीं है, वह आदमी एकदम निकम्मा है और जो सहज सुख भोगता है वह पापी है।

किसी भी नये विधान की बात, मुख्यतः सन्तान-निरोध आदि की बात करें, तो बड़े लोग कहेंगे, "दुनिया कैसे चलेगी?" या कहेंगे, "कोई भी बच्चे पैदा नहीं करेगा, तो दुनिया का क्या होगा?" यह सवाल ऐसे करेंगे, जैसे उसका कोई जवाब न हो और लोकसंग्रह का यह सारा भार उन्हीं लोगों ने अपने कन्धों पर उठा रखा हो। कोई उल्टे सवाल करे, "क्यों, दुनिया में मनुष्य न रहें तो क्या हो जाएगा?" तो उस सवाल को अनसुना करके उसको एक़दम ख़ारिज कर देंगे।

जैसे भी हो, हम इस दुनिया में आ गये हैं। न आना अपने बस की बात नहीं थी। इसलिए सुखी कैसे हुआ जाए, इसको लेकर हमें सोचना चाहिए। हम सुखी नहीं हो सकते तो भविष्य में इस दुनिया में आनेवालों को ही कम-से-कम आने से रोकने का प्रयत्न करेंगे, उनको यहाँ की समस्याओं से बचाने के लिए। "पैदा होने से ही तो ये समस्याएँ हैं? पैदा ही न हों तो?" अब हम यह बात तब कह रहे हैं, जब जन्म देने, या न देने की शक्ति हमारे हाथ में आ चुकी है।

"ऐसा करूँगा कि कोई ग़रीबी से दुखी न हो।" यह सोशलिस्ट कहता है, तो "सुख भोगने थोड़े ही आए हैं, इस दुनिया में" यह कोई दूसरा कहता है, धर्मध्वजी होकर।

बर्ट्रेंड रसेल कहते हैं–Men would rather die than think. लोग ऐसे सोचते हैं जैसे यह संसार, यह घर-गृहस्थी, यह सम्पत्ति और यह नीतिशास्त्र शाश्वत हों। मैं इतना सारा तो लिख रहा हूँ, लेकिन जब तक साम्यवाद-जैसा कोई विराट परिवर्तन बाढ़ की तरह आकर इस कूड़ा-करकट का सफ़ाया नहीं करेगा, तब तक ये मनुष्य अपनी जगह से हिलेंगे नहीं। इस तरह के चाहे जितने निबन्ध लिखे जाएँ। पथराये हुए इस समाज में कोई युद्ध, कोई आन्दोलन या साम्यवाद ही नयी चेतना ला सकता है। इस तरह का जितना भी लेखन है, वह आनेवाले उस महान परिवर्तन के लिए सोपान का काम करेगा। जब तक साम्यवाद आकर घोंसलानुमा इन कोठरियों का, अचारों के इन आलों का, भगवान की कोठरियों का, और रसोईघरों का विध्वंस करके, 'कॉमन मेसेज़' (Common messes) की, बच्चों के लिए विशाल क्रीड़ास्थलों की, विद्यालयों की, स्थापना नहीं करेगा, तब तक एक-दूसरे से गुँथकर और एक-दूसरे का खून पीते हुए जीनेवाले ये पति, पत्नी, बच्चे, सास, पड़नानी, विधवा एक-दूसरे को सताने से बाज़ आयेंगे? सवेरे उठते ही दाल, सब्जी, उपले, झींकना-उबलना, रोना-धोना, रूठना, काँखना-कराहना, अधिकार जताना–इन सब से मुक्त होकर सूर्योदय को देखकर मुस्कुराने लायक प्रसन्नता, उत्साह और मन की निर्मलता इन मनुष्यों को कब प्राप्त होगी?

दरिद्रताग्रस्त इन मरियल ज़िन्दगियों में और गृहस्थियों में एक-दूसरे पर अधिकार जमाने की कोशिश करते हुए यों ही रोते-झींकते, गालियाँ बकते जीने में जो यातना और नीचता है, उसका आभास तक अधिकांश मनुष्यों को नहीं है।

27.7.45
बेजवाड़ा (विजयवाड़ा) **वेंकट चलम्**
आन्ध्र प्रदेश

3

अन्ततः आज

“People would rather die-than not think”–Chalam

“आप को देखकर लगता है कि अब जल्द ही आप भगवान में भी विश्वास करने लगेंगे।” एक मित्र ने कहा था। जब मैं नया-नया इस शहर में आया था, तब मिलने के लिए बहुत दूर से मुझे ढूँढ़ते हुए वे आये थे।

पक्के तौर पर पता चल जाए कि भगवान है, तो क्यों नहीं विश्वास करूँगा? भगवान के अस्तित्व का कोई प्रमाण अब तक तो मिला नहीं। भगवान अगर हो, तो विश्वास करने में मुझे क्या आपत्ति हो सकती है? मेरी आँखों के सामने सत्य के रूप में जो चीज़ खड़ी होगी, चाहे जितनी हानि उठानी पड़े, उस पर विश्वास करके तदनुरूप आचरण करने का ही मेरा निश्चय है। उस सत्य के रूप बदलते हों और जो विश्वास पहले था, उसके विरुद्ध पड़नेवाली बात आज सत्य मालूम पड़े, तो उस पर विश्वास करने में भी कोई आपत्ति नहीं है। इसीलिए मैं इस पुस्तक में और अन्यत्र भी हमेशा लिखता रहा हूँ : जिस दिन जो सत्य लगे, उस पर विश्वास करने के लिए हमें तैयार रहना चाहिए। उस तरह का खुला दिमाग़ हमारे पास होना ज़रूरी है।

विचित्र बात यह है कि मेरी कहानियों तथा अन्य पुस्तकों से अधिक यह पुस्तक बिकी है। बीस साल से अधिक समय से लोग इसे ख़रीद रहे हैं। इस पुस्तक के पाठकों से आनेवाली चिट्ठियाँ आज तक थमी नहीं हैं। इतनी गम्भीरता से लिखी गई और लोकाचार के इतने विरुद्ध पड़नेवाली इस पुस्तक को प्रेम से पढ़कर लोग मुझे पत्र लिख रहे हैं, यह देखकर तेलुगु-भाषियों की बौद्धिक क्षमता और उनकी ज्ञानतृष्णा के प्रति मुझ में अत्यन्त आदरभाव उत्पन्न होना चाहिए था। लेकिन इन पत्रों में तीन चौथाई तो गर्भपात की दवा या उसके उपाय सुझाने की विनती ही लिये होते हैं। अभिधा में हो या लक्षणा-व्यंजना में, बात यही होती है!

आज यह आमुख फिर से लिखना पड़ रहा है। यह शायद मेरी तरफ़ से अन्तिम बात होगी। शायद मैं अब आगे न लिखूँ, या मुझे शायद लिखने नहीं दिया जायेगा!

मैं न लिखूँ तो कोई बड़ी क्षति नहीं होनेवाली। आज अन्तिम रूप से अपने विश्वासों के बारे में, जो लोग मुझ से परिचित नहीं हैं–, चाहे वह एक ही हो–उनकी सूचना के लिए लिख रहा हूँ। यदि अपरिचित कोई नहीं है, तो कोई बात नहीं। मानूँगा कि मैं अपने ही लिए लिख रहा हूँ। मेरा दृष्टिकोण जब बदल जाता है, तब वह कैसे बदला है, यह इस पुस्तक में लिखना मेरा धर्म है।

प्रशिक्षण का आदर्श है–उसकी आवश्यकता न रहना। इसी तरह शासन का आदर्श है–जेल और अदालतें आवश्यक न होना। वैद्यशास्त्र का आदर्श है, दवाई आवश्यक न होना। स्त्री ने अपना जो सम्मानपूर्ण स्थान खो दिया है, उसे फिर से पाने का मुख्य साधन है प्रतिरोध। "प्रतिरोध करके और कष्ट सहकर जब तक अपना जीवन अर्पित नहीं करेगी, तब तक खोई हुई अपनी आत्मा को वह फिर से पा नहीं सकेगी।" यह मैंने लिखा है।

प्रतिरोध का आदर्श है, प्रतिरोध की आवश्यकता न रहना। जैसा कि टैगोर ने कहा है, तूफ़ान का आदर्श है शान्ति। आज मैंने जो नया ज्ञान प्राप्त किया है, उस ज्ञान से (चाहें तो अज्ञान कहिये, कोई दिक़्क़त नहीं। यह अज्ञान, हम जिसे ज्ञान समझते हैं, उससे बड़ा ज्ञान है) नये युवक-युवतियों के जीवनोद्देश्यों और उनकी जीवन-पद्धतियों को जितना देखता हूँ, और प्रतिरोध का परिणाम जितना देखता हूँ, उससे आज मुझे जो समझ में आया है, वह यह है कि प्रतिरोध की परिणति एक और प्रतिरोध के आवश्यक होने में ही हुई है।

एक बार एक लड़की हमारे पास आयी। यह बताकर कि घर में उसे सताया जा रहा है, उसने स्वतन्त्र होने का मार्ग सुझाने का आग्रह किया। उस लड़की को ढूँढ़ता हुआ उसका बाप भी आ गया। बाप-बेटी ने आमने-सामने बात की। अन्त में समझौते की शर्तें ये बनीं–

'कुंकुम की लाल बिन्दी के बदले उसे काली बिन्दी लगा लेने देना चाहिए और पुराने कड़ों की जगह नये पाजेब बनवा देना चाहिए।'

उस लड़की की सारी ग़ुलामी इन दो चीज़ों के मामले में स्वेच्छा न रहने को लेकर थी। आज़ादी की बड़ी-बड़ी लड़ाइयों में भी कुछ लोगों के लक्ष्य ऐसे ही होते हैं!

विशेष प्रकार के अधिकारों के लिए संघर्ष करने पर अधिकार तो मिल सकते हैं, लेकिन उन अधिकारों के प्राप्त होने मात्र से सुख नहीं मिलता। आत्मविकास के लिए, उन्नति के लिए, सत्ता द्वारा हो रहे उत्पीड़न के विरुद्ध संघर्ष करना ही प्रशंसनीय है। उस स्थिति में स्वतन्त्रता के लिए व्यक्ति द्वारा किये जाने वाले त्याग के शूल भी फूलों में बदल जाते हैं।

स्त्री को चाहिए कि वह अपने प्राप्य अधिकारों से अधिक अपने द्वारा निर्वहणीय कर्तव्यों पर दृष्टि केन्द्रित करे। स्वतन्त्रता और शान्ति बाहर की परिस्थितियों में से या चारों ओर के वातावरण में से नहीं, स्वयं उसके अपने हृदय में ध्वनित होकर जब बाहर निकलती हैं, तभी स्थायी रह सकती हैं। सास के अधिकार से और पति की अधीनता से बचनेवाली नयी स्त्री अपनी सज-धज की, सामाजिक प्रतिष्ठा की और फ़ैशन की ग़ुलाम बनती जा रही है। एक पुरुष की छाया में खड़ी होकर (उस पुरुष की ग़ुलाम हुई भी तो क्या?) दुनिया की अवज्ञा करने में समर्थ गृहिणी आज सामाजिक प्रतिष्ठा के नाम पर, शिक्षा के नाम पर, नौकरी के नाम पर और फ़ैशन के नाम पर, हज़ार लोगों की दासता कर रही है। नयी स्त्री के लिए उसके चारों तरफ की सभी स्त्रियाँ उसकी सासें बन गयी हैं।

"सवेरे उठते ही दाल-सब्जी, उपले, झींकना-उबलना, रोना-धोना, रूठना, काँखना-कराहना, अधिकार जताना—इन सब से मुक्त होकर सूर्योदय को देखकर मुस्कुराने लायक प्रसन्नता, उत्साह और मन की निर्मलता मनुष्यों को कब प्राप्त होगी?"

—यह मैंने चिन्ताकुल होकर पूछा था।

प्रतिरोध द्वारा रसोई के लिए उपलों के बोझ और दूसरों के अधिकार के उत्पीड़न से बचा जा सकता है। जो लोग इस तरह बच गये हैं, उन लोगों द्वारा इस स्वतन्त्रता का उपयोग दूसरों की स्वतन्त्रता में बाधा डालकर उन पर अधिकार चलाने के लिए या देह को अधुनातन फ़ैशन के अनुसार सजाने के लिए ही हो रहा है, सूर्योदय को देखकर हर्षानुभूति प्राप्त करने के लिए नहीं। पहले चबूतरे पर बैठकर साग-सब्जी बनाने को लेकर और अचार डालने को लेकर बात करनेवाली गृहिणियाँ आज सिनेमा वालों के ताज़ा प्रेम-प्रसंगों को लेकर या अपने मित्रों के शील-चरित्र को लेकर बातें कर रहीं हैं।

इन लोगों ने सूर्योदय को देखकर प्रसन्न होना तो नहीं सीखा, लेकिन बच्चों से, फूलों से, गायों से, अतिथियों से, चुम्बनों से और दूसरों की भूख शान्त करने से मिलनेवाली सन्तुष्टि और उत्साह तो खो दिया है।

जीवन नाम का गोचर विषय (phenomenon) किसी चीज़ से भी सम्बन्ध न रखनेवाला निरा संयोग (accident) है, इस विचार के प्रबल होते जाने से जीवन अर्थहीन होकर इतना असन्तोष पैदा कर रहा है। आज हर कोई यह मानता है कि मनुष्य में यह ऊपरी मन ही नहीं, उसके पीछे भी बहुत कुछ छिपा हुआ है। सत्यान्वेषण का चरम अर्थ है, अपने अन्दर के इस सत्य का अन्वेषण करना। थोड़ी या बहुत जब तक इस तरह की दृष्टि नहीं मिलेगी, तब तक किसी समस्या का समाधान नहीं मिलेगा।

स्त्री-पुरुषों का सम्बन्ध चाहे जितना महत्त्वपूर्ण हो, आख़िर है तो संसार के अनेकानेक सम्बन्धों और समस्याओं में से ही एक। एक भी समस्या पूरी तरह सुलझ जाये, तो समझिये कि बाक़ी सभी सुलझ गयीं। क्योंकि समस्या बाहर नहीं, मनुष्य के मन में है। यह बात कहने के बाद इस पुस्तक में लिखी एक भी बात बदलने की ज़रूरत नहीं है। वे सब ऐसे विषय हैं, जिन्हें स्त्री को सीखना चाहिए। लेकिन स्वतन्त्रता के इस प्रयत्न में असली सुधार कहाँ होना है, यह नहीं भूलना चाहिए। मेरी पुस्तक से केवल अपने लिए उपयोगी वाक्य ही चुनकर उन्हीं को सम्पूर्ण सत्य मान लेने की भूल किसी को नहीं करनी चाहिए।

मनुष्य इस संसार रूपी महावृक्ष का एक पत्ता है। पत्ता जितना यह जानेगा कि वह वृक्ष से अलग नहीं है, उसका जीवन, उसका सौन्दर्य, धूप में खेलने का उसका आनन्द, इन सब के मूल में वृक्ष की जड़ में से आकर उसे भरनेवाला जीवन रस है, उतनी ही उस पत्ते की कान्ति बढ़ेगी, शक्ति और सन्तुष्टि बढ़ेगी। अपने साथ सृष्टि की हर वस्तु के, पशु के, वृक्ष के, और सूर्योदय के–बाह्य सम्बन्ध के अतिरिक्त आन्तरिक सम्बन्ध का ज्ञान जितना बढ़ेगा उतना ही उसके जीवन में अर्थवत्ता, और सुन्दरता व्यक्त होती जायेंगी। स्वार्थपूर्ण सम्बन्धों से मन हटाकर मनुष्य गहरी बंधुता के जितने निकट होता जायेगा, सभी मनुष्यों और वस्तुओं को एक करते हुए उनके बीच समान रूप से फूट पड़नेवाली सृष्टि की इस लीला को जितना समझता जायेगा, उसकी आँखें उतनी ही नयी रोशनी में और सामरस्य में खुलेंगी।

ऊपर-ऊपर से देखने पर सृष्टि में हर वस्तु की दूसरी वस्तुओं से भिन्नता ही अधिक दिखाई पड़ेगी। लेकिन गहराई से देखने में हम जितने ही समर्थ होंगे, सर्वसमावेशी एकता उतनी ही अधिक दिखाई देगी। यह एकता ही ईश्वर है। ज्यों-ज्यों सत्य के निकट पहुँचते जायेंगे, न पति का आदेश देना अस्तित्व में रहेगा, न स्त्री का प्रतिरोध करना ही।

20.9.52
अरुणाचलम्
तमिलनाडु

चलम्

4

एक बार फिर अनिवार्य हो गया

पहले बहुत वर्षों तक इस पुस्तक को छापने का साहस कोई नहीं कर सका। छपने के बाद जिनके पास अधिकार था उन लोगों ने इसे किसी को पढ़ने नहीं दिया। उन लोगों ने अपने अधीन लोगों की प्रतिष्ठा और नैतिकता-बोध का भी हथियारों के रूप में उपयोग किया। उस पीढ़ी के लोगों का अब नामो-निशान तक नहीं है। देश की स्वाधीनता के साथ अनेक सुधार हुए। उनके परिणामस्वरूप स्त्रियों के हाथ में भी कुछ अधिकार आ गए हैं। आज काग़ज़ पर जो सुधार दिखाई पड़ते हैं, उनको और अपने को उच्च शिक्षित माननेवाली स्त्रियाँ जिस तरह की स्वच्छन्दता प्रदर्शित कर रही हैं, उसको देखने पर यह पुस्तक 'ओल्ड फ़ैशन्ड' लगती है। इस पुस्तक में जिस स्वतन्त्रता की कामना की गई है, उसके अनेक दायित्व और नियम हैं। लेकिन आगे बढ़ी हुई आज की स्त्री ऐसी स्वतन्त्रता भोग रही है जिसके न कोई दायित्व हैं न कोई नियम।

घर में जिसे स्वतन्त्रता नहीं थी ऐसे एक डॉक्टर ने कभी पूछा था, "क्या आप यह कह रहे हैं कि अपने देश में स्त्री को स्वतन्त्रता नहीं है?"

"मैंने अपने देश में नहीं कहा था। यह कहा था कि किसी भी देश में नहीं है।"

"लेकिन देखिए, वास्तव में घर पर तो सारा अधिकार उसी का है।"

"हाँ, आपके घर में तो यही है। घर में ही क्यों, बाहर भी आप पर आपकी पत्नी का ही अधिकार है। बाहर भी, जहाँ तक आप उनके हाथ लगते हैं, वहाँ तक।"

"यही नहीं, आज़ादी मिलते ही देश ने फ़ौरन स्त्री को मताधिकार दे दिया था।"

"मताधिकार का होना स्वाधीनता का चिह्न तो है, पर उस मताधिकार को अपनी इच्छानुसार प्रयोग करने की स्वतन्त्रता स्त्री को है क्या?"

आजकल देश में सरकारी काग़ज़ों पर तो स्त्री को सम्पूर्ण स्वतन्त्रता है। बस, इतना ही।

अदालत में जाने की स्वतन्त्रता सब को है। लेकिन ग़रीब आदमी के पास पैसा नहीं है। और निष्पक्ष दृष्टि से फैसला देने की न्यायाधीश की स्वतन्त्रता भी जल्दी-जल्दी ख़त्म हो रही है।

सारी सम्पत्ति हड़पकर स्त्री को सम्पत्ति का अधिकार देने से लाभ क्या है?

उसके पूरे जीवन को ही ग़ुलामी में बदलकर उसे पति से स्वतन्त्रता दिलाने से क्या लाभ?

एक पति से भागकर दस लंपटों से लातें खाने वाली स्त्री की कैसी स्वतन्त्रता?

स्वतन्त्रता दो प्रकार की होती है–एक अन्दर की और दूसरी बाहर की।

आन्तरिक स्वतन्त्रता जिसे प्राप्त है, उसे बाहरी स्वतन्त्रता की ज़रूरत नहीं है। वह हर मामले में स्वतन्त्र है। बाहर की स्वतन्त्रता के लिए जो एक महत्त्वपूर्ण आवश्यकता है, वह है, पैसा। आन्तरिक स्वतन्त्रता के बिना आशाओं, अँधेरों और कामनाओं की श्रृंखलाओं में अपने आप को बाँधे हुए मनुष्य को बाहर की स्वतन्त्रता और अधिक ग़ुलाम बना देती है। आज की स्त्री की यही स्थिति हो गयी है। पुराने समय की स्त्री चाहे जितने छोटे दायरे में रहती थी, वह एक नीति की, जिसे उसने अपना धर्म माना, उस धर्म की, पति, सम्बन्धियों और समाज की ग़ुलाम थी। आज की स्त्री अपनी ही ग़ुलाम बनी हुई है। यानी हर चीज़ की ग़ुलाम! उसे जो स्वतन्त्रता मिली है, वह अपनी घर-गृहस्थी से ही। उस गड्ढे में से उठकर और 'मैं' वाले अहंकार को बढ़ाकर उस वैयक्तिकता को बनाये रखने के लिए वह अनीति की, सफलता की, अधिकार की, सब से अधिक–फ़ैशन और प्रतिष्ठा की ग़ुलाम–समाज के लिए एक दुर्भर ग़ुलाम बन गयी है।

इस नये माहौल को समझकर उसके सहारे उन्नति करने के उद्देश्य से निकली स्त्रियों में से कुछ स्त्रियों ने राजनीतिक, आर्थिक और सामाजिक दृष्टि से ऊँचे पदों की शोभा बढ़ाई है। कुछ दूसरी स्त्रियों ने रेडियो, सिनेमा, जैसी समर-भूमियों में अन्धाधुन्ध प्रवेश किया है और उस समर में अनेक यातनाएँ और हानियाँ झेलकर, आत्मा और शरीर बेचकर किसी भाग्य के ही सहारे उन शिखरों को पा लिया है। लेकिन इस तरह निकल पड़ी हज़ार स्त्रियों में से दस-एक से अधिक कृतकार्य नहीं हो सकी हैं। बाक़ी स्त्रियों को अभी से सन्देह होने लगा है–इस क़ीमत पर इस स्वतन्त्रता का कुछ अर्थ है भी?

सौ साल पहले अंग्रेज़ी सरकार ने सरकारी नौकरियों के लिए जब दरवाज़े खोले थे, तब पुरुषों की जीवन-परिस्थितियों में जो परिवर्तन आया था, वही परिवर्तन आज स्त्रियों में आ रहा है। गृहस्थी की सुरक्षा को छोड़कर बाहर जाने की सुविधा

और सामर्थ्य अभी जिनको मिली नहीं हैं, वे स्त्रियाँ अपने घोसलों में से झाँक रही हैं। उड़ निकलने के अवसर की प्रतीक्षा में। उन स्त्रियों ने अब समझ लिया है कि उनकी ज़ंजीरें ज़ंग खा गयी हैं।

स्वतन्त्रता के साथ आए दायित्व और समस्याएँ जीवन को चूर-चूर कर रही हैं। शान्ति और सुख कहीं नहीं हैं। सार्वजनिक जीवन पुरुष के स्वभाव के लिए सहज है, सफलता मिले या न मिले। उसके लिए इसके अलावा दूसरा चारा भी नहीं है। लेकिन ऐसा जीवन स्त्री की प्रवृत्ति के अनुकूल नहीं है। पुरुष के अधिकार से बच निकलकर पद और पैसे की ग़ुलाम बनी स्त्री अब सोच रही है कि चाहे जितना तंग दायरा था, विवाह ही शायद बेहतर था। लेकिन विवाह करने के लिए इसे वांछित पुरुष नहीं मिलता। कोई एक मिले, तो उससे वह सन्तुष्ट नहीं हो सकती। पत्नी का पति और पति का पत्नी अपनी सामाजिक महत्त्वाकांक्षाओं के लिए उपयोग कर रहे हैं। लेकिन अभी से कुछ पुरुष भी यह सोचने लगे हैं कि स्त्री पर उनको पुराने समयवाले अधिकार न रहें तो विवाह बहुत आकर्षक नहीं होगा।

इसके अलावा विवाह की पाबन्दियों और बच्चों के दायित्व के बिना ही साथ रहने के लिए स्त्रियों के मिलते रहने से भी पुरुष को विवाह की आवश्यकता दिखाई नहीं पड़ रही है। इस तरह से अब भी स्त्री का बाज़ार भाव कम ही है।

'फ़ैशन ऐंड गुड नेम' ये दो ही चीज़ें समाज पर शासन कर रही हैं। नैतिकता का प्रभाव बहुत कम हो गया है। एक पुरुष के साथ किसी तरीके से शादी की रस्म अदा करके, सामाजिक प्रतिष्ठा नामक हथियार के सहारे स्त्री पुरुष को अपने शासन के अधीन रख रही है।

पुराने समय में स्त्री-पुरुष को विवाह के बन्धन में रखने वाले धर्म, आदर्श, आवश्यकताएँ और आकर्षण अनेक कारणों से आज लुप्त हो गये हैं। अब विवाह एक 'करियर' बन गया है।

"क्या करें, कोई-न-कोई नौकरी तो करनी ही है। लेकिन कोई नौकरी मिले तो सही।" यह बात पुरुष जिस तरह सोचता है, उसी तरह स्त्री भी...

"क्या करें, शादी करना ही ठीक है। लेकिन कोई पुरुष मिले तो सही।" वह कह रही है।

विवाह के पुराने धर्म तो चले गये। नये धर्म अभी आये नहीं हैं।

मात्र स्वतन्त्रता से क्या लाभ? उस स्वतन्त्रता से सुख, शान्ति और आत्मा का विस्तार न मिले तो?

यह नयी स्वतन्त्रता चाहे जितना बड़ा बोझ हो, पुरुष की अधीनता में चलनेवाली पुराने तरीके की गृहस्थी में स्त्री का लौटना तो अब सम्भव नहीं है। आगे लोगों का शादी करना ही कम हो जायेगा। सिर झुकाये, पति को ही परमेश्वर मानते हुए उसके दर्शन न होने पर रोते हुए रसोईघर के एक कोने में स्त्री के पड़े रहने की परिस्थितियाँ अजायब घरों को छोड़कर और कहीं नहीं मिलेंगी। विवाह का मतलब एक सहकारी संस्था हो जायेगा। पुरुष अपनी इच्छानुसार बच्चों को जन्म देनेवाली के रूप में स्त्री को देखना चाहे, तो स्त्री अब आगे स्वीकार नहीं करेगी। राजनीतिक स्वतन्त्रता के साथ इतना परिवर्तन तो स्त्री के जीवन में होने जा रहा है। लेकिन अभी हो नहीं पाया है।

इन परिवर्तनों के कारण स्त्रियों और पुरुषों को सुख मिलेगा या नहीं, उनकी शान्ति में वृद्धि होगी या नहीं, यह निर्भर है, आम तौर पर समाज में धर्म और नैतिकता का शासन रहेगा या धन और झूठी प्रतिष्ठा का ही बोलबाला रहेगा, इस बात पर।

"स्त्री को बाहर निकलने दें क्या?"

"स्वतन्त्रता देने पर भी हिन्दू स्त्री सीता और दमयंती के रास्ते पर ही चलेगी।"

ऐसे नारे अब कम हो गये हैं। आज की स्त्रियों को देखकर वैसी बातें कहने में लोगों को लज्जा आ रही है।

सावित्री, शैव्या और अनसूया आम सभाओं के मंचों पर से पतित होकर, निराश्रित होने के बाद लाचारी में मन मसोसकर ही सही, आल इंडिया रेडियो के 'महिला विहार' कार्यक्रमों में चली गईं हैं।

इसलिए भविष्य में गृहस्थियाँ नाम मात्र के लिए बनेंगी और अन्दर बिना किसी सार तत्त्व के और बिना दुनिया के सामने हल्ला-गुल्ला किये, एक छत के नीचे कभी-कभी दम्पती के सोने की जगहों के रूप में वे बदल सकती हैं। अभी से देख रहे हैं, समाज में–

"My darling wife" (माई डार्लिंग वाइफ)

"My darling husband" (माई डार्लिंग हजबेंड)

–इस तरह बाहर एक-दूसरे को सम्बोधित करते हुए घर में गाली-गलौज करनेवाली 'सभ्य' जोड़ियों को, इस देश और संसार को ईश्वर का आशीर्वाद प्राप्त हो जाये, तो गृहस्थियाँ ऐसे प्रेमालय बन जायेंगी, जहाँ एकहृदयता के कारण स्वार्थरहित सख्यभाव ही महत्त्वपूर्ण हो जायेगा और किसी को किसी भी प्रकार के अधिकारों की माँग करने की आवश्यकता नहीं रहेगी।

असल में स्त्री ने पहले स्वतन्त्रता इसलिए चाही थी, कि वह परतन्त्रता की यातनाओं से मुक्त होना चाहती थी। उसकी थोड़ी-सी छटपटाहट से ही घबराकर पुरुष ने पेच और कस दिये। नतीजतन स्त्री आज पूरे पुरुषतन्त्र को ही उखाड़ फेंकना चाहती है। स्वतन्त्रता-देवी की आराधना करते-करते वह उस देवी की ग़ुलाम हो गयी है। लाचारी में ही स्त्री युद्ध में उतरी थी। यों स्वतन्त्रता की चाह उसका सहज गुण नहीं है। उसका भार और उसके सारे दायित्व स्वीकार करके ममत्व से उसे देखनेवाले पुरुष के हाथों में अपने को अर्पित करने के प्रति स्त्री-प्रकृति सदा ही अनुकूल रही है।

जीवन के किसी अन्य क्षेत्र या विषय में किसी प्रकार की नैतिकता का आग्रह न करते हुए केवल गृहस्थी में धर्म के अनुशासन की आशा करना अविवेक है। पुरुष ने संसार के मामलों में जब धर्म को त्यागा था, तभी उसने गृहस्थी के विषय में भी अपने धर्म को त्यागा था। त्यागकर उसने आशा की कि पत्नी स्त्री-धर्म का पालन करती रहे। लेकिन बात बनी नहीं। स्त्री ने प्रतिरोध किया। पति-पत्नी स्वयं अपने-अपने धर्मों को जल्दी-जल्दी भुलाते गये और यदि बच्चों ने धर्म का पालन नहीं किया, तो उनको दण्डित करते रहे। लेकिन भाग्यवश अब 'बड़े लोग' अपने धर्म को पूरी तरह भुला चुके हैं। इसलिए बच्चों को भी किसी तरह धन कमाने के मार्ग को ही आदर्श धर्ममार्ग के रूप में दिखा रहे हैं।

'व्यक्ति धर्म' और 'समाज धर्म' चले गये, तो अब केवल 'सरकारी धर्म' रह गया है। स्वयं विचार करके निर्णय लेने की व्यक्ति और समाज की शक्ति समाप्त हो गयी है। धर्म से जो-जो अपेक्षाएँ थीं, वे सब उड़ गयी हैं। 'छोटे बच्चों की शादी नहीं कर सकते' सरकार ने यह कहा, तो नरक में जाने का भय आड़े नहीं आया। मनु और वेदों ने अपना मुँह बन्द रखा। 'लड़कियों को भी सम्पत्ति पर अधिकार होगा', यह बात भी सरकार को ही कहनी पड़ी। पहले वह चाहे मूर्खता थी, या दकियानूसी थी, एक नीति, एक धर्म और एक पंथ को लोगों पर पकड़ मिली हुई थी। आज लोग उनके जीवन में कौन-से आचार-व्यवहार हों और कौन-सी नीति हो, यह बताने की, क़ानून बनाने की माँग सरकार से कर रहे हैं। अपने जीवन को शासित करने योग्य नैतिकता के सूत्रों को भूलकर। इसीलिए जीवन इतना सारहीन हो गया है। पहले पति को छोड़कर स्त्री किसी दूसरे पुरुष के साथ रहती थी, तो उसे व्यभिचार कहते थे। लेकिन आज सरकार के यह कहते ही कि कोर्ट के माध्यम से वह दूसरी शादी कर सकती है, वह स्त्री पतिव्रता हो गयी। जिन स्त्रियों ने नाम और

पैसा कमाया है, उनका गृहस्थ जीवन चाहे जैसा हो, समाज में उनका एक स्थान है। पुरुष कितनी स्त्रियों से विवाह करे, उसके दायित्व क्या-क्या हैं, यह सरकार बता रही है। आजकल धन और राजनीति के अलावा मनुष्य के उद्यम और उसकी महत्ता के लिए कुछ बचा नहीं है।

नैतिकता, धर्म और आचार-व्यवहार का भी 'राष्ट्रीकरण' हो गया है।

आपके देखते-देखते सरकार ने आपकी जातियों को मिला दिया। 'अस्पृश्यों' को सलाम करवाया। आपकी लड़कियों की शादी की उम्र तय कर दी। स्त्रियों को नौकरी और सम्पत्ति का अधिकार दे दिया। पतियों से उनको पूरी स्वतन्त्रता दे दी। किसी ने चूँ तक नहीं किया।

मेरा बहिष्कार किये हुए आप लोगों ने यदि सरकार का बहिष्कार किया होता, तो देखकर मुझे कितना गर्व होता!

आपके धर्म की रीढ़ की हड्डी किस कदर ग़ायब हो गयी है!

31.12.52
अरुणाचलम्
तमिलनाडु

चलम्

5

भारतीय स्त्री-विमर्श के पुरोधा चलम्

"मूर्ति पूजा नहीं करनी चाहिए, मन्दिर में नहीं जाना चाहिए, जाति-पाँति को नहीं मानना चाहिए, इन सब से अत्यन्त महत्त्वपूर्ण है–स्त्री का सम्मान" कहकर अपने जीवन के उद्‌देश्यों की घोषणा करनेवाले गुडिपाटि वेंकट चलम् तेलगु साहित्य में वैचारिक क्रान्ति के अग्रदूत, स्त्रियों की स्वतन्त्रता और उनके अधिकारों की दृष्टि से समाज को नया स्वरूप और संस्कार देनेवाले लेखक माने जाते हैं। समाज को जाग्रत करने के अपने प्रचंड अभियान में न वे शान्ति से सोये, न समाज को ही शान्ति से सोने दिया। उनके जितना विवादास्पद और उनसे अधिक उद्वेग से लिखनेवाला लेखक तेलुगु साहित्य में दूसरा नहीं हुआ है। वे ऐसे चिन्तक और प्रगतिशील रचनाकार थे जिन्होंने तेलुगु साहित्य में एक प्रभंजन की तरह प्रवेश करके उसे झकझोरा था और तेलुगु भाषा तथा विचारों में अपूर्व परिवर्तन ला दिया था। देश में जब सामन्तवादी विचारों का प्रभुत्व था, तब इनका साहित्यिक-जीवन आरम्भ हुआ था। 1921 से लेकर लगभग 50 वर्ष से अधिक समय तक लिखी अपनी अनेक रचनाओं में वे स्त्री-पुरुष सम्बन्धों और विवाह व्यवस्था की सँड़ाध को दूर करने को ही अपना मुख्य उद्‌देश्य माननेवाले उद्यमशील साहित्यकार के रूप में सामने आते हैं। वे प्राचीन रूढ़ियों, परम्पराओं और मर्यादाओं के कट्टर विरोधी थे।

चलम् का साहित्य आधुनिक तेलुगु साहित्य में एक नये अध्याय के आरम्भ का कारण बना है।

"सुखनिद्रा में पड़े मनुष्यों को न जगाएँ, तो काग़ज़ और छपाई व्यर्थ के आयास हो जाते हैं। साहित्य को सुलाने का काम नहीं करना चाहिए। उसे तो जगाने का काम करना चाहिए।" यही चलम् का आदर्श था। उन्होंने स्त्री की वेदना को अपनी रचनाओं का आधार बनाकर समाज को झकझोरकर जगाया है, उसकी आँखें खोली हैं। स्त्रियों को सम्बोधित करके उन्होंने लिखा है–"तुम्हारे मित्र, सम्बन्धी और तुम्हारे

ईसा मसीह तुम्हारा साथ छोड़ दें, तो याद रखो, कि मित्रों, सम्बन्धियों और यहाँ तक कि भगवान द्वारा भी परित्यक्त चलम् एक है और उसकी सहायता सदा तुम्हारे लिए उपलब्ध है।"

चलम् के समस्त साहित्य के केन्द्र में है, स्त्री-विमुक्ति। वे स्त्री का पक्ष लेकर पुराणपंथी समाज पर आक्रमण का शंखनाद करनेवाले कलम के महारथी थे। यह सब उन्होंने यश या सस्ती लोकप्रियता पाने के लिए नहीं किया था। दुनिया जिसका अनुमोदन नहीं करती, जिसे छिपाना चाहती है, उसे वे खुलकर प्रकट करना चाहते थे। स्त्री की ही समस्या इनको सदा क्षुब्ध, व्यग्र और उद्वेलित करती रही। "समस्त महान कार्यों, प्रयत्नों, और वाङ्मयों के पीछे जो है, वह स्त्री शक्ति ही है। सारी शक्ति स्त्री शक्ति ही है। उससे परे की शक्ति यदि कोई हो, तो वह दैवीय शक्ति होगी। दैवी शक्ति को न जाननेवाला मैं स्त्री की शक्ति की ही आराधना करता रहा हूँ।" यह कहकर उन्होंने स्त्री को एक बहुत ऊँची वेदी पर प्रतिष्ठित किया है। चलम् ने ही इस बात को समझा है और प्रचारित किया है कि "स्त्री का भी शरीर है, उसे व्यायाम देना चाहिए, उसका भी मस्तिष्क है, उसे ज्ञान देना चाहिए, उसका भी हृदय है, उसे अनुभूति देनी चाहिए।" यह महावाक्य ही चलम् के पूरे जीवन और साहित्य को संचालित करता हुआ दिखाई देता है।

स्त्री के जीवन को संकीर्ण और हीन पाकर वे उत्तेजित-उद्वेलित हुए और युगों-युगों की गहरी नींद से उसे थपथपाकर और फटकारकर जगानेवाला साहित्य-यज्ञ करने का संकल्प किया। उन्होंने असहाय स्त्री को नैतिक समर्थन और अभयदान दिया। स्त्री से अधिक आनन्दमय और प्रेम से अधिक मधुर दूसरी कोई चीज़ नहीं है, इस खुले सत्य को न पहचाननेवाले मूर्ख संसार को उन्होंने ख़ूब फटकारा है। उन्होंने घोषणा की, "स्त्री के प्रति मेरे अन्दर अपार भक्ति है। समस्त संसार में अमूल्य और अत्युत्तम तो स्त्री का हृदय ही है।" इन्होंने यह भी लिखा है, "जब तक मेरे जीवन में आकर स्त्री-मुक्ति की इस समस्या ने हृदय के रक्त को नहीं खौला दिया था, तब तक मैं जानता ही नहीं था कि मैं लिख सकता हूँ। यह कैसे कहूँ, कि आज भी उस विषय के अलावा दूसरे किसी विषय पर लिखना मुझसे नहीं होता?"

स्त्री को स्वतन्त्रता और गरिमा दिलाने का उद्यम ही इनकी समस्त रचनाओं के मूल में है। आजीवन स्त्री की समस्या पर वे इतने एकाग्र रहे कि तत्कालीन परम महत्त्वपूर्ण विषयों–राष्ट्रीय आन्दोलन और साम्यवादी विचारधारा के प्रति भी उदासीन ही बने रहे।

स्त्री और पुरुष के पारस्परिक सम्बन्धों के विषय में चलम् के विचार क्रान्तिकारी हैं। इन्होंने स्त्री को पुरानी रूढ़ियों तथा मर्यादाओं के बन्धनों से मुक्त करके पुरुष के समान ही निर्बाध एवं स्वच्छन्द रीति से समस्त सुख भोगने तथा सम्पूर्ण आत्मतुष्टि प्राप्त करने का अधिकार दिलाने के लिए अपने साहित्य द्वारा एक उग्र आन्दोलन चलाया और इस प्रकार एक तरफ अपने समय के समाज के क्रोध और बहिष्कार के शिकार हुए, तो दूसरी तरफ समाज के एक वर्ग के प्रेम और आदर के पात्र बनकर अनेक लेखकों के नेता एवं मार्गदर्शक भी बने। तेलुगुभाषी समाज में इनको स्त्री-मुक्ति आन्दोलन और स्त्रीवादी चिन्तन का प्रवर्तक माना जाता है। आज यदि स्त्री की मुक्ति और उसके स्वतन्त्र व्यक्तित्व–निर्माण के निमित्त तेलुगु स्त्रीवादी साहित्य एक प्रबल अस्त्र बन गया है, तो उसके लिए वैचारिक आधारभूमि चलम् ने ही तैयार की थी। इसमें कोई सन्देह नहीं है। चलम् निश्चित रूप से भारत के आदि स्त्रीवादियों में से एक हैं।

"अपने और संसार के बीच सामंजस्य स्थापित होने तक कवि द्वारा किया जानेवाला बाह्य और आभ्यंतर युद्धनाद ही कविता है।" यह चलम् ने कहा है। उनकी यह उक्ति उनके द्वारा स्त्री के पक्ष में पुरुषसत्तात्मक समाज के विरुद्ध छेड़े गए साहित्यिक संग्राम को भी परिभाषित करती है।

स्त्रियाँ हज़ारों सालों से जो यातनाएँ और तिरस्कार झेलती आई हैं, उनके कारणों की खोज करें तो ये तथ्य सामने आते हैं...पितृसत्तात्मक व्यवस्था में स्त्री के दासीकरण की प्रविधि धीरे-धीरे निर्मित हुई। आचार-विचार विषयक निरर्थक धारणाओं को धर्म और परम्परा के अभिन्न अंग के रूप में प्रतिष्ठित किया गया। कालक्रम में यह निर्मिति आर्थिक और राजनीतिक शक्ति स्रोतों में प्रवेश कर गई। यह काम इस कुशलता से हुआ कि ये धारणाएँ स्त्री की चेतना में–यहाँ तक कि उसके रक्त और जीवाणुओं में भी–व्याप्त हो गयीं।

इन धारणाओं में पहली है, स्त्री और पुरुष की असमानता–अर्थात लिंग-विभेद की धारणा। विषमता की इस मान्यता की सहायता से स्त्री पितृसत्तात्मक समाज द्वारा ऐसी अधोगति में पहुँचा दी गयी जहाँ वह अपने शरीर, मन और हृदय को भुला बैठी। वह पुरुष की दासी बन गयी। जब तक स्त्री को उसकी इस अपमानजनक और यातनामय स्थिति के बारे में समझाया नहीं जाता और उसे पातिव्रत्य आदि से सम्बन्द्ध विचारों और विश्वासों के पिंजड़ें से बाहर निकाला नहीं जाता, तब तक वह पुरुष के शासन से न मुक्त हो सकती है, न असमानताओं के घेरे से ही बाहर आ सकती है। गतानुगतिक समाज में स्त्री-स्वातन्त्र्य और अधिकारों के लिए प्रबल प्रयास करने

वाले चलम् ने इसी विश्वास से स्त्री संघर्ष को स्त्रियों से भी अधिक संवेदनशीलता और आग्रह के साथ साहित्य में चलाया है।

चलम् ने स्त्री पर पुरुष की अधिकार-भावना का निषेध किया, स्त्रियों को उद्बोधित किया कि वे पुरुष की इस भावना का विरोध करें, और अपने व्यक्तित्व का विकास करके स्वतन्त्र जीवन जिएँ। यह भी कहा कि स्त्री-पुरुषों को समान स्तर के मित्रों की तरह रहना चाहिए।

सशक्त भाषा, आवेगयुक्त शैली तथा उग्र एवं आक्रामक विचारधारा, चलम् के साहित्य के प्रमुख गुण हैं। इनके जीवन और लेखन में जितना निकट सम्बन्ध है, उतना किसी अन्य तेलुगु लेखक में दिखाई नहीं देता। चलम् ने स्वयं कहा है कि उनकी रचनाएँ उनके जीवन की 'बाई प्राडक्ट्स' हैं।

चलम् ने स्त्री की जितने प्रकार की स्वतन्त्रता की वकालत की है, उनमें उसकी लैंगिक स्वतन्त्रता प्रमुख है। यह चलम् की रचनाओं की शक्ति भी है और दुर्बलता भी। उन्होंने कहा, "स्त्री का प्रेम बदल सकता है। अप्रिय पति और परिवार को छोड़कर जाने का उसे अधिकार है।" स्त्री की यातना का कोई शाश्वत समाधान निकालना मानों उनके जीवन का परम लक्ष्य था। स्त्री जीवन की सभी समस्याएँ–व्यक्तिगत और सामाजिक–चलम् के साहित्य के इतिवृत्त हैं। लेकिन चलम् की स्त्री कोई निरीह प्राणी ही नहीं है। वह प्रेम, सौन्दर्य, लावण्य, लालित्य, अपूर्व अनुभव आदि की मूर्ति ही नहीं, पुरुष को जीवन की पूर्णता प्रदान करनेवाली महत्तर शक्ति भी है। चलम् का साहित्य स्त्री की स्वेच्छा की समस्या से शुरू होकर आगे उसके सौन्दर्य और फिर अन्त में आनन्द प्राप्ति तक विकास पाता हुआ दिखाई देता है। समकालीन चिन्तन में आमूल परिवर्तन लाने का असाधारण प्रयास वह करता है। इसके अलावा तेलुगु गद्य रचना को भी वह एक अपूर्व शक्ति और वेग प्रदान करता है।

नैतिकता का सम्बन्ध स्त्री और पुरुष दोनों से होता है। इसी तरह अनैतिकता का भी। ऐसा न मानकर एक ही काम के लिए पुरुष को क्षमा कर देना और स्त्री को अपराधी मानकर दण्डित करना कैसे हो सकता है? इन दुहरे प्रतिमानों के विरुद्ध खड्गहस्त होकर स्त्री की स्वतन्त्रता के नारे को बुलन्द करते हुए चलम् साहित्य क्षेत्र में आये थे। उन्होंने लिखा, "नैतिकता के नाम पर कितना स्वार्थ फैला हुआ है, यह कौन जानता है? अपने को नैतिक मान लेनेवालों जैसे अन्धे और स्वार्थी दूसरे कोई नहीं होते।"

1925 में रचित और 1930 में प्रकाशित स्त्रीवाद के मैनिफेस्टो कहने योग्य निबन्ध संकलन 'स्त्री' के आज तक अनेक संस्करण प्रकाशित हो चुके हैं। चलम्

की सभी रचनाओं में सर्वाधिक प्रचार-प्रसार पानेवाली और चलम् के समस्त साहित्य को वैचारिक आधार प्रदान करनेवाली रचना यही है। इस पुस्तक की प्रस्तावना में चलम् ने लिखा है, "इस पुस्तक में मैंने समाज की जो कमियाँ दिखाई हैं, वे इस देश में ही नहीं, पूरी दुनिया में हैं। पीढ़ी-दर-पीढ़ी पुरुष स्त्री के साथ जो करता आया है, वह अन्याय ही है।"

अपने क्रान्तिकारी विचारों के कारण चलम् की रचनाओं में सबसे अधिक आलोचना का लक्ष्य भी यही रचना बनी है। 1930 से लेकर 1956 तक की छब्बीस वर्ष की अवधि में हुए पुनर्मुद्रणों के अवसर पर चलम् ने पाँच बार इस पुस्तक की प्रस्तावना लिखी है। इन वर्षों में 'स्त्री' की अनेक आलोचकों द्वारा तीव्र आलोचना हुई थी। चलम् भी जीवन में और अनुभव में बहुत दूर तक की यात्रा कर चुके थे। इतने लम्बे अनुभव के प्रकाश में इस पुस्तक का उन्होंने पुनरावलोकन किया, तो उनको छापे की ग़लतियों को छोड़कर कुछ भी बदलने की ज़रूरत महसूस नहीं हुई।

इस रचना में व्यक्त विचारों को सार रूप में इस प्रकार प्रस्तुत किया जा सकता है...

समाज ने स्त्री को मनुष्य या पशु न मानकर वस्तु माना है। वह किसी वस्तु की तरह पुरुष की सम्पत्ति बन गयी है।

अपने आप और अपने लिए जीने का अधिकार स्त्री को नहीं है। पुरुष के उपयोग में नहीं आयी, तो उसका जीना और मरना दोनों बराबर हैं।

स्त्री के लिए पति की दासता से बचने का एक ही उपाय है, और वह है आर्थिक स्वतन्त्रता।

पुरुष की अनेक स्त्रियाँ हो सकती हैं, तो स्त्री के अनेक पुरुष क्यों नहीं हो सकते? कामभावना को दबाएँ ही क्यों? एकविवाह आदर्श तो हो सकता है, पर नैतिकता का सामान्य नियम नहीं।

पुरुष स्वेच्छा और उच्छृंखलता के साथ जी रहा है। स्त्री को भी ऐसी आज़ादी होनी चाहिए। पति को चाहिए कि वह पत्नी को अपनी और अपनी निजी सम्पत्ति न माने।

पुरुष पर जिस तरह स्त्री का अधिकार नहीं है, उसी तरह स्त्री पर पुरुष का अधिकार नहीं होना चाहिए। स्त्रियों को चाहिए कि पुरुष की इस अधिकार-भावना का विरोध करें।

विवाह-व्यवस्था को ईश्वर निर्मित बताते हुए पुरुष ने इसे विकृत बना दिया है और इसमें स्त्री को शतरंज का मोहरा बनाकर इस्तेमाल कर रहा है। विवाह के बन्धन से अधिक आसक्ति और प्रेम का बन्धन दम्पती के जीवन को सुखमय बनाता है। प्रेम रहित विवाह उनके जीवन को दुस्सह बना देता है।

समाज में स्त्री का अपना कोई स्थान नहीं है। पति के द्वारा उसका स्थान निर्धारित होता है। आर्थिक दृष्टि से पत्नी से वेश्या अधिक स्वतन्त्र है। जहाँ समस्त प्राणी अपना निर्वाह स्वयं कर रहे हों, वहाँ पूरी सृष्टि में एक स्त्री को ही अपने निर्वाह के लिए आत्मसम्मान खोकर पुरुष पर निर्भर रहना पड़ रहा है। आर्थिक स्वतन्त्रता न होने से ही स्त्री पुरुष और समाज की दासी बनी हुई है। ऐसी विवाह-व्यवस्था का अन्त होना चाहिए।

मनुष्य को चाहिए कि सुख और सौन्दर्य के उपभोग से वंचित रहकर जीवन को नष्ट न करे। जीवन को भोगना कम-से-कम पशुओं को देखकर ही सही, उसे सीखना चाहिए।

सौन्दर्य फूल में है, फल में है, चाँदनी में है, पेड़ में है, नदी के कगार में है। इन सब से बढ़कर स्त्री-पुरुषों के अद्‌भुत शरीरों में है। इसका भोग करना चाहिए।

स्त्री हो या पुरुष काम या श्रृंगार-भावना हमेशा एक ही के प्रति बनी नहीं रहती। चंचल स्वभाव प्रकृतिसिद्ध है। इस प्रकृतिसिद्ध कामना को पुरुष किसी तरह तुष्ट कर लेता है, पर स्त्री भी वह प्रयत्न करे, तो संघर्ष आरम्भ हो जाता है। यह अनुचित है।

पुरुष अपनी आधिपत्य-भावना से स्त्री को नाना यातनाएँ देता है। स्त्री के लिए नैतिकता का एक प्रतिमान है तो पुरुष के लिए दूसरा। यह दुहरी नीति नहीं होनी चाहिए।

अनैतिक आचरण के लिए स्वतन्त्रता जब होगी, तभी सच्ची नैतिकता प्रकट होगी।

स्त्री-पुरुषों को सच्चे मित्र और दम्पती बनना हो, तो दोनों को सम्पूर्ण स्वतन्त्रता होनी चाहिए। उनके बीच प्रेम का सम्बन्ध होना चाहिए, अधिकार का बन्धन नहीं। मनुष्य सब एक जैसे नहीं होते। भिन्न-भिन्न लोगों की नैतिकता भी भिन्न-भिन्न होती है। सब के लिए एक ही नैतिकता नहीं हो सकती।

संयोग में योग का निवास है। समस्त कलाओं में उन्नत है रति कला। वही आध्यात्मिक आनन्द है। इस महत्तर आनन्द का बड़े मनोयोग से भोग करना चाहिए। किसी नित्य कर्म की तरह उसे निबटाना ठीक नहीं। यह सृष्टिकार्य अत्यन्त उत्कृष्ट कार्य है।

आधुनिक स्त्री को आर्थिक स्वतन्त्रता तो मिल गई है लेकिन सेक्स की स्वतन्त्रता नहीं मिली है।

कामसुख को भोगने की योग्यता बहुत थोड़े लोगों में ही होती है। उसकी योग्यता प्राप्त करने का प्रयत्न करना चाहिए।

परम्पराओं की शृंखलाओं में जकड़ी स्त्री विद्रोह नामक ब्रह्मास्त्र द्वारा ही अपना सही स्थान पा सकती है।

पुस्तक में स्त्री की यातनाओं और उसकी समस्याओं के निवारण के उपायों के साथ-साथ गर्भ धारण, गर्भ-निरोध, गर्भपात, यौन रोग, बांझपन, विवाह-विच्छेद, दाम्पत्य सुख जैसे मामलों में स्त्री हित की ऐसी अनेक बातें चलम् ने बताई हैं, जो एक माँ भी नहीं बता सकती। बात-बात में कहते हैं कि कोई कठिनाई हो तो मुझे लिखो। इसी से अनुमान किया जा सकता है कि स्त्री की उन्नति के लिए वे कितने चिन्तित थे।

स्त्री के जीवन को यातनामय बनाये हुए पुरुष समाज की मनोवृत्ति के प्रति उन में इतना आक्रोश था कि अनादि काल से चली आ रही स्त्री की परतन्त्र स्थिति को और उसके प्रति पुरुष के दुर्व्यवहार को दर्शाने के लिए उन्होंने पौराणिक पात्रों को भी अपने तीव्र कशाघातों का लक्ष्य बनाया है। स्त्री को एक खिलौना माननेवालों को चलम् कभी क्षमा नहीं करते। भले ही वे पूज्य पुराण-पुरुष ही क्यों न हों। राम, हरिश्चन्द्र, युधिष्ठिर, सब को एक ही साँचे में ढले स्वार्थी पुरुषों के रूप में और सीता, शैव्या और द्रौपदी को उनके अत्याचारों से त्रस्त स्त्रियों के रूप में उन्होंने अपनी पौराणिक नाटिकाओं में चित्रित किया है।

चलम् ने माना है कि पत्नी की सुरक्षा करने में अपनी असमर्थता पर क्षुब्ध होने के बजाय उसके चरित्र पर शंका करनेवाले राम में स्त्री को हीन मानने वाली पुरुष की बद्धमूल प्रवृत्ति ही व्यक्त हुई है। चलम् यह कहना चाहते हैं कि विद्रोह न करनेवाली स्त्री का ऐसी अग्निपरीक्षाओं से बच पाना सम्भव नहीं है। 'सीता का अग्नि प्रवेश' नामक नाटिका में चलम् द्वारा भरी गयी यह विद्रोह भावना सीता में उग्र रूप ले लेती है तो वह राम से प्रश्न करती है : "रावण ने मुझ से प्रेम किया, तो इसका दोष मेरा क्यों है? शत्रुओं से मेरी रक्षा करने का दायित्व तुम्हारा है। कोई पराया पुरुष मुझ से प्रेम करता है या मेरा अपहरण करता है, तो तुम्हारा और मेरा सम्बन्ध विच्छिन्न क्यों हो जाता है? मैं क्या कोई खाने की वस्तु हूँ, कि दूसरों ने जूठी की होगी, इस शंका से दूर फेंक दी जाये?...अरे स्वार्थी! तुम चाहते हो कि तुम्हारा राज्य, तुम्हारा यश, तुम्हारी सम्पत्ति सब सदा वृद्धि पाते रहें और मैं अनाथ और लांछित होकर नष्ट हो जाऊँ?...तुम धर्म चलानेवाले यन्त्र हो। मैं बच्चों को जन्म देने वाला यन्त्र हूँ। तुम मेरा क्या परित्याग करोगे? मैं ही तुम जैसे हृदयशून्य यन्त्र का, वंचक का, वचन भंग करनेवाले नीच का परित्याग कर रही हूँ। तुम्हारे नीच नाम से अपवित्र हुए अपने हृदय को इस प्रणयधीर रावण के रुधिर से पवित्र हुई

ज्याला से निर्मल बना लूँगी..किसका प्रेम उन्नत है, इसका निर्णय कर सकने वाले बुद्धिमान लोग इस संसार में कभी पैदा नहीं होंगे क्या? और कितने दिन तक स्त्री पुरुष की कुतिया या यन्त्र बनकर रहेगी? कभी-न-कभी आँख खोलेगा यह संसार!" यह कहकर वह रावण की जलती चिता में कूद जाती है!

सीता का यह क्रान्तिकारी तेवर पारम्परिक संसार को रुचा नहीं। ऐसी सीता की सृष्टि करने के लिए चलम् को आलोचना रूपी अनेक अग्निपरीक्षाओं का सामना करना पड़ा था। पति को छोड़कर स्त्री का अपना पृथक हृदय और धर्म कोई नहीं है, लेकिन पत्नीधर्म को छोड़कर पुरुष के पास धर्म ही धर्म हैं! इस बात के आक्रोश की अभिव्यक्ति ने ही चलम् को समाज का कोपभाजन बना दिया था और थोड़े से मित्रों और अनेक शत्रुओं की सृष्टि की थी।

इसी प्रकार चलम् ने 'हरिश्चन्द्र' नाटिका में पत्नी और पुत्र को काँटों में घसीटने वाली हरिश्चन्द्र की सत्यनिष्ठा के विकृत रूप का चित्रण किया है और 'भानुमती' नामक नाटिका में युधिष्ठिर की धर्मनिष्ठा किस प्रकार उसकी स्वार्थपूर्ण प्रवृत्ति का प्रतीक है, इसका चित्रण किया है।

सौ साल पहले जब इस देश में स्त्री की स्वतन्त्रता की कोई अस्पष्ट कल्पना तक नहीं थी तब उस स्वतन्त्रता से सम्बद्ध वैज्ञानिक सिद्धान्त को न जानने वाला एक लेखक पूरे समाज के विरोध में और स्त्रियों के पक्ष में खड़ा होकर स्त्रियों को पुरुष के समान ही नहीं, उससे कहीं अधिक स्वतन्त्रता देने की वकालत करते हुए जब स्त्री को यह प्रेरणा देता है–"जीवन से, समाज से पराजय स्वीकार मत करो। मृत्यु में, शिष्टाचार में, जड़ता में, साधारणता में शरण मत ढूँढ़ो। रणभूमि में आओ। घाव हुआ है? अंग क्षत-विक्षत हुए हैं? शरीर का सारा खून ज़मीन पर बह गया है? तो भी कोई बात नहीं। उस गृहस्थी में मौत से तो यही अच्छा है।" तो उनकी सहृदयता और सदाशयता के प्रति लाख-लाख स्त्री हृदय कृतज्ञता-भाव से श्रद्धाभिभूत नहीं होंगे?

हमें स्मरण रखना होगा कि यह पुस्तक 1925 में तब लिखी गयी थी जब स्त्री शिक्षा, स्त्री के अधिकार, स्त्री के आत्मसम्मान आदि की बात विचित्र लगती थी। इस पुस्तक में कई अव्यावहारिक और परस्पर विरोधी माने जा सकने वाले विचार भी हमें मिलेंगे। स्त्री के प्रति अपने अतिशय सद्भव और उसकी सामाजिक स्थिति के प्रति अतीव असहिष्णुता और स्त्री का उत्पीड़न करनेवाले पुरुष सत्तात्मक समाज के प्रति तीव्र क्रोध और जुगुप्सा के कारण कई जगह उन्होंने चौंकाने वाले, अव्यावहारिक, अग्राह्य और परस्पर विरोधी विचार व्यक्त किये हैं। इसलिए पुस्तक में व्यक्त सभी विचारों और सुझावों से हमारा सहमत हो पाना कठिन है।

एक जगह वे कहते हैं, "विवाह के बाद पति-पत्नी में परस्पर आसक्ति पैदा होगी, यह कहना हास्यास्पद है।" जबकि विवाहोत्तर आसक्ति के उदाहरण असंख्य हैं। एक जगह स्त्री-पुरुष के सम्बन्धों में शुचिता की बात करते हैं, तो दूसरी जगह एक ही समय में अनेक प्रेम सम्बन्धों का भी समर्थन वे करते हैं। एक जगह विवाह के यातनामय होने पर स्त्री को घर छोड़कर जाने या विवाह-विच्छेद की सलाह देते हुए कहते हैं–"अनुपयुक्त व्यक्ति के साथ विवाह करके ग़लती की है, यह बात मालूम होते ही तुरन्त उस सम्बन्ध को समाप्त कर देना चाहिए। आत्मोन्नति के लिए अदम्य साहस से युक्त प्रयोग अत्यन्त आवश्यक होते हैं। चाहे जितना प्रेम करनेवाला पति या पत्नी हो, उन्नत लक्ष्य के लिए, अधिकतर आत्मसन्तुष्टि देनेवाले सम्बन्ध के लिए उसे छोड़ देना उत्कृष्ट धर्म है, कर्तव्य है।" तो दूसरी जगह कहते हैं–"चूँकि दूसरा सम्बन्ध इस से अधिक उत्तम और सुखद होगा, इसकी गारन्टी नहीं है, और उस में भी अनेक दिक़्क़तों के पैदा होने की सम्भावना है, इसलिए नब्बे प्रतिशत लोगों के लिए किसी के साथ भाग जाने से तो गृहस्थी में बने रहना ही अच्छा है। क्योंकि चाहे जितना छोटा स्थान हो, विवाह में स्त्री को एक प्रकार की सुरक्षा और शान्ति है और वहाँ कुछ सीमा तक ही सही–समाज स्त्री के पक्ष में बोलेगा।" एक जगह कहते हैं, 'विवाहित हों या अविवाहित एक स्त्री का एक ही पुरुष और एक पुरुष की एक ही स्त्री–यह आदर्श अत्यन्त उन्नत है। और दूसरी जगह कहते हैं–"एक ही समय में एक से अधिक लोगों के साथ आसक्तिमय सम्बन्ध की आवश्यकता हो सकती है। दूसरे व्यक्ति को इसे सहानुभूति के साथ समझना चाहिए।"

शृंगार को ही सब कुछ और उसी को ब्रह्मानंद माननेवाले आवेश के वशीभूत होकर कही गई बातें और विवाह व्यवस्था को ध्वस्त करने की वकालत निर्माणात्मक न होकर विध्वंसात्मक ही लगती हैं। हमें अपने विवेक के आधार पर उनके विचारों को ग्रहण करना चाहिए।

स्त्री की स्वतन्त्रता से सम्बद्ध एक सीमित लक्ष्य के अलावा जीवन के किसी स्पष्ट सिद्धान्त का प्रतिपादन न करने से चलम् किसी नये जीवन दर्शन का सूत्रपात नहीं कर सके। स्त्री की विमुक्ति को बहुत कुछ सेक्स की समस्याओं तक सीमित करना भी उनका अतिवाद लगता है। पातिव्रत्य की भावना पर चोट करने के लिए चलम् ने मुक्त प्रेम का प्रतिपादन किया है। उन्होंने लिखा–"इस सनातन आर्यभूमि ने, इस आध्यात्मिक देश ने, इस पवित्र भारत वर्ष ने, धर्मपत्नियों के इस देश ने पातिव्रत्य के नाम पर स्त्रियों को अनेक बन्धनों में जकड़कर उनके व्यक्तित्व को नष्ट कर दिया है।"

ऐसे भी आलोचक हैं, जो कहते हैं, "चलम् की सारी कहानियाँ एक-जैसी होती हैं। उनमें वैविध्य नहीं होता।" इसके जवाब में यह कहनेवाले भी हैं कि महान लेखक अपनी चालन शक्ति की प्रेरणा से एक ही कहानी को, एक ही इतिवृत्त को बार-बार लिखता है। रचना उसके लिए एक निरन्तर अन्वेषण है।

मनुष्य का जीवन अधिक सुखमय हो, वैवाहिक सम्बन्ध और अधिक उन्नत हों यह चाहकर कही गयी बातें अत्यन्त महत्त्वपूर्ण होने पर भी बातों को भालों की तरह प्रयोग करनेवाली उनकी असहिष्णुता और अतिशय आवेग के कारण चलम् के विचार कहीं-कहीं विचित्र रूप में प्रस्तुत हुए हैं। इन में सामन्तवाद विरोधी विचार भी हैं और अराजक और उच्छृंखल विचार-पद्धतियाँ भी। आलोचनात्मक दृष्टि से इनका अनुशीलन करके हमें उनके प्रगतिशील विचारों को ही ग्रहण करना चाहिए। यानी हमें चलम् के विचारों को छानकर ग्रहण करना चाहिए। उन्होंने प्रगति का जो मार्ग दिखाया, उसके सामने उनकी ये असंगतियाँ निश्चित रूप से उपेक्षणीय हैं। इसके अलावा अपनी वैचारिक निष्ठा के लिए सब कुछ दाँव पर लगा देने का साहस, ईमानदारी और सदाशयता रखने वाले लेखक की प्रशंसा किये बिना हम नहीं रह सकते।

शायद किसी बहुत बड़े उद्देश्य के जुनून में डूबे मनुष्य की चेतना मनुष्य से ऐसा ही आचरण करवाती है। गांधीजी ने 1930 में आये विध्वंसक भूकम्प के लिए भारत के पीछे लगे अभिशाप अस्पृश्यता को दोषी ठहराया था। उनकी इस अवैज्ञानिक दृष्टि की बहुत लोगों ने कटु आलोचना की थी। लेकिन हमें इस बात पर ध्यान देना चाहिए कि भारत में फैली अस्पृश्यता के प्रति तीव्र असहिष्णुता और जल्दी-से-जल्दी उसे मिटा डालने की व्यग्रता जो गांधीजी के अवचेतन में दबाव बना रही थीं, उनके कारण ही उन्होंने यह बात कही थी। इसी प्रकार चलम् के मन में स्त्री के प्रति जो अतिशय सहानुभूति, करुणा, उदारता और शुभेच्छा थी, उसके कारण ही उन्होंने स्त्री के पक्ष में अनेक ऐसी बातें कही हैं जो उसे उच्छृंखल बनने तक की आज़ादी देने की वकालत करती हैं। चलम् के लिए तो स्त्री के सौ ख़ून भी माफ़ हैं। इस पुस्तक में व्यक्त अनेक स्वस्थ और सम्यक विचारों को देखते हुए ऐसे अतिवादी विचारों को उपेक्षणीय ही मानना चाहिए।

सौ साल पहले चलम् ने जिस उद्देश्य से लिखा था, वह उद्देश्य अभी पूरा नहीं हुआ है। चलम् ने स्त्री के लिए जिस स्वेच्छा और स्वतन्त्रता की कामना की थी, वह उसे अभी नहीं मिली हैं। उन दिनों की सामाजिक परिस्थितियों में मूलभूत परिवर्तन अभी नहीं आया है। स्त्री पर पुरुष का शासन अभी चल ही रहा है। दाम्पत्य

जीवन दुखमय बना हुआ है। जब तक यह समाज बदल नहीं जाता, तब तक चलम् की इस रचना की प्रासंगिकता अक्षुण्ण है।

चलम् ने स्त्री के लिए समाज में सम्मान, पुरुष के समान अधिकार, विवाह, लैंगिक अनुभव आदि मामलों में आज़ादी, आर्थिक आत्मनिर्भरता, उसकी अवैध सन्तान के लिए सामाजिक और सरकार की सुरक्षा आदि चाहा है।

लेकिन वे यह भी मानते हैं कि स्त्री को जो स्वतन्त्रता वे दिलाना चाहते हैं, उसके लिए आधुनिक स्त्री में तड़पन नहीं है। वे मानते हैं कि सास के अधिकार से और पति की अधीनता से मुक्त होकर स्वतन्त्रता प्राप्त कर चुकी आधुनिक स्त्री वस्त्र धारण, विलासिता और सामाजिक प्रतिष्ठा की ग़ुलाम बन गयी है। पत्नी के रूप में एक पुरुष की छत्रछाया में रहते हुए संसार का तिरस्कार करने में समर्थ गृहिणी आज सामाजिक प्रतिष्ठा के नाम पर, शिक्षा के नाम पर, विलासिता के नाम पर हज़ार लोगों की ग़ुलामी कर रही है। आधुनिक स्त्री के लिए उसके चारों ओर रहनेवाली सभी स्त्रियाँ सासें बन गयी हैं। स्त्री ने एक तरह से स्वतन्त्रता हासिल की है तो दूसरी तरह से उसे खोया भी है।

आगे आनेवाले समाज में स्त्री का जीवन पूरी तरह बदलनेवाला है। आर्थिक दृष्टि से आत्मनिर्भरता, समाज के कामों में भागीदारी का अधिकार, घर की चाकरी से मुक्ति, अपनी पसन्द की कलाओं में प्रवीणता प्राप्त करना, मन चाहे प्रेम-सम्बन्ध स्थापित करना, उनमें असन्तोष भर जाने पर उन्हें तोड़ने की स्वतन्त्रता, फिर स्वेच्छा से दूसरे प्रेम-सम्बन्ध की स्थापना, बच्चों पर अधिकार, उनका पालन-पोषण करने की शक्ति–इस तरह अपने पुराने जीवन से, पुरुष के आधिपत्य से सम्पूर्ण मुक्ति स्त्री प्राप्त करने जा रही है। चलम् ने ऐसा ही परिवर्तन चाहा था। उनके बताये मार्ग में चाहे लाख ग़लतियाँ हों, उनकी यह मान्यता कि पुरुष के आधिपत्य से स्त्री को पूरी तरह मुक्त होना चाहिए, स्त्री के लिए महत्त्वपूर्ण है।

शैली :–वेदना जितनी तीव्र होती है, रचना भी उतनी ही वेगवान होती है। स्त्री की वेदना को अपनी वेदना माननेवाले चलम् जब लिखते थे, तब उनके हृदय में महान उत्साह और उद्रेक की ज्वाला धधकती रही होगी, जो उनके लेखन में प्रतिफलित हुई है। क्योंकि चलम् की रचनाओं और उनकी शैली के लिए स्त्रियों की वेदना ही आलम्बन है। चलम् ने प्रश्न किया है, "मेरी तरह असहाय स्त्रियों को देखकर जो दुखी नहीं हुआ है, वह कई जन्म लेकर भी मेरी तरह लिख सकता है क्या?..., मेरे लेखन ने तो शैली और शक्ति दोनों प्राप्त किये हैं यथार्थ से ही। आप को विचलित करनेवाली बातें मेरी नहीं, मेरे यथार्थ की सच्ची बातें हैं। मैंने वही लिखा

जिसे मैंने सही माना और वही किया जो लिखा।" ऐसा कह सकने वाले लेखक कितने होंगे? वे यहाँ तक कहते हैं कि आवेग के अलावा उनकी कोई शैली नहीं है। वे कहते हैं, "लोग जिसे मेरी शैली कहते हैं, वह मेरे हृदय का आवेग ही है। ऐसे व्यक्तियों के प्रति मैं जो वेदना अनुभव करता हूँ और उनके साथ हुए अन्याय के कारण जो क्रोध मुझे आता है, वही उस आवेग की जननी है। लिखते समय मेरा हाथ काँपता है। हृदय जल उठता है। अधिक से अधिक तीखे शब्दों की तलाश मैं करने लगता हूँ। इसी गर्मी का अनुभव करके लोग मेरी प्रशंसा करने के लिए विवश होने के कारण मेरे कथ्य पर परदा डालने के उद्देश्य से बड़प्पन मेरी शैली को देते हैं।"

"मेरी रचनाओं ने मेरे जीवन-समर को ही प्रतिबिम्बित किया है...मुझ में समाज सुधार की अभिलाषा कम है। मनुष्य व्यक्तिगत रूप से उन्नत हों, इसी के लिए मैं तड़पता रहा हूँ।" अपने उद्यम को आगे बढ़ाने के लिए किसी समाज या कम-से-कम उसके प्रोत्साहकों या प्रशंसकों की कोई जमात भी उन्होंने इकट्ठी नहीं की। जिस तरह वे व्यक्तिवादी थे, उसी तरह उनका उद्यम भी वैयक्तिक ही था। उनकी दृष्टि में सुधार का मतलब समाज के एक-एक व्यक्ति में आनेवाला परिवर्तन था। वे मानते थे कि "समुद्र में चाहे जितनी मशालें जलाकर फेंको, वे जिस तरह बुझ जाती हैं, उसी तरह का घनाघोर अन्धकार इस दुनिया में फैल गया है। रूढ़िवादी लोग परिवर्तन को स्वीकार नहीं करते। उनकी भक्ति मनुष्य के प्रति कम और ताड़पत्र के ग्रंथों के प्रति अधिक होती है।"

चलम् साहित्य की सिद्धि केवल कला और सौन्दर्य की सृष्टि में नहीं, सामाजिक क्रान्ति में एक उपकरण बनने में मानते थे।

आज की विवाह-व्यवस्था की कृत्रिमता के सम्बन्ध में उनका तर्क है, "विवाह नाम की चीज़ से मेरा विरोध क्यों है? क्योंकि वह व्यभिचार में, वेश्यावृत्ति में बदल गया है, इसलिए! अनिच्छा से भी स्त्री को अपना शरीर पुरुष को सौंपकर आँखें बन्द करनी पड़ती हैं। यह विवाह द्वारा स्त्री के लिए पैदा की गयी दुर्भाग्यपूर्ण स्थिति है। जिस के प्रति उसे अनिच्छा होती है, उसके साथ शारीरिक सम्पर्क के लिए वेश्या सहमत नहीं होती। पशुओं के साथ भी यही बात है। लेकिन स्त्री की स्थिति उससे भी गिरी हुई है।" इस दृष्टि से ही चलम् ने माना है कि वेश्या पत्नी से अधिक स्वतन्त्र है और व्यभिचार में विवाह से अधिक नैतिकता है। इसी विचार से चलम् ने अपनी रचनाओं में विवाह व्यवस्था की कृत्रिमता को उद्घाटित किया है।

X X X X

1984 में एक तेलुगु ब्राह्मण परिवार में चलम् का जन्म हुआ था। सनातन और रूढ़िवादी आचार-विचारों की शृंखलाओं में स्त्रियाँ किस प्रकार यातनाएँ भोग रही हैं, आँसू बहा रही हैं, आत्महत्याओं और भ्रूणहत्याओं में प्रवृत्त हो रही हैं, यह सब उन्होंने स्वयं देखा था! पिता ने इनकी दो छोटी बहिनों की शादी ज़बर्दस्ती करके की थी। एक बहिन की ऐसी शादी को रुकवाने में चलम् सफल हुए थे। अपने चाचा को चाची को ढोर-डंगर की तरह रात-रात भर मारते-पीटते भी देखा था।

काकिनाडा में पढ़ते समय ब्रह्म समाज के प्रभाव में आकर चलम् ने जाति और धर्म का परित्याग किया था। लेकिन वहीं पहुँचकर वे नहीं रुके। कहा, "ब्रह्म-समाज कहता है कि जाति पुरानी पड़ चुकी है। मैं कहता हूँ कि विवाह-व्यवस्था पुरानी पड़ चुकी है।"

इस नयी खोज के साथ चलम् ने साहित्य क्षेत्र में पदार्पण किया था और असंख्य कहानियाँ, उपन्यास, नाटक आदि लिखे थे।

ट्रेनिंग स्कूल के अध्यापक के रूप में, प्रधानाध्यापक के रूप में अनेक जगहों में काम करते हुए चलम् ने मनोविज्ञान का भी अध्ययन किया। पाश्चात्य विचारधाराओं से भी वे प्रभावित हुए।

केवल कहना नहीं, जो कहा वह करना भी चलम् की एक विरल विशेषता है। समाज के बहिष्कार के शिकार भी वे हुए। हर जगह बस्ती से बाहर टूटे-फूटे मकान में या ईसाई या मुसलमानों की बस्तियों में रहना पड़ता था। ब्राह्मणों के मोहल्लों में प्रवेश नहीं मिलता था। इनके साथ इनके परिवार के सदस्यों को भी यातनाओं-भरा जीवन जीना पड़ा था।

1920-30 के तेलुगु प्रान्त में यह कोई छोटी बात नहीं थी। एक बहुत बड़ा साहसिक विद्रोह था। चलम् एक ऐसे लेखक थे जो अपने विचारों को पूरी ऊर्जा के साथ प्रस्तुत करते हैं। तीव्र आवेग, ईमानदारी और खरापन ये गुण चलम् में ख़ूब हैं। इनके साथ अद्‌भुत शैली के भी ये स्वामी हैं।

जिन दिनों चलम् नौकरी कर रहे थे, उन दिनों एक प्रधानाचार्य होते थे। वे बहुत सिद्धान्तवादी थे। सब से बड़ी बात वे चलम् के हितैषी थे। जाति और समाज से बहिष्कृत होकर सबकी आलोचना का शिकार हुए चलम् को देखकर उनको दया आई, तो उन्होंने चलम् को 'सही मार्ग' पर लाने का विचार किया। "मनुष्य समाज रूपी घड़ी के चक्र की तरह होता है...।" अपनी बात की भूमिका बाँधते हुए वे कहने लगे। उनका हित वचन पूरा होने से पहले ही चलम् बोल पड़े, "मैं किसी घड़ी-वड़ी का चक्र नहीं हूँ। असल में उस घड़ी के प्रति मेरे मन में कोई सम्मान भी नहीं है।

उसके अन्दर जितने चक्र हैं वे सब ख़राब हैं। वह सही समय बता भी नहीं रही है। उस घड़ी को देखकर सत्य को भूले हुए लोग यह सोच रहे हैं कि समय का निर्धारण करनेवाला सूर्य ही ग़लत चाल चल रहा है।"

बाद में चलम् की प्रवृत्ति आध्यात्मिक हो गयी, तो वे तिरुवण्णामलै के रमणाश्रम में जाकर रहने लगे और वहाँ रहते हुए भी उन्होंने अपना लेखन जारी रखा। जीवन के अन्तिम तीन दशक उन्होंने वहाँ के प्रशान्त वातावरण में ही गुजारे थे। 1979 में इनका देहावसान वहीं रहते हुए हो गया।

कहते हैं कि रमणाश्रम में एक बार किसी ने उनकी रचनाओं के सम्बन्ध में पूछा, तो भोलेपन के साथ हँसते हुए उन्होंने कहा था "उनके लेखक के साथ मेरा कोई सम्बन्ध नहीं है।"

उनके निधन पर 'आन्ध्रज्योति' नामक दैनिक समाचार पत्र ने लिखा, "चलम् की तुलना करनी हो, तो एक विक्षुब्ध महासागर से करनी होगी। एक महान जल प्रपात से करनी होगी। चलम् के निधन से मानों एक समुद्र स्तब्ध हो गया है, एक जल प्रपात निश्चल हो गया है, एक झंझानिल शान्त हो गया है...एक महान लेखक के प्रवेश के बाद कोई भी साहित्य पूर्ववत बना नहीं रहता। उसका स्वरूप बदल जाता है। उसका स्वभाव बदल जाता है। साहित्य पर वह अपनी अमिट छाप अंकित करता है। चलम् ने जो किया, वह यही है। तेलुगु गद्य के स्वरूप को, लेखन की प्रकृति को उन्होंने पूरी तरह बदल दिया है। समकालीन लेखकों पर और बाद की पीढ़ी पर भी उन्होंने अपना गहरा प्रभाव अंकित किया है।"

चलम् की 'स्त्री' का अनुवाद मेरे लिए कोई सरल काम न था। तीव्र भावावेग से भरे और व्याकरण को और वाक्य-विन्यास धता बताते हुए लम्बे-लम्बे और उलझे हुए वाक्य क़दम-क़दम पर मेरे लिए चुनौती उपस्थित करते रहे हैं। हमेशा की तरह मुझे सुलभ हुए सुयोग्य मित्र श्री सुरेश द्विवेदी के अथक और तत्परतापूर्ण सहयोग ने ही इस रचना को इस रूप में प्रस्तुत करना सम्भव बनाया है। उनके प्रति मैं कृतज्ञ हूँ।

नयी दिल्ली
15-8-2025

जे.एल. रेड्डी

6

आसक्ति

शारीरिक सम्पर्क के लिए स्त्री और पुरुष में एक-दूसरे के प्रति जो कामना होती है, वही काम या कामेच्छा है। काम सहज है। विरले ही ऐसे लोग होंगे, जिनमें यह वांछा या कामना नहीं होती। भूख ही की तरह काम की तुष्टि की भी आवश्यकता और अधिकार सब को है। लेकिन इस सीधी, साफ़, बात को भी कुछ मामलों में समाज की बनाई हुई आचार-संहिता स्वीकार नहीं करती। उदाहरण के लिए विधवाओं को ले लें। उनमें भी काम होता है, इस बात को लोग भूल ही गये हैं। इस प्रकार कुछ स्त्रियों पर ब्रह्मचर्य थोप देने से पुरुष की ज़रूरत पूरी करने वाली स्त्रियों की संख्या कम हो गई है और एक ही स्त्री से अनेक पुरुषों को कामतुष्टि प्राप्त करना पड़ रहा है। वेश्या प्रथा की आवश्यकता का यह एक मुख्य कारण है। इस हालत में कुछ स्त्रियों को जितना वे भोग सकती हैं, उस से बहुत अधिक 'कामसुख' झेलना पड़ रहा है, तो कुछ स्त्रियों को उस सुख के शतांश से भी वंचित होकर वक्त काटना पड़ रहा है।

काम-निरोध का उपदेश अन्याय है, क्रूरता है। लेकिन मनुष्य को काम की तुष्टि का अधिकार है, इसका यह मतलब नहीं है कि अपनी कामेच्छा से दूसरों को कष्ट पहुँचाने का अधिकार भी उसे है। ऐसा नहीं है–वह व्यक्ति चाहे पति ही क्यों न हो।

विवाह के उद्देश्यों में कामतुष्टि एक मुख्य उद्देश्य है, यह खुलकर स्वीकार करना अश्लील माना जाता है। किसी पवित्र गृहस्थ धर्म के पालन के लिए, यज्ञ-याग आदि सम्पन्न करने के लिए या उत्तम गति प्राप्त करने के लिए या काम रहित भावना से पुत्रों को जन्म देने के लिए ही विवाह-संस्था बनायी गयी है, यही कहना पड़ता है। खुले तौर पर यह नहीं कहना है कि दैहिक सुख के लिए विवाह आवश्यक है। "अभी रजस्वला नहीं हुई है, तो कितने दिन और इन्तज़ार करूँगा? नहीं हुई है, तो भी कोई बात नहीं है, गौना दे दो" कहकर आदेश भी दिया जा सकता है, रात-दिन

कमरों में सड़ते हुए पलंगों पर लुढ़क-पुढ़क भी सकते हैं—मुँह से इतना कहना काफ़ी है कि विवाह एक संस्कार है, और उसमें कामेच्छा के लिए स्थान नहीं होना चाहिए। दूल्हे को तलाशते वक्त क्या कोई यह सोचता है, कि लड़का स्वस्थ और बलिष्ठ है या नहीं, वह लड़की को सन्तुष्ट कर पायेगा या नहीं? और कामशक्ति की बात कोई उठाता भी है? आख़िर उसमें पुंसत्व है भी या नहीं, इसका पता भी लगाते हैं? पैसा देखकर शादियाँ कराने वाले लोग पुत्री को व्यभिचारिणी बना रहे हैं! बस!

जिस प्रकार मनुष्य ने दूसरे मामलों में पशुओं से अधिक स्वच्छता, सुरुचि और परिष्कृति विकसित की है उसी तरह कामेच्छा के मामले में भी विकसित की है। ज़रूरत होने पर जो मिल जाती है, उस स्त्री से कामेच्छा को सन्तुष्ट कर लेने के बाद उसे छोड़ देने और जब इच्छा फिर से जाग्रत होती है, तब किसी दूसरी स्त्री को ढूँढ़कर भोगने से पुरुष को सन्तोष नहीं होता। स्त्री की स्थिति भी यही है। स्थायी और उन्नत सम्बन्ध की कामना जगाने वाले आसक्ति के दूसरे आदर्श के कारण ही ईर्ष्या और नाना प्रकार के झमेले पैदा हो रहे हैं। पुरुष का किसी विशेष स्त्री की या किन्हीं विशेष स्त्रियों की कामना करना, स्त्री का किसी एक विशेष पुरुष की या किन्हीं विशेष पुरुषों की कामना करना, कामेच्छा की तुष्टि मात्र से सन्तुष्ट न होकर हमेशा उनको अपने साथ रखने और उनको अपना बना लेने की चाह रखना—यही आसक्ति है।

आसक्ति क्यों पैदा होती है, इसके कारणों का पता लगाना कठिन है। जो आसक्त होते हैं, उन्हीं को इन कारणों का पता होगा। बहुत बार तो वे कारण उन लोगों को भी पता नहीं होते। व्यक्ति विशेष के संस्कारों, उसकी कल्पनाओं और रुचि-रुझानों के अनुसार ये कारण बदलते रहते हैं। "उस पर आसक्त क्यों हुए? उस में तुमने आख़िर देखा क्या है? इस तरह आसक्त हो जाना ग़लत है।" ऐसी बात कहना निरर्थक है, पागलपन है। इस तरह पूछने का या उस आसक्ति में बाधा देने का किसी को अधिकार नहीं है। आसक्ति का दमन कर पाना या न कर पाना ही किसी के बस की बात होती है। वैसे ऐसे पशुभाव वाले लोग भी हैं, जो आसक्ति को न कभी समझ पाये हैं, न कभी समझ पायेंगे। उनके विचार में कामासक्ति ही आसक्ति है।

आसक्ति के कारण ही विवाह की व्यवस्था हुई है। कामासक्ति के लिए विवाह की आवश्यकता नहीं है। परन्तु आज की परिस्थितियों में विवाह ही आसक्ति का आधार बन गया है। स्वेच्छापूर्वक वरण जहाँ नहीं होता, वहाँ आसक्ति का उत्पन्न होना और उसका बने रहना आज सम्भव नहीं है। इस विवाह में जो बन्धन हैं, वे आसक्ति के लिए कोई जगह नहीं छोड़ रहे हैं।

विवाह के सम्बन्ध में समाज ने जो पाबन्दियाँ लगाई हैं, उन्हें देखिए–

1. जाति में ही, गोत्र की भी जाँच करके विवाह करना चाहिए।
   हृदय के बन्धन की भी कोई जाति या गोत्र होता है क्या? आसक्ति में ये कभी बाधक होते हैं क्या?
2. आसक्ति, यहाँ तक कि कामासक्ति क्या है, इसका ज्ञान होने से पहले ही विवाह कर देना।

विवाह के बाद आसक्ति पैदा होगी, यह कहना हास्यास्पद है, आसक्ति की प्रकृति से शुद्ध अपरिचय है।

आजकल पुरुष आम तौर पर जिन उद्‌देश्यों से विवाह करते हैं, वे इस प्रकार हैं–

(अ) कामेच्छा की तुष्टि के लिए।

(आ) अकेलेपन से बचने के लिए।

(इ) बीमारी और बुढ़ापे में सेवा करने के लिए किसी का होना ज़रूरी है, इसलिए।

(ई) खाना पकाने और घर का काम करने के लिए।

(उ) इस समय जो सन्तान है, उसके पालन-पोषण के लिए।

(ऊ) भविष्य में सन्तान हो, इसलिए।

स्त्रियों के लिए विवाह इसलिए ज़रूरी है कि–

(अ) कुमार्ग से बचकर सही रास्ते पर चलते हुए आज्ञानुवर्ती बने रहने के लिए।

(आ) खाना-कपड़ा देने वाला कोई हो, इसलिए।

(इ) सबसे महत्त्वपूर्ण तो यह है कि यह एक आम रिवाज है, सभी विवाह कर रहे हैं, न करना लोकरीति के विरुद्ध होगा, इसलिए।

इन कारणों में आसक्ति कहीं नहीं है। शुरू में कामासक्ति के कारण और बाद में कई वर्ष साथ रहने के कारण–पति-पत्नी दोनों को एक-दूसरे की आदत पड़ जाती है और इससे वे लोग एक-दूसरे को छोड़ नहीं सकते। बहुत लोग भ्रमवश उसी को आसक्ति या प्रेम समझने लगते हैं। विवाह के बाद पैदा होनेवाली आसक्ति तो यही है। ऐसा लगाव तो लम्बे समय तक इस्तेमाल में लाई हुई कुर्सियों और घर की भैंसों के प्रति भी होता है। यह 'आदत पड़ना' जिससे विवाह किया जाये, उसी से हो जाता है।

लेकिन आसक्ति वैसी चीज़ नहीं है। वह विशेष रूप से किसी एक व्यक्ति की कामना करती है।

3. घर के बड़े-बूढ़ों का वर या वधू का चुनाव करके पल्ले बाँध देना। दूल्हे के स्वभाव और प्रकृति का लड़की के पिता को क्या पता होगा?
4. आसक्ति समाप्त होने के बाद भी विवाह के कारण दोनों को जोड़कर रखना।
5. यह न समझ पाना कि पुरुष में या विशेष रूप से स्त्री में एक से अधिक व्यक्तियों के प्रति–बिना कारण जाने ही आसक्ति पैदा हो सकती है।

लोग अपने-अपने हृदय को टटोलकर देखें, तो समझ में आ जायेगा कि एक ही समय में अनेक के प्रति आसक्ति पैदा होना और उस आसक्ति का कम या ज़्यादा होना असहज या अस्वाभाविक नहीं है। पुराने समय में राजा लोग कितनी ही स्त्रियों के प्रति आसक्त होकर उनसे विवाह करते थे न? अब मुसलमान लोग नहीं कर रहे हैं?

स्त्री का हृदय भी ऐसा ही है। सभी यह विश्वास नहीं करते, कि द्रौपदी को पाँचों पतियों के प्रति आसक्ति थी? पत्नी की मृत्यु के बाद छः महीने में नयी पत्नी के प्रति, उस से भी पहले वेश्या के प्रति जब आसक्ति पैदा हो सकती है, तब पत्नी के रहते पत्नी के साथ-साथ दूसरों के प्रति भी आसक्ति नहीं रह सकती क्या? इसके अलावा किसी एक विशेष गुण के कारण किसी एक के प्रति और किसी दूसरे गुण के कारण किसी दूसरे के प्रति, इस तरह बिना किसी सीमा के, आसक्ति की प्रेरणा उत्पन्न हो सकती है, यह बात मानव प्रकृति की ओर से जिन लोगों ने आँखें मूँद नहीं ली हैं, उन सबको मालूम है।

सामाजिक प्रतिबन्धों के कारण लोग आसक्ति की आज़ादी को खण्डित कर रहे हैं और कामभावना को ही महत्त्वपूर्ण बनाकर मनुष्यों को पशुत्व की ओर धकेल रहे हैं। स्वेच्छा के लिए कोई जगह न छोड़ने और आसक्ति के लिए कोई अवसर न देने के कारण अवरुद्ध दम्पती के लिए कामासक्ति को छोड़कर कुछ और बचता नहीं है और कोई बड़ी उपलब्धि उनके वश की होती ही नहीं है।

इसके अलावा आसक्ति के अनेक उत्कृष्ट लाभ हैं।

जिन के प्रति आसक्त होते हैं, उन को प्रसन्न करने के लिए, उनके प्रेम के योग्य बनने के लिए स्त्री और पुरुष अपने को उन्नत बनाते हैं, गुणवान होते हैं और दूसरा व्यक्ति उनके प्रति आसक्त हो, इसके लिए प्रयत्न करते हैं। स्त्री-पुरुष साहसी और उदार बनते हैं। दूसरे की आसक्ति कहीं ख़त्म न हो जाये, इस डर से अनेक बुरी आदतों, दुष्कर्मों, प्रलोभनों से बचे रहते हैं। एक व्यक्ति मुझ पर आसक्त है, मेरे कामों का केवल मुझ से ही नहीं, किसी दूसरे से भी सम्बन्ध है, यह भाव ही उनके

हृदय में अपार आनन्द की सृष्टि करता है और असम्भव से लगने वाले महत्कार्यों की ओर उनको प्रवृत्त करता है। इस देश के लोग इस प्रकार की प्रेरणा को नहीं जानते। वे चाहे जितने गिरे पड़े हों, किसी का पति या पत्नी के रूप में बने रहने की स्थिति तो बनी रहेगी ही, इस उपेक्षाभाव के कारण वे उन्नति करने का प्रयत्न नहीं करते। एक-दूसरे के हृदय को अपना बनाने के लिए किये जाने वाले प्रयत्न में जो आनन्द है, वह दुनिया में और कहीं नहीं है। जिन लोगों ने वैसा आनन्द पाया है, वे लोग देवत्व की अनुभूति प्राप्त किये हुए लोग होते हैं। पशुओं की तरह कामेच्छा से प्राप्त होने वाले सुख का कोई मूल्य नहीं है। आजकल आम तौर पर विवाह के समय लड़की किसी पर आसक्त होने योग्य आयु तक पहुँची भी नहीं होती। सयानी लड़कियाँ चूँकि परदे में रहती हैं, विवाह से पहले पति को जानती ही नहीं। सच्चा आनन्द तभी प्राप्त होता है जब यह जानकारी हो कि दूसरे को मेरी ही चाह है, मुझे छोड़कर किसी और की चाह नहीं है। इस आनन्द को हमारे लोग जानते ही नहीं। चूँकि अपने पति या पत्नी से ऐसी अनुभूति प्राप्त नहीं होती, वे लोग दूसरे स्त्री-पुरुषों के हृदय को आकृष्ट करके उस तरह का अपूर्व आनन्द प्राप्त करने का प्रयत्न करते हैं।

6. सन्तान प्राप्ति के लिए पशु भी स्वस्थ और बलिष्ठ पशुओं को ही चुनते हैं। चूँकि जो पशु स्वस्थ नहीं होते, उनको दूसरे पशु नहीं चाहते, इसलिए वे सन्तान उत्पन्न किये बिना ही नष्ट हो जाते हैं। इस पद्धति द्वारा सृष्टि अपने प्राणियों को स्वस्थ रखती है। मनुष्यों को ऐसी स्वतन्त्रता नहीं है। स्वास्थ्य रहित पति से बचने की स्वतन्त्रता पत्नी को नहीं है। स्वेच्छा और परस्पर आसक्ति के आधार पर जब स्त्री-पुरुषों का मिलन होता है, तभी अच्छी सन्तान उत्पन्न होती है।

इसलिए आसक्ति के आधार पर ही विवाह का सम्बन्ध स्थापित होना चाहिए। जहाँ आसक्ति न हो, वहाँ तो यही समझना चाहिए कि विवाह-विच्छेद हो गया है। आसक्ति जहाँ समाप्त हो गयी, वहाँ न पति पति रहता है, न पत्नी पत्नी ही रहती है। ऐसी स्थिति में भी जुड़े रहना पराए व्यक्ति के साथ जुड़े रहने जैसा ही है। समाज नैतिकता के उस स्तर तक उन्नत होना चाहिए जहाँ जिस व्यक्ति के प्रति आसक्ति हो, उस से विवाह सम्भव हो।

परन्तु बहुतों के मन में यह शंका रहती है कि युवक-युवतियों को बिना किसी की सहायता की अपेक्षा किये स्वयं चुनाव करके विवाह करने की आज़ादी दी जाये, तो वे क्या सही चुनाव कर सकेंगे? इसलिए वे लोग कहते हैं कि बुज़ुर्गों के अनुभव और ज्ञान को ही इसका निर्णय करना चाहिए।

लेकिन क्या ये बुज़ुर्ग जानते हैं कि सही व्यक्ति कौन है? सही व्यक्ति से मतलब उस व्यक्ति से है जो बुज़ुर्गों के लिए सही है या उस व्यक्ति से जो विवाह करने वाले व्यक्ति के लिए सही है?

कितनी आयु के बाद आता है सही व्यक्ति का चुनाव करने का यह ज्ञान? ऐसी बात है तो उस समय तक विवाह को स्थगित कर दो न फिर!

जाति, रूप, धन और शिक्षा महत्त्वपूर्ण होने पर भी आसक्ति के लिए इनसे भी बढ़कर कारण होते हैं। चूँकि विवाह के लिए आसक्ति ही महत्त्वपूर्ण है, आसक्ति के ये कारण आसक्त होने वालों को छोड़कर दूसरों को मालूम नहीं होते।

कहा जाता है कि ये बच्चे रूप और धन ही देखते हैं, जब कि असल में महत्त्वपूर्ण तो वंश और गुण होते हैं। लेकिन ये बुज़ुर्ग लोग ख़ुद वंश और गुण कितना देख रहे हैं? वर-वधू के गुण और स्वभाव को जानने-परखने की कितनी सुविधाएँ इनको प्राप्त हैं? नेगचार और दहेज का तो पता रहता है इनको! फिर भी गुण या रूप कौन-सा महत्त्वपूर्ण है, इसका निर्णय तो विवाह करने वालों को करना चाहिए। ये कौन होते हैं इसका निर्णय करने वाले?

लड़कियों को अच्छा व्यावहारिक ज्ञान दिया जाये, तो उनमें यह निर्णय करने का विवेक आ जाता है कि कौन व्यक्ति उत्तम है और किस प्रकार का व्यक्ति उनके पति के रूप में उपयुक्त रहेगा। आजकल इन बच्चियों में भी इन बुज़ुर्गों से तो अधिक ही विवेक है, योग्य साथी की खोज कर लेने में।

ग़लत चुनाव करें भी, तो अपनी ग़लती का फल वे ख़ुद भोगेंगे। इन बुज़ुर्गों की ग़लती का परिणाम ये लोग क्यों भोगें?

वे लोग पूछ सकते हैं, कि सम्पूर्ण ज्ञान और संकल्प से चुनाव किया जाये, तब भी तो मन बदल सकता है, आसक्ति ग़ायब हो सकती है? बात सही है। परन्तु बिना आसक्ति के शादी करने से तो यह बेहतर है। वह सम्बन्ध लम्बे समय तक टिका रहेगा। जब नहीं टिकेगा तब वे अलग हो जायेंगे।

आज जो विवाह हो रहे हैं, उनमें गर्भाधान के दिन तक पति और पत्नी में मैत्री या सख्य नहीं होता। उन में एक को दूसरे के प्रति न चाह होती है, न प्रेम। वे एक-दूसरे को जानते तक नहीं। कुछ जातियों में तो एक-दूसरे को देखना तक नहीं हुआ होता है। उस रात जो कमरे में आये, वही पति है, वही पत्नी है। इस तरह दो अपरिचितों को दो पशुओं की तरह एक कमरे में बाँध देने का ही नाम पवित्र विवाह है। अभी रजस्वला तक न हुई लड़की को, जो यह तक नहीं जानती कि यह सारा मामला क्या है, पिंजरे में बकरी के बच्चे के लिए बेतरह घूमने वाले भेड़िया-जैसे

पुरुष के हवाले कर दिया जाता है। वह आदमी अपनी बीमारियों का उस लड़की के शरीर में प्रवेश कराकर उसे ऐसा विरूप बना सकता है कि उसे छूने या देखने में भी घिन लगे। ऐसी बातों को बिना किसी विरक्त भाव के जो अंगीकार कर लेती हैं, वे पशुप्राय, अनाथ और कायर स्त्रियाँ ही हमारी पतिव्रताएँ हैं। सारा स्वर्ग इन्हीं लोगों का है। बिना उसकी इच्छा के, किसी पशु का दूसरे पशु के साथ मेल कोई नहीं करा सकता। यहाँ मनुष्य की इस सन्तान को, एक रात के लिए नहीं, जीवन-भर के लिए बँधुआ बनाकर रखा जाता है, उन पुरुषों के पास जिनको बड़े-बूढ़े ही जानते हैं।

विवाह के सम्बन्ध में तीन मत हैं–

1. यह ईश्वर निर्मित है।
2. यह समाज निर्मित है।
3. यह व्यक्ति निर्मित है।

ईश्वर निर्मित है—

इस मत के अनुसार भगवान ने ही यह तय कर दिया है कि पति-पत्नी को इस तरह रहना चाहिए, दोनों को एक-दूसरे से ही प्रेम करना चाहिए, जिन दो को बिठाकर मन्त्र पढ़े जायेंगे, वे ही पति-पत्नी बन जाते हैं और उनको कभी अलग नहीं होना चाहिए। इसी भगवान ने ऐसी अन्यायपूर्ण व्यवस्था भी दी है कि पुरुष बार-बार विवाह कर सकता है, लेकिन स्त्री कर नहीं सकती। चूँकि भगवान दिखाई नहीं पड़ता, उससे पूछने या उसका तिरस्कार करने की सुविधा हमें नहीं है।

ऐसा मानने वालों से तर्क करने से कोई लाभ नहीं है। उस भगवान ने कब किससे यह कहा था, और ऐसा कहा था, यह बात इन लोगों को कहाँ से पता चली थी, यह कोई नहीं बताता। इसलिए इन लोगों की उपेक्षा करना ही ठीक रहेगा। तर्क करने से कोई लाभ नहीं।

समाज निर्मित है—

विवाह को समाज निर्मित मानने वाले लोगों का यह कहना है कि समाज को पाक-साफ़ रखने के लिए, उसके कल्याण के लिए विवाह के क़ानून-क़ायदे बनाये गये हैं। व्यक्ति के मन और उसकी आसक्ति का चाहे जो बने, व्यक्ति को समाज के लिए त्याग करना ही चाहिए। यदि व्यक्ति की स्वतन्त्रता के कारण समाज विच्छिन्न होता हो, तो यह बात विचारणीय मानी जायेगी। ये नियम शुरू में समय और परिस्थिति के अनुसार समाज के हित की दृष्टि से ही निर्मित हुए होंगे। परन्तु रोज़ ही बदलने वाले

समाज के व्यवस्थापन के लिए फफूँद लगे, सड़-गलकर झड़ते इन्हीं क़ायदे-क़ानूनों को आधार बनाये रखें तो कपट और चोरी के अलावा कुछ हाथ नहीं लगेगा। पुराने विधि-विधानों के पक्ष में दिया जानेवाला यह तर्क समाज के नाम पर हर सुधार को रोकने के काम आएगा। व्यक्तियों की बलि लेनेवाला यह समाज कितना पवित्र है, कितनी प्रगति से शोभायमान हो रहा है, यह हर आँखवाले को दिख ही रहा है।

व्यक्ति निर्मित है—

यानी विवाह को आसक्ति द्वारा शासित होना चाहिए और जब तक किसी को हानि नहीं पहुँचाई जाती, तब तक जिसकी जैसी इच्छा हो, उस तरह वह आचरण कर सकता है।

परन्तु लोग कहते हैं कि चूँकि व्यक्ति का अनुभव सीमित होता है, इसलिए अनुभवी बुज़ुर्गों द्वारा बनाये गये इन नियमों का पालन करने से लोग धर्ममय और सुखमय मार्गों का अनुसरण कर सकते हैं। परन्तु जिस व्यक्ति ने शास्त्रों और वृद्धों का वशवर्ती रहते हुए और किसी सत्ता से कोई सवाल न पूछते हुए, जिन्दगी बिताई है, वह कब अपने निजी अनुभवों को जानेगा? इसका क्या प्रमाण है कि ये शास्त्र जो भी कहते हैं, सब सही है और अर्थवान है? रोज़ ही लोगों को शास्त्र के विरुद्ध आचरण करते और उसकी अवज्ञा करते हम देख ही रहे हैं। इस तरह अतिक्रमण न करने पर तो उस देश या व्यक्ति का नष्ट होना निश्चित है। उन शास्त्रवचनों से अधिक विवेक मनुष्य में है। परन्तु कोई भी काम करने के लिए जब साहस की कमी होती है, तब 'शास्त्र इसकी अनुमति नहीं देता', जैसी वंचना की बातें कहकर लोग अपना बचाव करने लगते हैं। जब दायित्व को बुज़ुर्गों के मत्थे मढ़ने का मन होता है, तब उनके प्रति भक्ति भी पैदा हो जाती है।

बहरहाल स्त्रियों और पुरुषों की प्रकृति में कई प्रकार का स्पष्ट अन्तर दिखाई पड़ता है। यह अन्तर उनकी जीवन-पद्धति में भी अन्तर ला देता है।

पुरुष की आसक्ति स्त्री के रूप पर अधिक आश्रित रहती है। गुण और वंश जैसी चीज़ें केवल विवाह के लिए और गृहस्थी की स्थिरता के लिए उपयोगी हों तो हों, पर आसक्ति के लिए वे चीज़ें रूप जितने महत्त्वपूर्ण नहीं हैं। इसके अलावा नारी देह के कुछ ही अंग प्रधानतः पुरुष को आकृष्ट करते हैं।

स्त्री जब आसक्त होती है, तब किन्हीं अंगों के प्रति नहीं, समूचे पुरुष के प्रति–उसके रूप, गुण, स्वभाव सब को मिलाकर–आसक्त होती है। उसकी मोहासक्ति की तीव्रता लम्बे समय तक टिकी भी रहती है। पुरुष की तरह मिनटों में उड़ नहीं

जाती। उसका मोहोद्रेक किसी एक चेष्टा, किसी एक अंग, या किसी एक परिस्थिति पर पूरी तरह निर्भर नहीं होता। उसका पूरा शरीर ही इच्छामय हो जाता है। उसकी एक-एक रग उत्तेजित हो उठती है। वह पूरी तरह अपने भावोद्रेक के वशीभूत हो जाती है। इसीलिए माँ के रूप में वह महान है। दूसरों के भावों और मनोवृत्तियों को वह अनायास ही सीधे और सही-सही समझ लेती है। व्यावहारिक जीवन में किस तरह आचरण करना है, इसे भी वह सही-सही और बड़ी आसानी से समझ सकती है। पुरुष के प्रयासों में उसकी तर्क-बुद्धि सहायक भी होती है और अवरोधक भी। बिना किसी सोच-विचार के स्त्री सही रास्ता जान लेती है। परन्तु जिस क्रिया को सोच-विचार करके जान लेना होता है, जिन विषयों का प्रयत्नपूर्वक पता लगाना होता है, उनमें उसका भावोद्रेक उसके लिए रुकावट बन जाता है। तर्कशक्ति के मामले में वह घाटे में रहती है।

7

पतिव्रता

स्त्री-पुरुष को आज़ादी से वरण करने देने में समाज को बड़ी आपत्ति है और भय भी है–उनका प्रेमभाव बढ़ने से विवाह से पहले ही उनका शारीरिक सम्बन्ध भी हो जायेगा, इस विचार के कारण। निश्चित रूप से होगा, ऐसा दृढ़ विश्वास भी वहाँ होता है। अपने बच्चों के चरित्र और मनोबल पर उनको इतना विश्वास है!

इसी को 'पुरुष का स्त्री को ख़राब करना' कहते हैं। स्त्री और पुरुष दोनों जब एक ही काम करें, तब एक ख़राब होने वाला और दूसरा ख़राब करनेवाला, ऐसा भेद करना निरर्थक है। समाज की दृष्टि में पुरुष एक ऐसा पदार्थ है जो कुछ भी करे, ख़राब नहीं होता। पुरुष की उँगली छू जाये, तो बस, स्त्री भ्रष्ट हो जाती है। स्त्री के मुँह में ज़बान न होने से ही तो यह अन्यायपूर्ण भेदभाव आज भी जैसे का तैसा बना हुआ है! स्त्री का गर्भ ठहर जाता है, यह अन्तर सृष्टि का बनाया हुआ अन्तर है, नैतिकता का अन्तर नहीं है।

इस समय जो स्थिति है, उसमें यह बात कि स्त्री पुरुष के जाल में जल्दी फँस जाती है, सही है। लेकिन यदि स्त्री को आज़ादी देकर पुरुष की तरह दुनिया में घूमने दिया जाये, तो वह अपनी आज़ादी और अपने सम्मान की रक्षा स्वयं कर सकने योग्य शक्ति और विवेक प्राप्त कर लेगी। आज की तरह पुरुष से भागने या अशक्त होकर फँसने की विवशता उसे नहीं रहेगी। स्त्री घर में छिपाकर रखी जायेगी तो पुरुष उसके लिए अजूबा होगा। एक-दूसरे को देखने पर आज जो असहज कामोत्तेजना होती है, वह स्त्री के मुक्त होने पर कम होगी। यदि लड़की को सही शिक्षा, अनुभव, संसार का ज्ञान, नैतिकता तथा आसक्ति सम्बन्धी जानकारी दी जायेगी, तो वह आज की बावली लड़कियों की तरह सामने दिखाई पड़नेवाले हर पुरुष को देवता नहीं मान लेगी और न उस पुरुष की हर बात को सच मानकर उसके वश में हो जाएगी। बचपन से जो लड़की लड़कों और पुरुषों में हिल-मिलकर घूमेगी, वह पुरुषों के

स्वभाव को समझ लेगी। अधम पुरुष को देवता मानकर प्रेम नहीं करेगी। उसे पति या प्रेमी के रूप में स्वीकार नहीं करेगी। इस नयी आज़ादी के कारण कुछ लड़कियाँ 'ख़राब' भी हो जायें, तब भी उनकी संख्या आज गुप्त रूप से 'ख़राब' होने वाली लड़कियों से ज़्यादा नहीं होगी।

'ख़राब' न हो जाये, इस डर से घरों में, स्कूलों में ताला लगाकर रखें तो स्त्री को संसार का ज्ञान नहीं होगा। उसे सही शिक्षा नहीं मिलेगी। वह कमअक्ल ही बनी रहेगी। शारीरिक, बौद्धिक और नैतिक बल उसमें नहीं होगा। इस प्रकार जीवित शव बने रहने से तो यह तक अच्छा है, कि ज्ञान और शक्ति प्राप्त करने के प्रयत्न में वह 'ख़राब' हो जाये। बाबा आदम के ज़माने की किताबों में भरे नैतिक उपदेशों और पति-वचनों को छोड़कर स्त्रियाँ किसी दूसरी नैतिकता या अनैतिकता को जानती हैं क्या? आसक्ति किस चिड़िया का नाम है, यह तक न जाननेवाली बच्चियों को अपने पल्ले बाँधकर उनको ज्ञान से, प्रकाश से, पुरुष से, छिपाकर अनीति के लिए भी अयोग्य उन शरीरों के साथ सहजीवन बिताना अच्छा है, या अनुभवी, विवेकशील, और पति के प्रति प्रगाढ़ अनुराग रखनेवाली स्त्री के साथ (चाहे वह दस बार 'ख़राब' हुई भी हो, तो क्या है?) जीवन बिताना अच्छा है, इसका निर्णय पुरुष कर सकते हैं।

पुरुष स्त्री को 'ख़राब करेगा' इस आशंका के कारण निकट सम्बन्धियों को छोड़कर दूसरे स्त्री-पुरुषों से उसका स्नेह-सम्बन्ध बन नहीं सकता। सोने के कमरेवाले सम्बन्ध को छोड़कर पति-पत्नी के बीच भी दूसरा कोई सम्बन्ध लोगों को स्वीकार्य नहीं है। पुरुष स्त्री के सहज शत्रु बन गये हैं। इस कारण दोनों के ही स्वभाव को अपार हानि हो रही है।

पवित्रता स्त्री का आभूषण तो है। अत्यन्त आवश्यक भी। तुच्छ कामनाओं के वशीभूत होने से बचते हुए इन्द्रियों पर विजय पाना स्त्री के मनोबल को बढ़ाता है और उसके स्वभाव को चमक और ऊँचाई प्रदान करता है। अपनी कोमलता को, मन के लावण्य को और अमूल्य निर्मलता को बिना विवेक के हर किसी पुरुष के सामने फेंक देना, एक मिनट के कामसुख के लिए उनको व्यर्थ कर देना, मूर्खता है। परन्तु उस काम में पाप या घिन की भावना व्यक्ति विशेष पर निर्भर है, यह बात हमें समझनी चाहिए। स्वच्छता या निर्मलता क्या होती है, उसकी किस प्रकार रक्षा करनी चाहिए, इसका निर्णय स्त्री को स्वयं करना होगा। अपनी उत्कृष्ट पवित्रता को, मृदु-मधुर अपने शरीर को, पात्रता को, निगूढता को, अयोग्य यदि हो, तो पति तक को अर्पित न करने वाले साहस और स्वाभिमान का अभ्यास करना स्त्री का कर्तव्य है। परन्तु स्त्री के हृदय में इन विचारों के जड़ ज़माने से पहले, अभी जब

वह जड़प्राय ही बनी हुई है, समाज का बाहर से उस पर अपने नियमों को ज़बर्दस्ती थोपना अनुचित होगा। यहाँ यह भी देखना होगा कि समाज के विचार भी क्या सही हैं? समाज के आदेश के अनुसार तो अपनी निर्मल देह-चेतना और स्वाभिमान के कारण जो स्त्री उसके प्रति रत्तीभर भी प्रेम न रखने वाले और बीमारियों से सड़ते शरीरवाले पति की अवज्ञा करती है, उसका कोई स्थान नहीं है। पातिव्रत्य के महान आदर्श को जनता की आँखों के सामने प्रतिष्ठित करना और उसके पालन के प्रति जनता को प्रेरित करना तो सही है, लेकिन यदि अनीति, अन्याय और मूर्खता से, मनमाने ढंग से और ज़बर्दस्ती उस आदर्श को थोप देने की कोशिश की गई, तो कोई लाभ नहीं होता। उस आदर्श का पतन हो जाएगा, बस!

विवाह के बाद समाज स्त्री पर जो बन्धन लागू करता है वह है पातिव्रत्य। पातिव्रत्य का पहला धर्म है, पति को भगवान मानना। पति चाहे जैसा आदमी हो, पराया पुरुष स्त्री के सपने में भी नहीं आना चाहिए। पति कोढ़ी, नीच और नरहंता हो, तो और अच्छा। पातिव्रत्य और ज़ोर से चमकेगा। मनोविज्ञान से अनजान और व्यावहारिक ज्ञान से शून्य निरे मूर्खों का ही यह विचार हो सकता है। हम जिसे चाहते हैं, उसे राजा या भगवान मान सकते हैं, पर किसी और के द्वारा चुने गये और ज़बर्दस्ती पल्ले बाँधे गये आदमी के प्रति चाहे कितनी कोशिश की जाये, आसक्ति जगेगी क्या? वह क्या सहज है? ऐसे में भी कोई सोचे कि आसक्ति पैदा हो गई है, तो वह झूठ होगा, कपट होगा, धोखा होगा। साथ रहते-रहते जो आदत पड़ जाती है, सामान्य सम्बन्ध जो बन जाता है, उसे देखकर लोगों को आसक्ति होने का भ्रम हो जाता है। हम जितनी स्त्रियों को देखते हैं, वे सब क्या पति को परमेश्वर मानने वाली ही हैं? विवाह के मन्त्र प्रेम पैदा कर सकते हैं क्या? जो सब्जी हमें पसन्द नहीं है, उस सब्जी तक को जहाँ बहुत प्रयत्न करके भी हम निगल नहीं पाते, वहाँ आँखों के सामने किसी नीच को देखते हुए जीवन-भर उसे भगवान समझते हुए झेलना कैसे सम्भव है? जहाँ छोटे बच्चे तक को इस तरह बहकाया नहीं जा सकता, वहाँ देश की सयानी स्त्रियों को बहकाया जा सकता है क्या? इन लात मारने वाले भगवानों को, पियक्कड़ भगवानों को, रोग प्रदायी भगवानों को हम कब तक झेलते रह सकते हैं?

पातिव्रत्य का दूसरा गुण है, पति की आज्ञा का पालन करना। इस बहाने पुराणों की पतिव्रताओं ने जो जघन्य कृत्य किये हैं, घिनौने काम किये हैं, उनकी सीमा नहीं है। पति की आज्ञा बताकर झूठ बोलने वाली, घर-गृहस्थी को बरबाद करने वाली, बच्चों को रुला-रुलाकर परेशान करनेवाली सब उनमें हैं। यह काम अच्छा है, या बुरा, इसका कोई विचार नहीं किया जाता। दूसरों के साथ अन्याय कर रहे हैं, उन्हें

हानि पहुँचा रहे हैं, ऐसी कोई चिन्ता भी नहीं। अपने स्वभाव का स्खलन हो रहा है, इसकी चिन्ता नहीं है। हर चीज़ के लिए तैयार! आज भी पत्नियों का यही आदर्श है। पत्नी का अपना मस्तिष्क, अपने विचार, उसकी अपनी नैतिकता, अपनी अन्तरात्मा, कुछ नहीं है। पति की आज्ञा ही सब कुछ है। अन्ततः पुराणों की स्त्रियाँ भी इन आज्ञाओं का पूरी तरह पालन नहीं कर पाईं। मात्र मशीनों को छोड़कर पति की इन आज्ञाओं का पालन ढोर-डंगर तक नहीं कर सकते। अब पति की आज्ञा का उस तरह पालन नहीं होता, लेकिन वे जो काम करती हैं, उसके लिए 'पति की आज्ञा' की आड़ तो आसानी से मिल ही जाती है।

अब पातिव्रत्य से सम्बद्ध तीसरा गुण है त्याग। स्त्री जीवन का अर्थ, उसकी चरम सिद्धि और आदर्श ही त्याग है। त्याग न करने वाली स्त्री दूध न देनेवाली गाय या भैंस है। पति के लिए, बच्चों के लिए, परिवार के लिए, सम्बन्धियों के लिए, इस लोक के लिए, परलोक के लिए, हर बात से पहले त्याग। उसके चाहे जितने 'इंटरेस्ट' हों, आदर्श हों या अभिरुचियाँ हों, सब को छोड़कर वह त्याग करे। पति शराबी है, तो स्वाभिमान का त्याग। गुस्सैल है, तो शरीर का त्याग। दुर्नीत है, तो नैतिकता का त्याग। सब लोगों के प्रति स्त्री के कर्तव्य हैं। अपने प्रति उसका कोई कर्तव्य नहीं है।

त्याग करने से पहले त्याग करने के लिए पास में कुछ तो होना चाहिए। पुराणों की स्त्रियों के पास दो ही चीज़ें हैं, शरीर और स्त्री इंद्रिय। पति को जब भी ज़रूरत पड़े, इन दोनों को तैयार रखती हैं—सताने के लिए, दान में देने के लिए, बेच देने के लिए और मार डालने के लिए। आज की स्त्रियों के पास गहने और ज़मीनें होती हैं। चाहें तो इनका त्याग कर सकती हैं। पर उनके पास बुद्धि, स्वाभिमान और साहस नहीं हैं। ये चीज़ें नहीं दे सकतीं। किसी के लिए कोई त्याग करता है, तो जिसके लिए त्याग किया जाता है उसको लाभ होना चाहिए। परन्तु पुराणों की इन स्त्रियों के पतियों में एक भी ऐसा नहीं है जिसे उन स्त्रियों के त्याग से लाभ मिला हो। किसी में भी पत्नी के प्रति कृतज्ञता का भाव नहीं है। आदरभाव नहीं है। उस त्याग के कारण पति, बच्चे और लोग सब बिगड़ गये हैं। आज, अब भी उन्हीं आदर्शों का पल्ला पकड़कर लोग बिगड़ते जा रहे हैं। इन पत्नियों द्वारा त्याग की जानेवाली चीज़ों का पति के मन में या संसार की दृष्टि में कम ही मूल्य होता है, इसलिए उस त्याग से किसी को कोई लाभ नहीं होता। कोई बहुत बड़ी आवश्यकता होने पर एक बार सहज प्रेम और सन्तोष के साथ किया जाने वाला त्याग स्वस्थ और आनन्ददायक होता है। ऐसा न होकर जब विधि-विधान ही यह हो कि स्त्री को पति के लिए त्याग

करना ही चाहिए, तब पति में कृतज्ञता क्यों होगी? उल्टे पत्नी को और कम आँककर उसका अनादर ही किया जायेगा। इन स्त्रियों के त्याग तो बहुत बड़े हैं। पर दूसरों को उनसे होनेवाला लाभ तो बहुत थोड़ा ही है।

पत्नी के इन महात्यागों को देखकर पति को बहुत भय लगता है। यदि कृतज्ञता और प्रेम दिखाकर और इस त्याग को स्वीकार करके वह उसका वशवर्ती हो गया, तो पतिव्रता पत्नी अपने जीवन के हर पल को त्यागमय बनाकर पति को आवेष्टित ही कर लेगी। यह जताकर कि 'अपने मित्रों का, बच्चों का, सुखों का, अपने धर्म का, सब का तुम्हारे लिए त्याग कर रही हूँ' अपने इन सभी त्यागों के बोझ के साथ पति के गले से वह लटक जायेगी। ख़ुद पति का सर्वस्व बनकर उसके लिए दम घुटने वाली हालत पैदा कर देगी। इसीलिए पति प्रेम न दर्शाकर पत्नी से बचने की कोशिश करता है। यदि इस तरह बच नहीं सका, तो अब सब कुछ खो चुकी और त्याग कर-करके शववत निर्जीव बन चुकी पत्नी के आलिंगन में दम घुटकर वह मर नहीं जायेगा? साहस और उत्साह खोकर वह न देश और समाज के लिए किसी काम का रह पाता है, और न स्वजनों के लिए ही। पुराणों की स्त्रियाँ भी करने को तो नीतिवाक्यों को उच्चरित करती हैं, लेकिन वे सब तोता रटंत की तरह सीखे हुए और पुरुषों के बनाए हुए नीतिवाक्य ही होते हैं। नीति और सदाचार पर इनके भाषणों को सुनते तो सभी हैं, पर एक भी पति इनकी बात को व्यवहार में नहीं लाता। नहीं लाता, तो पत्नी को ग़ुस्सा नहीं आता। ग़ुस्सा आता है, तो समझो कि पातिव्रत्य भंग हो गया!

चौथा गुण है—सेवा। पति की, पति से सम्बन्ध रखनेवाले सभी की सेवा। सास, ससुर, जेठ सब ख़ूब खाकर मुटाते रहें और बिना कोई काम किये बिस्तरों पर लोटते रहें, इस पत्नी को तो सेवा करनी ही है। नौकर-चाकर हों तो क्या? पत्नी को तो सेवा करनी ही है! उसका हृदय प्रेम से लबालब भरा रहता है और पति आदि की सेवा करने के सौभाग्य को ही वह अपना बहुत बड़ा वरदान मानती है। अब ग़ुलामी और किसे कहते हैं? लेकिन हृदय में जब इतना सारा प्रेम भरा हो, तब सेवा का उपदेश देने की ज़रूरत क्या है? यह कर्तव्य है, ऐसा कोई कहे क्यों? और फिर प्यार करनेवाला वह पति क्यों सेवा नहीं करता? 'सेवा करो', यह उपदेश उसे क्यों नहीं दिया जाता? जहाँ ऐसा सहज प्रेम हो, वहाँ सेवा करने का उपदेश देने की क्या ज़रूरत?

पत्नी का पति को अपनी देह अर्पित करना भी इस सेवा में शामिल है। पत्नी की इच्छा हो या न हो, चाहे बीमार हो या उसे घिन आती हो, पति को देह अर्पित करनी होगी। उसे परमेश्वर मानकर आँखें मूँद लेनी होंगी। स्त्री 'सहन नहीं हो रहा

है, पीड़ा हो रही है, डर लग रहा है'–की गुहार लगा रही हो, तब भी जो आदमी अपने को उस पर थोपता है, वह भगवान है या भूत? पति के शरीर से सम्बद्ध सब कुछ पत्नी के लिए पवित्र होता है। उसकी जूठन पत्नी के लिए उत्कृष्ट भोजन है। वह पति मस्त साँड़ से भी ज़्यादा नीचता से जैसा मन हो वैसा, जितनी उसकी शक्ति हो, वहाँ तक निरीह और असहाय पत्नी को सता सकता है। पत्नी की शक्ति और स्वास्थ्य जब तक निःशेष नहीं हो जाते तब तक, घिनाकर उसकी आँखों के आगे अँधेरा छा जाने तक उसका भोग किया जा सकता है। यदि यह सब सहन करने में असमर्थ होकर स्त्री प्रतिरोध करती है, तो 'ठण्डी लाश' कहकर उसे दुत्कार दिया जाता है। उसका मुँह देखना बन्द कर देते हैं–सत्पुरुष और बुज़ुर्ग सुहागिनें। हर तरह की मनमानी कर लेने के लिए एक अभागिन मिली हुई है, यह सोचकर उसकी देह, उसका यौवन सब मेरा ही तो है, इस अधिकार भावना से सदा, चाहे रात हो, चाहे दिन अपने हिसाब से उसके लावण्य को, उसकी कान्ति को, उसके तेज को, और उसके रूप को पुरुष ध्वस्त करता रहता है।

इतना होने पर भी केवल देह दे देना ही काफ़ी नहीं होता। स्त्री को अपना मन और हृदय भी पुरुष को दे देना होता है। उसके विचार भी वे ही होने चाहिए जो उसके पति के हैं। पति के आदेश ही उसके लिए सर्वोपरि हैं। भगवान के आदेश से भी ऊपर। पति के आदेश पर समस्त नैतिक आचरण का भंग भी पत्नी का धर्म है। पिता के पास जब हो, तब पिता को लेकर सोचना और पति के पास जब हो, तब पति को लेकर सोचना! स्वतन्त्र रूप से ज्ञान प्राप्त करने का अधिकार स्त्री को नहीं है। उसे चाहिए कि पति के सम्बन्धियों की प्रशंसा करे और उसके शत्रुओं से द्वेष करे। प्रेमपात्र उसके माता-पिता भी यदि पति के विरोधी हों, तो वे उसके भी विरोधी होंगे। पति को जो पसन्द हों, वे ही रंग, वे ही काम, वे ही आचार, वे ही नैतिक आदर्श, पत्नी को भी पसन्द होने चाहिए। पति जिस तरह के कपड़े पहनने के लिए कहे, वैसे ही कपड़े उसे पहनने चाहिए।

पुरुष को पहले आधी बाँह की चोली, जूड़ा और पाज़ेब पसन्द थे, तो स्त्री अपना वही वेश बनाती थी। अंग्रेज़ी पढ़े हुए पुरुष को जाकेट, छोटी बिन्दी, थोड़ा संगीत, टूटी-फूटी अंग्रेज़ी पसन्द आने लगी, तो स्त्री ने भी वही रूप धर लिया। जंपर, बीच से हटकर काढ़ी गई माँग, मुँह और कानों पर जुल्फें, कानों में झुमके, नंगी नाक पसन्द आने लगी तो उसने फिर अपना वेश-परिवर्तन किया। नाचने-गानेवालियाँ भी तो यही करती हैं। फ़र्क़ क्या है? छोटी उम्र की पत्नी जिस क्षण घर में क़दम रखती है, उसी क्षण से पति शुरू कर देता है, पत्नी के मन को अपने अधीन कर लेने का काम।

वह स्वयं पत्नी की रुचि-अरुचि को तय करता है। उसकी कल्पनाओं को निर्धारित करता है। उसकी अभिरुचियों को रँगता है। पत्नी को कौन-कौन सी पुस्तकें पढ़नी चाहिए, असल में कुछ पढ़ना चाहिए भी या नहीं, किन लोगों से बात करनी चाहिए, असल में बात करनी चाहिए भी या नहीं, किस तरह बैठना है, कितने बजे उठना है, कितने बजे सोना है, सब तय करने की ज़िम्मेदारी पति की है। पत्नी के पहलेवाले विचारों में उसे पसन्द न आने वाले विचार यदि हों, तो उनका उपहास करके, और उनके कारण पत्नी को हीन बताकर वह उन्हें छुड़वा देता है। उस सीमा तक कतर-ब्योंत करता है। फिर उसके अपने जो विचार हैं, उनको वह उसमें स्थापित करेगा। अन्ततः वह स्त्री पति की बात को ही दुहरानेवाली तोती या ग्रामोफ़ोन रिकार्ड में बदल जायेगी। साड़ी ख़रीदते वक्त सोचेगी, 'यह रंग उनको अच्छा लगेगा?' अचार डालते वक्त सोचेगी, 'यह स्वाद उनको पसन्द आयेगा?' 'यह नयी कल्पना उनको पसन्द आयेगी?' इस तरह वह सोचेगी। छोटी उम्र वाली पत्नी का पहले का सहज उत्साह, उमंग, नये-नये विषयों में रुचि, स्वयं निर्णय लेने की शक्ति, अपनी स्वतन्त्र राय रखने की बुद्धि—सब का उभार नष्ट हो जाने से वह मस्तिष्कहीन और निष्प्राण प्रतिमा, पति की परछाई ही तो बन जायेगी! हत्या करनेवाला शरीर को ख़त्म कर देता है। यह पति तो आत्मा को ही नष्ट कर देता है। इस तरह खोखला कर देने वाली जघन्य हत्या को विवाह, प्रेम, एकात्मता, आत्मोन्नति, पातिव्रत्य आदि पवित्र नामों से पुकारा जाता है। हाँ, ठीक ही तो है, अब दोनों आत्माएँ एक नहीं होंगी तो और क्या होंगी? जब एक आत्मा दूसरी आत्मा में से उसे अप्रिय लगनेवाले अंश को अन्दर-ही-अन्दर खोखला करके खाये जा रही हो, तब!—बिल्ली और चूहा एक नहीं हो रहे हैं?

पत्नी के स्वतन्त्र विचार हों, तो वह स्वतन्त्र रूप से काम करेगी। इस से पति को परेशानी होगी। झगड़े होंगे। इसलिए अपनी शान्ति के लिए पत्नी को इस तरह मारकर पुरुष उसके त्रस्त शरीर के साथ जीवन यापन कर रहा है। जो लड़की बुद्धिमती है, स्वस्थ है, प्रसन्न है, उसमें पातिव्रत्य की नशीली और विषैली दवाई चढ़ाकर, उसका मुँह बन्द किया जा रहा है। इन विकृत मूर्तियों को ही संसार पतिव्रताएँ कहता है। जो विरोध करती हैं, उन्हें संसार कुलटा कहता है। इस प्रकार पत्नी का सजीव दहन सम्पन्न करने के लिए पति अनेक साधनों का प्रयोग करता है। दया, लाड़, प्रेम, काम, क्रोध, उद्दंडता, भय, मार-पीट, भगा देना...समाज और पति से सहमकर वह लड़की इनमें से किसी एक के सामने हथियार डाल ही देती है।

दुनिया में घूमकर, काम-काज करके, लोगों से व्यवहार करके पुरुष ज्ञान और अनुभव प्राप्त करता है। इस तरह वह बनता भी है और बिगड़ता भी है। लेकिन चूँकि स्त्री घर से बाहर नहीं निकलती, पति को छोड़कर और किसी ज़रिये से उसे संसार का ज्ञान नहीं मिल सकता। पति ही उसका मित्र, उसकी पुस्तकें, उसके माता-पिता, पंचेंद्रिय, मन-मस्तिष्क, आत्मा, संसार, ज्ञान, सर्वेश्वर, सब कुछ ही होता है। पति यदि कम बुद्धिवाला हुआ, तो वह भी वही बन जायेगी। वह दुष्ट हुआ, तो वह ख़ुद भी वही बनेगी। इस सीमा तक अपने शरीर और मन को मिटा डालने से किसको क्या लाभ होता है? अपने ही जैसे स्वरूप को, अपनी ही निर्जीव छाया को पत्नी के रूप में पुरुष तैयार कर लेता है, उस से पूरी तरह विरक्त हो जाता है और फिर अपने उस घिनौने फ़ोटोग्राफ़ को भुलाने के लिए किसी दूसरी स्त्री से दोस्ती गाँठना शुरू कर देता है। पत्नी कितना भी रोये, फ़ायदा क्या होगा?

पति का इस तरह स्त्री के मन को वश में करके उसे ग़ुलाम बना लेना, और उसकी देह पर इस प्रकार अधिकार जमा लेना सहन नहीं होता, तो कई स्त्रियाँ घर से भाग जाती हैं। लेकिन अन्ततः सभी प्रकार की यातनाएँ झेलने और माता-पिता द्वारा भी तिरस्कृत होने के बाद असहाय होकर फिर से उसी पति के पैरों पर आकर गिरती हैं और बहुत नाक रगड़कर यह वादा करके कि वह आदमी जैसे रखेगा, सब स्वीकार होगा, वे पहले से भी अधिक अधम स्थिति में पहुँच जाती हैं। यदि वे पति के पास लौटकर नहीं आती हैं, तो समाज उनको बहिष्कृत कर देता है।

पति की विश्वस्त बनकर होशियारी से जीवन यापन करनेवाली स्त्रियाँ भी पतियों का इस तरह उनके मन और शरीर को कष्ट पहुँचाना न सहन कर सकती हैं न पति को छोड़कर तकलीफें ही उठा सकती हैं। इसलिए वे पति की वशवर्तिनी की ही तरह दिखने की सावधानी बरतते हुए उसकी आँखों के सामने भोली और बेवक़ूफ़ बनी रहती हैं और पीठ पीछे अपनी कामनाओं को व्यायाम का अवसर देनेवाले तरह-तरह के कामों में लिप्त रहती हैं। उधार देना, बेचना-ख़रीदना, गिरवी रखना, गहने बनवाना, गुप्त प्रेम सम्बन्ध रखना आदि वे करती हैं। पति से सन्तुष्ट स्त्रियाँ भी अपनी अप्राकृतिक मानसिक प्रवृत्तियों को क्रियाशील रखने के लिए गुप्त काम-सम्बन्धों में फँस जाती हैं। इधर पति लोग तो यह मानकर कि उनकी पत्नियों से अधिक निष्ठावान और निर्मल आत्मावाली दूसरी कोई नहीं है और उन्होंने अपने ही प्रताप और प्रज्ञा से उनको ऐसा गढ़ा है, मुदित होते रहते हैं और शेखी बघारते घूमते रहते हैं।

अपनी आज़ादी में शारीरिक, या और कोई बाधा हो, तो उसे हटाना हर व्यक्ति का प्रमुख कर्तव्य है–स्त्री भी, वह बाधा चाहे पति के कारण ही हो, उसे हटाने में असमर्थ है, तो उसी हालत में ज़िन्दा रहने से तो अच्छा है कि वह मर जाये। चाहे भगवान ही क्यों न हो, व्यक्ति के आत्मनिर्णय में कोई रुकावट उपस्थित न करे। पाप और पुण्य का निर्णय करने की शक्ति व्यक्ति की अपनी ही होनी चाहिए। परन्तु हर स्त्री के ऊपर एक पुरुष उसे ग़लत काम करने से, भूल करने से, रोकनेवाला अधिकारी बना हुआ है। समाज के नाम पर वह पत्नी की निर्मलता को अपने निजी प्रयोजन के लिए अचार की तरह अलग छिपाकर रख रहा है। संसार ने आज तक ऐसा नीच, जघन्य और निरंकुश अधिकार नहीं देखा है।

पति और पत्नी एकात्म हों, यह कामना सहज आदर्श है। हर स्त्री और पुरुष में यह इच्छा होती है कि कोई एक ऐसा व्यक्ति उसे मिले, जिसके शरीर या मन में उसके लिए कुछ भी छिपा नहीं है, जिसका पूरा शरीर उसके लिए प्रेमास्पद और सुन्दर लगता है, जिसके साथ तेरा-मेरा वाला भेदभाव नहीं रहता, जिसके सम्बन्ध में यह विश्वास रहता है कि मैं अपने मन के भावों के सम्बन्ध में जो भी कहूँ, वह ज़रूर उसकी समझ में आ जायेगा, हम दोनों में एक के सुख-दुख सहज ही दूसरे के भी सुख-दुख बन जायेंगे। परन्तु ऐसी एकात्मता केवल उन्नत मनुष्यों के लिए ही सम्भव होती है। इस आदर्श का पालन करने के प्रयत्न में ही समाज इस गहरे गड्ढे में गिर गया है। असल में ऐसी एकात्मता के लिए दोनों के स्वभाव, आदर्श, विचार और मत एक हों, यह आवश्यक नहीं है। एक के विचार और आदर्श दूसरे को, एक का स्वभाव दूसरे को समझ में आ जाये, तो काफ़ी है। उनको समझने की शक्ति और उदारता होनी चाहिए। जब तक दोनों ही सम्पूर्ण स्वतन्त्रता, उन्नति और व्यक्तित्व प्राप्त नहीं करते, तब तक ऐसा उन्नत सम्बन्ध सम्भव नहीं होगा। जिसे लोक-व्यवहार का रत्ती-भर ज्ञान नहीं है और जो दासी या खाना बनानेवाली-भर है, ऐसी पत्नी को पति के ऊँचे आदर्श कहाँ से समझ में आ जायेंगे? स्त्री की छोटी-छोटी कल्पनाओं और झूठों के प्रति पुरुष किस प्रकार सहानुभूति रख सकता है? ईर्ष्या से, पातिव्रत्य के विचारों से, अधिकार भावना से, और स्वार्थ से सड़ते हुए पुरुष में स्त्री की स्वतन्त्रता, उदारता और स्वच्छता को समझने की शक्ति कहाँ से आएगी? ऐसा उन्नत सम्बन्ध पाने में और स्त्री की स्वतन्त्रता को सहन करने में असमर्थ पुरुष स्त्री की आत्मा को कुचल देता है, उसकी टाँगें तोड़कर उसे पिंजड़े में बन्द कर देता है और यह सोचकर प्रसन्न होता रहता है कि उसकी स्त्री उसको छोड़कर कहीं नहीं जा सकती, किसी पराये पुरुष से (उसे पता लगे इस तरीके से) उसने सम्बन्ध नहीं

बनाया है। फिर स्त्री की ज़बान पर ताला लगाकर यह सोचकर इठलाता रहता है कि वह मुझ में एकाकार हो गयी है। एकाकार होने का इनका क्या अर्थ है? जब भी वह चाहे, तब शरीर दे देना और उसकी बात का कभी प्रतिवाद न करना–बस!

यदि स्त्री और पुरुष को सच्चे मित्र और दम्पती होना है तो दोनों को सम्पूर्ण स्वतन्त्रता होनी चाहिए। उनमें प्रेम का बन्धन होना चाहिए, अधिकार का नहीं। पाप, द्वेष, ईर्ष्या, अनैतिकता, दुख...इस आग में से चलकर व्यक्ति जब तक तपता नहीं है, तब तक उसे स्वतन्त्रता प्राप्त नहीं हो सकती। सामान्य व्यक्तियों को वह स्वर्गिक आनन्द और वह उन्नत मित्रता समझ में नहीं आयेगी।

8

स्त्री नीति

अन्ध देशप्रेमियों का दृढ़ विश्वास है कि संसार-भर में हिन्दू स्त्री ही सबसे अधिक पवित्र और दिव्य चरित वाली है। स्त्री-सुधार सम्बन्धी कोई भी प्रस्ताव उनके सामने आता है, तो जिनके बारे में वे कुछ भी नहीं जानते, उन पश्चिमी स्त्रियों से इनकी तुलना करके यह मानकर सन्तुष्ट हो लेते हैं कि हमारी स्त्रियाँ बहुत अच्छी स्थिति में हैं और ज़ोर-ज़ोर से चिल्लाने लगते हैं कि यहाँ किसी भी प्रकार के सुधार की ज़रूरत नहीं है। पश्चिमी स्त्रियों के सम्बन्ध में उन लोगों की राय यह है–

1. आम तौर पर उन लोगों में नैतिकता नहीं होती।
2. उनके अनैतिक आचरण का कारण उनको प्राप्त आज़ादी ही है।

ये बातें चाहे जैसी हों, पहले हम अपने देश की स्त्रियों की हालत पर गौर करें।

1. जितना व्यभिचार होता है, उसका तीन चौथाई हिस्सा बाहर नहीं आ पाता। अपने नुकसान के ख़याल से स्त्री सतर्क रहती है। निकट के लोगों को मालूम भी पड़े तो भी घर-गृहस्थी बरबाद हो जायेगी, इस विचार से सदय होकर वे चुप रहते हैं। पतियों में से भी अनेक लोग अपनी प्रतिष्ठा का ख़याल करके छिपा लेते हैं। इतना होने पर भी, अनेक परिवारों के साथ अपवादों का जुड़े रहना हम देखते ही हैं।

2. अनेक स्त्रियों को पुरुषों के प्रति आसक्ति पैदा होती है। विशेष रूप से आत्मिक सौन्दर्य, रोमान्स, सुन्दरता और चतुरता-सम्पन्न स्त्री को। यहाँ हम इसके नैतिक या अनैतिक पक्ष पर विचार नहीं कर रहे हैं। यही सिद्ध कर रहे हैं कि यह सहज है और सृष्टि में ऐसा होता है। बस! आँखें और हृदय हों तो दूसरे पुरुष में सुन्दरता और उदारता दिखाई नहीं पड़ेगी क्या? ऐसे पुरुष के साथ शारीरिक सम्बन्ध रखने की इच्छा भले न हो, तब भी चूँकि किसी भी प्रकार के सम्बन्ध को, बोलचाल तक के सम्बन्ध को समाज स्वीकृति नहीं देता और हर सम्बन्ध को व्यभिचार के खाते में ही डाल देता है, इसलिए स्त्री की बुद्धि उसी खाँचे में काम करने लगती

है। समाज की शंकालु वृत्ति ही इसका कारण है। परन्तु सामान्यत: स्त्रियों को वह इच्छा पूरी कर लेने का अवसर नहीं होता। कुछ स्त्रियों में साहस नहीं होता, इसलिए चुप रह जाती हैं।

3. इसके अलावा दो ही साल में बहुत-सी स्त्रियों का शरीर बिगड़ जाता है। इस नवीन सभ्यता की कोमलता के कारण–एक ही प्रसव के बाद और पति की अतिशय उत्तेजना के कारण–वह झुक जाती है, और दुर्बल होकर कुरूप-सी लगने लगती है। उसके स्वास्थ्य और शक्ति का ह्रास हो जाता है। दूसरे पुरुषों को उसे देखकर (काम रहित भावना से) प्रसन्नता होगी, ऐसी आशा न होने के कारण, और रोज़ ही दिखाई पड़नेवाले कुछ सम्बन्धियों के अलावा उसे देखनेवाला कोई न होने के कारण, स्त्री अच्छे कपड़े पहनना, अपने को स्वच्छ रखना और सजना-सँवरना छोड़कर, विकृत रूप वाली हो जाती है। जब उनको चाहनेवाला कोई पुरुष नहीं होता, तब विवशता में बहुत सी स्त्रियाँ पतिव्रता बनी रहती हैं। मन में नाना लालसाओं के रहते हुए भी।

आपके ये देशभिमानी लोग यही तो कहते हैं न कि यह पूरा देश पतिव्रताओं से भरा हुआ है? ऐसे में यह कहकर शोर क्यों मचाते हैं कि इन स्त्रियों को आज़ादी दे देने से समाज भ्रष्ट हो जायेगा और नैतिकता नष्ट हो जायेगी? ये पतिव्रताएँ ही तो हैं! पुरुषों से मुक्तभाव से बात करेंगी, तो क्या हो जायेगा? अकेली जहाँ चाहें, वहाँ जायेंगी तो क्या नुकसान होगा? असल में इन लोगों का तो पक्का मत यही लगता है कि जब तक ये कड़े बन्धन बने रहेंगे, जब तक पीछे पति का भय रहेगा, तब तक ही ये पतिव्रताएँ बनी रहेंगी, आज़ादी मिली, तो इनमें से एक भी पतिव्रता नहीं रहेगी! इन समाज प्रेमियों के निर्मल हृदय में यही विश्वास जमा रहता है कि स्वयं उनको, उनकी पत्नियों और पुत्रियों को छोड़कर बाक़ी पूरा समाज नैतिकता की दृष्टि से कमज़ोर है और वे लोग उदार भाव से समाज के कल्याण की दृष्टि से जिन नैतिक नियमों को सम्बल दे रहे हैं, उनके लुप्त हो जाने पर सभी स्त्रियाँ कुलटा बन जायेंगी। इस समय इस संसार में यही लोग भगवान के अवतार हैं!

व्यभिचार करने या न करने के लिए जब आज़ादी होगी, तभी तो पतिव्रता होने या पुंश्चली होने की सम्भावना रहेगी! दुराचार करने की जहाँ आज़ादी ही न हो, वहाँ किसी को पवित्र कैसे कहें? संसार में धन ही न हो, तो कोई भी चोर नहीं होगा। कमरों में बन्द करके रखो, तो सभी पतिव्रताएँ होंगी। जेल में चोरियाँ होती हैं क्या? वहाँ तो सभी ऋषि हैं! नैतिक या अनैतिक आचरण करने की स्वतन्त्रता जब होगी, तभी व्यक्ति का विकास होगा, बात करने की स्वतन्त्रता और शक्ति जिस दिन होगी, उसी दिन कोई सच या झूठ बोल सकता है। इस तरह जो अपनी स्वतन्त्रता का

उपयोग करता है, वही व्यक्ति, आज चाहे झूठ ही बोल रहा हो, किसी दिन तो सच बोलना सीख लेगा! पुरुष ज़बर्दस्ती स्त्री को छिपाकर या क़ायदे-क़ानूनों में बाँधकर रख देता है तो उसका विकास होगा कैसे? नैतिकता की कौन-सी समस्या उसके सामने आयेगी? नैतिक आचरण करूँ या अनैतिक, ऐसी दुविधा ही उसे कब होगी? इसलिए उसका विकास होगा ही नहीं। जैसे पैदा हुई थी, मरने तक वैसी ही रहेगी। अनेक पुरुषों से मित्रता रहने और अपने पति को छोड़कर दूसरे किसी के साथ (पति के प्रति प्रेम के कारण) किसी भी प्रकार के सम्बन्ध की इच्छा न होने की स्थिति में ही असली पातिव्रत्य की बात हो सकती है। दुराचरण के लिए आज़ादी भविष्य के सदाचरण की सीढ़ी बन सकती है। इन ज़बर्दस्ती की पतिव्रताओं से तो स्वेच्छा से रोज़ एक नये पुरुष का वरण करनेवाली और तथाकथित अधम वेश्या भी नैतिकता की गरिमा के अधिक निकट है।

9

स्त्री की कमाई

समाज ने मनुष्यों में तो स्त्री की गिनती नहीं ही की, यहाँ तक कि पशुओं में भी नहीं की। उसे केवल एक वस्तु ही माना है। जिस तरह चश्मा, कपड़ा जैसी चीज़ों में नयी वाली की क़ीमत ज़्यादा और पुरानी वाली की कम होती है, उसी तरह विधवाओं और वेश्याओं की क़ीमत कम और कन्याओं की क़ीमत ज़्यादा होती है। पशुओं और मनुष्यों में जो सयाने हों, उनकी क़ीमत ज़्यादा और नौसिखियों की कम होती है। गाड़ी खींचने वाले बैल और कार्यकुशल मनुष्य की ही तरह। इन पशुओं की हैसियत भी नहीं है स्त्री की। इसीलिए वह एक वस्तु की तरह पुरुष की सम्पत्ति बन गयी है।

स्वयं अपने ही लिए जीने का अधिकार स्त्री को नहीं है। पुरुष अनेक प्रकार के काम करने के लिए और अनेक आदर्शों को साधने का आनन्द पाने के लिए स्वतन्त्र है। स्त्री की स्थिति ऐसी नहीं है। यदि पुरुष के उपयोग में नहीं आयी, तो वह जिये या मरे, एक ही बात है। जिस तरह दूध न देने वाली गाय और फल न देने वाला पेड़ व्यर्थ माने जाते हैं उसी तरह कामतुष्टि के लिए, रसोई के लिए और बच्चे जनने के लिए स्त्री उपयोगी नहीं रही, तो सभी को लगने लगता है कि 'यह जी क्यों रही है?'

पुरुषों में सब के अपने-अपने आदर्श और जीवन के उद्देश्य हैं। लेकिन सब स्त्रियों के लिए बस एक ही आदर्श है। जिस तरह घोड़ों के लिए सवारी के काम आना और कुत्तों के लिए घर की रखवाली करना आदर्श है, उसी तरह जन्म से ही लड़कियों के लिए विवाह लक्ष्य बन जाता है। शादी, बच्चे और घर की चाकरी। 'मैं शादी नहीं करूँगी', यह बात लड़की नहीं कह सकती।

समाज सपने में भी नहीं सोचता कि ऐसी भी स्त्रियाँ हो सकती हैं, जिनमें पुरुष के प्रति आसक्ति कभी पैदा नहीं हो पाती, जो पुरुष की वशवर्तिनी होकर रहने को तैयार न होने से या अपने आदर्शों के उपयुक्त उन्नत पुरुष न मिलने से अविवाहित ही

रह गयी हैं, जो किन्हीं आदर्शों, कार्यों और अभिरुचियों के चलते पति और सन्तान को देने के लिए समयाभाव के कारण शादी की बात भूल ही गयी हैं। कुत्ते के लिए मालिक का होना जितना ज़रूरी है, लड़की के लिए पति का होना भी उतना ही ज़रूरी है। लेकिन इस तरह हर स्त्री को, किसी-न-किसी पुरुष को–वह चाहे जैसा हो–दान में देकर ही दम लेनेवाला समाज, स्त्री की पति रहित स्थिति को स्वीकार न करनेवाला समाज, उस पति के मर जाने पर फिर से उस स्त्री को किसी पुरुष को दान में देने की व्यवस्था क्यों नहीं करता? स्त्री के लिए पति का होना अगर इतना ज़रूरी है, तो उस पति का हमेशा होना ज़रूरी नहीं है क्या? 'मुझे पति नहीं चाहिए', कहकर रोती-बिलखती बच्चियों को ज़बर्दस्ती किसी के साथ बाँध देनेवाला समाज, 'मुझे पति चाहिए' कहकर क्रन्दन करने वाली विधवाओं को तो मना कर देता है। कैसी बुद्धि है!

स्त्री के शरीर की ताक़त पति के काम करने के लिए, उसकी सुन्दरता पति की आँखों को भाने के लिए, उसका सौजन्य पति की वफ़ादार बने रहने के लिए, उसकी पढ़ाई 'स्त्री नीति' के छन्दों को रटने के लिए और धोबी के कपड़ों का हिसाब रखने के लिए और उसका संगीत पति को रिझाने के लिए होता है। लड़की को ज़ोर से उछलना-कूदना नहीं चाहिए। ज़ोर से बोलना नहीं चाहिए। खेलना नहीं चाहिए। उसमें काँखते-कराहते हुए भी रसोई बनाने की ताक़त और सोने के कमरे में काम आने लायक स्वास्थ्य हो, तो काफ़ी है। शादी-ब्याह में चार गीत गाने लायक संगीत और रसोई को लेकर पति के मुँह से निकलने वाली डेढ़ बातें समझ सकने लायक बुद्धि हो तो पर्याप्त है। उससे अधिक बल और बुद्धि हो, तो अनर्थ होगा।

स्त्री के चाहे जितने आदर्श, अभिरुचियाँ और कौशल हों, स्त्री होने मात्र से उसका काम रसोई घर और सोने के कमरे तक सीमित हो जाता है। बाक़ी दुनिया से उसका कोई सरोकार नहीं। यह भी माना जाता है कि सभी स्त्रियों की मानसिक प्रवृत्तियाँ एक जैसी होती हैं, जिस तरह–एक पत्थर और दूसरे पत्थर में और एक कौए और दूसरे कौए में अन्तर नहीं होता, उसी तरह। वे लोग यह स्वीकार नहीं करते कि पुरुष की तरह ही स्त्री को भी विभिन्न भावों, और अभिरुचियों वाला मस्तिष्क मिला हुआ है और वह भी अनेक विषयों में दक्ष हो सकती है। शास्त्र-विज्ञान में बहुत रुचि रखने वाली स्त्री, संगीत में प्रवीणता प्राप्त कर सकने वाली स्त्री, श्रेष्ठ कवयित्री बन सकनेवाली स्त्री, सबको अपनी इन महान क्षमताओं को दबाकर, भूलकर, पति की कामासक्ति की दासियाँ और अन्ततः महराजिनें या बच्चों की दाइयाँ ही बनकर रह जाना पड़ता है। वे अपनी व्यथा-कथा सुनायें तो उसे समझ सकने वाले तक नहीं

होते। इसलिए महान आदर्श और अभिरुचि-सम्पन्न अनेक उदार-हृदय स्त्रियाँ जाने कितना दुख भोग रही हैं! देश का नायक या शास्त्रपण्डित होने योग्य पुरुष को जूता गाँठने के काम पर लगा दें, तो देश की कितनी हानि होगी! उसे कितनी व्यथा होगी! स्त्री को वैसी व्यथा नहीं होगी? स्त्रियों में से कितनी नृत्यांगनाओं को, चित्रकारों को, कवयित्रियों को, शिल्पियों को, यन्त्रविदों को, हर पीढ़ी में देश खोता जा रहा है, कौन जाने! राज करने लायक स्त्रियाँ तक बर्तन ही माँज रही हैं!

पशु की तरह स्त्री भी खाने और जनने की ही स्थिति में है। उससे अधिक उन्नति नहीं की है उसने। इतनी शताब्दियों के बाद भी! पुरुष की सुख-सुविधा के लिए स्त्रियों की आत्माओं और आदर्शों को नष्ट कर दिया गया है।

न्याय-दृष्टि से देखें, तो पुरुष हो या स्त्री, पति हो या पत्नी, जिसमें बुद्धि-कौशल या मानसिक विकास कम हो, उसे शारीरिक श्रम करना चाहिए–घर के काम वग़ैरह। दुनिया में यही तो हो रहा है! कम बुद्धि वाले सिपाही और मज़दूर बनते हैं। अधिक बुद्धिमान लोग कवि, जज और अधिकारी बनते हैं। इसी तरह, चाहे पति ही क्यों न हो, कम बुद्धिवाला हो तो उसे खाना बनाना और घर की चाकरी करनी चाहिए। बुद्धिमती स्त्री को ऊँचे क़िस्म के काम करने चाहिए। आज की स्थिति में पत्नी के जिम्मे घर का काम और पति के जिम्मे बाहर का काम–इस तरह का श्रम विभाजन अमल में है, ऐसा तर्क हमारे सामाजिक देते हैं। परन्तु यह एक बिल्कुल असंगत तर्क है।

जातिप्रथा भी श्रम-विभाजन ही है। जातियों में समानता और समान सम्मान जब तक थे, तब तक तो ये एक बनी रहीं। श्रम-विभाजन में अन्तर आ गया, या सम्मान में ऊँच-नीच की भावना आ गयी, तो अलगाव का कीड़ा लगा ही समझो। मूढ़ता और अज्ञान के कुछ छँटते ही जिनको 'छोटी जाति' कहा जाता था, वे लोग अपने साथ हुई वंचना को समझकर प्रतिरोध कर रहे हैं। स्त्री भी यही कर रही है। स्त्री की बुद्धि-कुशलता की परीक्षा किये बिना, केवल स्त्री होने के कारण उसके हिस्से में हमेशा नीच काम ही देते रहें, तो वह सही श्रम-विभाजन कैसे होगा? देशप्रेमी और धर्मानुरागी कहलाने वाले लोग तो लम्बे-चौड़े भाषण देते रहते हैं कि स्त्री द्वारा किया जानेवाला रसोई का काम या सेवाकार्य नीच काम नहीं है, घर के काम के कारण वह रानी की तरह सम्मान पा रही है। परन्तु भाषण देकर घर पहुँचते ही पैर धोने के लिए पानी तैयार न मिले तो कहेंगे–"क्यों री, बहुत चरबी चढ़ी है न तुझे, सब निकालता हूँ। पानी भी तैयार नहीं रख सकती थी? फिर कभी ऐसा किया, तो तेरी ख़ैर नहीं।"

"तुम्हें ठीक से पैसा कमाना नहीं आता। बाज़ार से सामान समय पर नहीं लाते। खाल उतार दूँगी, निगोड़े!" यह बात स्त्री कहे, तो क्या कोई सहन करेगा? फिर घर के कामों में हीनता वाली बात नहीं है, तो वे काम पुरुष क्यों नहीं करता? साहब कहेंगे, "क्या मैं खाना बनाऊँगा?" बिना किसी काम-धाम के घर में यों ही पड़े रहनेवाला निकम्मा आदमी भी, या किसी के घर बावर्ची का काम करनेवाला आदमी तक बीवी के लिए खाना नहीं बनायेगा। वह चाहे जितनी बुद्धिमती हो। शास्त्रों में तो यही लिखा है कि पत्नी पति की सेवा करे। पति पत्नी की सेवा करे, ऐसी बात कहीं है क्या? यही लिखा है कि कुत्तों और गायों को जिस दयाभाव से देखा जाता है, उस तरह स्त्रियों को भी देखो। बैठे-बैठे ज़मीन-जायदाद के दम पर गुलछर्रे उड़ानेवाले ये सभी खाट-सेवक आदमी कौन-सा काम कर रहे हैं? पत्नी के लिए खाना बनाकर रखो न! झाड़ू-बुहार करो न! इसके अलावा सिर्फ़ पति की ही नहीं, उसके सभी निखट्टू सम्बन्धियों की सेवा भी करनी पड़ती है स्त्री को। खाना बनाने के लिए नियुक्त, मुफ़्त की एक ग़ुलाम है स्त्री। समाज में उसके सहज प्राप्त होने से इस पुरुष का चटोरपन बहुत बढ़ गया है। खाने के स्वाद में उसकी नफ़ासत और उसके नख़रे इतने बढ़ गये हैं कि उसके लिए रुचिकर व्यंजन बनाने में स्त्री को रोज़ घण्टों खटना पड़ता है। ऐसे ग़रीब की सेवा में भी, जो महराजिन रखने की हैसियत नहीं रखता, भगवान की दी हुई यह महराजिन हाज़िर रहती है! क्यों, वह आदमी कभी होटल में नहीं खा सकता? वह कहेगा, "अरे, बीवी के रहते होटल में खाने की मुझे क्या पड़ी है?" बीवी मर गयी, तो कहेगा, "खाना बनाकर देने वाली तक कोई नहीं है।" इससे बीवियों का क्या उपयोग है, यह स्पष्ट हो ही रहा है। ऐसे ही लोग बड़े-बड़े मंचों पर चढ़कर "पत्नी, गृहस्वामिनी, सहधर्मिणी" कहकर भाषण देते हैं।

या कहेंगे, चलो स्त्री के लिए हम ने कोई एक काम तो नियत किया है! वही क्यों नहीं करती? इस विशाल विश्व में स्त्रियों को घोंसलों-जैसे मकानों में बन्द करके और जेल में जिस तरह काम बताये जाते हैं, उस तरह कुछ निश्चित काम बताकर लाठी के बल पर वह सब करवाने का यह अधिकार पुरुष को किसने दिया है? इतने प्रकार के कार्यकलापों, कलाओं और उत्सवों से भरे देश में अपने योग्य काम का निर्धारण स्त्री को स्वयं क्यों नहीं करना चाहिए?

कोई कहे कि आत्मसम्मान के लिए, निजी अनुभव प्राप्त करने के लिए, जीवन को कोई अर्थ देने के लिए स्त्री को अपनी अभिरुचि के अनुरूप अध्यवसाय करना चाहिए, तो कहेंगे, "बच्चे जनने हैं, उनका लालन-पालन करना है, इसलिए उसे घर में रहना चाहिए।"

एक स्वस्थ स्त्री को बच्चे को जन्म देने से पहले घर में रहने की ज़रूरत ही नहीं है। जन्म देने के बाद शिशु के लिए तीन महीने तक घर में रहे, तो रहे। उसके बाद पूरे दिन लगातार शिशु के पास रहने की ज़रूरत नहीं होती। उन महीनों के लिए स्त्री के अधिकारी या सरकार यथावत वेतन देती रहेगी। अब मेहनत-मज़दूरी करनेवाली सभी माँएँ दूध पीते बच्चे की वजह से काम छोड़कर घर में बैठती हैं क्या? उनके बच्चे इन सभ्य माँओं के बच्चों से अधिक स्वस्थ नहीं हैं? चाहें, तो वे स्त्रियाँ शिशु को भी अपने काम की जगह पर साथ ले जा सकती हैं। एक जगह काम करनेवाली सभी स्त्रियाँ अपने बच्चों के लिए एक दाई की व्यवस्था करके समय पर जाकर बच्चे को दूध पिला सकती हैं और उसकी देखभाल कर सकती हैं। या बुनाई-कढ़ाई, सिलाई जैसा कोई काम घर पर ही करके स्वतन्त्र रूप से जीविका पा सकती हैं। स्त्रियों में विधवाएँ, बिना बच्चोंवाली या बड़े बच्चों वाली बहुत होती हैं। ये सब क्या काम नहीं कर सकतीं? पशु-पक्षियों में बच्चे पैदा होने के कारण मादाओं के भोजन-संग्रह में रुकावट आती है क्या? संसार के अन्य प्राणियों की ही तरह सृष्टि-कार्य का निर्वाह करनेवाली स्त्री को इतनी यातना क्यों हो?

पुरुष के स्वाद के लिए स्त्री का रोज़ छह घण्टे चूल्हा फूँकते रहना, उस एक आदमी के शरीर और जिह्वा के सुख के लिए वे सारे काम कर देना जो वह स्वयं कर सकता है, व्यर्थ ही ज़िन्दगी गुज़ारना है। यदि ये माँएँ बाक़ी सारे काम छोड़कर पुस्तकों द्वारा बच्चों के पालन-पोषण की विधि सीखती हों, प्रशिक्षण प्राप्त करती हों और सन्तान के रूप में देश को उत्तम, उन्नत और कुशल नागरिक प्रदान कर रही हों, तो उसका कुछ अर्थ भी होता। इन दिनों इन माँओं के पास पल रहे बच्चों से तो सड़क पर फेंक दिये गये बच्चे ज़्यादा जीवित रहते हैं। आजकल इन माँओं द्वारा शिक्षित बच्चों से अधिक अनाथ शरणालयों के बच्चे सुबुद्धि प्राप्त करते हैं। ऐसे में ये क्यों सारे काम छोड़कर ज़िन्दगी-भर घर में पड़ी रहें? बच्चों को पालती रहें? इन माँओं के हाथों में रहने देने से अधिक उन बच्चों को बिगाड़ने का काम दूसरा कोई नहीं है। मातृ-प्रेम के विषय में ये स्त्रियाँ अब भी पशु-अवस्था में ही बनी हुई हैं। अनेक कठिन समस्याओं और जटिल मानव-सम्बन्धों से भरी इस नयी दुनिया के योग्य व्यक्ति के रूप में इन बच्चों को तैयार करना हो, तो शिशु का पालन-पोषण बहुत सतर्कता और बुद्धिमत्ता के साथ करना होगा। कलाओं का ज्ञान, अभिनव शास्त्रों की जानकारी, उदारता, क्षमा, सब माँ में होनी चाहिए। माँ का प्रेम–ज्ञान-विज्ञान से अपरिचित माँ का अन्धा प्रेम–बच्चों के लिए विष के समान है। इसलिए इन माँओं से शिशुओं को जितनी जल्दी हटा लें, उतना हितकर होगा। स्त्रियों के

सुशिक्षित होने के बाद भी, हर स्त्री की प्रवृत्ति बच्चों को पालने के लिए अनुकूल नहीं होती। अपने एक या दो बच्चों को पालने के लिए हर माँ को शिशु-प्रशिक्षण शास्त्र का अध्ययन करने की ज़रूरत नहीं है। बहुत से शिशुओं को एक जगह इकट्ठा करके उनको पालने में दक्षता प्राप्त दाइयों को चार-पाँच साल का प्रशिक्षण दें, तो वे लोग सब बच्चों को 'नर्सरी' पाठशाला में पालती रहेंगी। घर में काम की आपाधापी में चिढ़ती-दुत्कारती और बच्चों के सहज कोलाहल से तंग आकर उनको मारती-पीटती माँओं के पास से तो बच्चे वहीं स्वस्थ और प्रसन्न रह सकते हैं। माँएँ काम से लौटने के बाद बच्चों को घर ले आ सकती हैं।

इसके अलावा ऐसी माँओं के कारण बच्चों में आ सकनेवाले अवगुण और दूसरे बच्चों के साथ मिलकर बड़े होने से उनमें आनेवाले सुगुण भी बहुत होते हैं।

पुरुष की इतनी सारी चाकरी करने का अन्ततः स्त्री को क्या फल मिलता है? पुरुष उसे क्या देता है? खाना-कपड़ा–यदि समझदार हुई, तो गहने और जब उसका मन हुआ तब लातें या चुम्बन देता है। औरत मुफ़्त की ग़ुलाम है। गाय को क्या पगार दिया जाता है? वह मरे नहीं, इसलिए सामने थोड़ी-सी घास डाल देते हैं। दुधारू हुई, तो थोड़े दाने! बिना सींग मारे, बिना लतियाये बछड़े देती रहे, तो गले में चाँदी की घंटियाँ। पुरुष जो खाना-कपड़ा देता है, उसके बदले में स्त्री उसे अपना शरीर, मन और सम्मान अर्पित कर रही है। एक बार उस महराज ने अपना बना लिया, तो बस वह हमेशा के लिए उसकी हो जाती है। वह भगा भी दे, तो कोई दूसरा उस स्त्री को स्वीकार नहीं करता। जीने का अधिकार हमेशा के लिए वह खो देती है। सारा समाज कौओं की तरह उस पर चोंच मारता रहेगा। अपना सर्वस्व पुरुष को अर्पित करने के बाद किसी छोटी-से-छोटी बात पर भी उसको ग़ुस्सा आ गया, तो वह स्त्री को घर से बाहर का रास्ता दिखा देता है। घर-बार, खाना-कपड़ा, सब पुरुष का है। निकल जानेवाली स्त्री की अपनी कोई चीज़ नहीं होती। एक पैसा, एक जून का खाना तक कमा लेने की ताक़त उसमें नहीं है। इन सभ्य स्त्रियों जैसी अनाथ स्त्रियाँ संसार की किसी भी प्राणि-कोटि में नहीं हैं। उस परदे के पीछे पति के नाम के आसरे वे अपने भाग्य पर इतराती रहती हैं। निकाल दिये जाने तक पुरुष की सेवा में हर तरह का गया-गुज़रा काम करती हैं। नौ महीने पेट में रखकर जिन बच्चों को वह जन्म देती है, वे बच्चे भी उसके नहीं हैं–उस ग़ुलाम के नहीं हैं। भैंस के दिये पड़वे मालिक के नहीं होते? वही हालत है, इस जन्तु की भी। बच्चों को जनकर उनसे प्रेम करने का अपना अधिकार स्त्री ने पुरुष को बेच दिया है–अपने पेट की ख़ातिर! स्त्री सन्तान चाहे, तो स्वेच्छा से उसे जन्म देने का अधिकार उसे नहीं है। जब तक वह किसी पुरुष से चिपक नहीं जाती, उसके गले से लटक नहीं जाती, जीवन-भर की ग़ुलामी

का पट्टा लिख नहीं देती, तब तक समाज उसे माँ बनने का गौरव नहीं देता। इसमें सृष्टि ने भी सहयोग किया है।

समाज में स्त्री की अपनी कोई अलग जगह नहीं है। पति के आधार पर उसका स्थान निर्धारित होता है। राजा मेहतरानी से शादी करे, तो वह रानी बन जायेगी। एक मज़दूर राजा की बेटी से शादी कर ले, तो वह मज़दूरिन बन जाती है। स्त्री को अपने निर्वाह के लिए, सुरक्षा के लिए, सुख के लिए, सामाजिक प्रतिष्ठा के लिए, पति पर निर्भर रहना होता है, यह बात स्त्री भी जानती है और दूसरे सब लोग भी जानते हैं। पति की दया पर निर्भर जीवन होने के कारण स्त्री ने अपने स्वभाव को, शक्ति और सम्भावनाओं को, तथा अभिरुचियों को विकसित करना और उनको प्रयोग में लाना छोड़ दिया है। ज़रूरत ही कहाँ है? और लाभ भी क्या है? चाहे जितनी चीज़ें सीखो, काम तो वही एक करना होता है न! इसलिए वह ऐसे पति को पाने का प्रयत्न करती है, जो उसे समस्त सुख-सुविधाएँ दे, श्रम और समस्याओं से उसे बचा सके। यदि वह कमउम्र है, तो उसके माता-पिता इसके लिए प्रयत्न करते हैं। बचपन से ही उसी प्रकार के गुणों को बढ़ावा देते हैं। स्त्री ने अपनी पेशियों को, शारीरिक स्वास्थ्य को, स्वेच्छा को, विचारों को, आत्मविकास को और कलाप्रेम को, विकसित करने का प्रयत्न छोड़ दिया है। अपने शरीर को कोमल और सुन्दर बनाए रखना, लज्जा, छिछोरपन, अपनी कल्पनाओं और चतुरता को दबा देना, दुराव-छिपाव, हाव-भाव प्रदर्शन, रोना, प्रणयकोप और लाड़ उसने सीख लिये हैं। ये सब तो तवायफ़ के लटके हैं। विट की आसक्ति उसमें बनी रहे, इसके लिए अपनी चतुराई से, लुभानेवाली चेष्टाओं से जिस तरह वेश्या विट को फुसलाकर चिपटाये रखती है, उसी तरह पत्नी भी अपनी विनय द्वारा, पकवानों के स्वाद द्वारा, बच्चों को जन्म देने के द्वारा और ऐसे ही कामों द्वारा पुरुष को बाँध लेती है। वेश्या के जीने के लिए पुरुष जितना आवश्यक होता है, उससे अधिक आवश्यक स्त्री के जीने के लिए पति होता है। वेश्या के लिए एक पुरुष नहीं तो कोई दूसरा होगा। लेकिन पत्नी का दूसरा कोई ठौर-ठिकाना नहीं होता। इसलिए वेश्या से भी अधिक हीनभाव से उस एकमात्र पुरुष को पकड़कर वह लटकती है।

सृष्टि के सभी प्राणी अपना दाना-पानी ख़ुद प्राप्त कर लेते हैं–एक स्त्री को छोड़कर जो दाना-पानी के लिए पुरुष के पैर पकड़े गिड़गिड़ाती रहती है। ये सारी पतिव्रताएँ पति के शारीरिक श्रम पर निर्भर रहकर खून चूसनेवाले खटमल या जोंक बन जाती हैं। इस ग़ुलामी के कारण, ऐसी निर्भरता के कारण पत्नी के प्रति पति का प्रेम और आदरभाव नष्ट हो गये हैं। एक-एक पाई के लिए उस पर निर्भर रहनेवाले

तुच्छ प्राणी के प्रति आदरभाव होगा भी कैसे? निर्भयता, स्वेच्छा और अपनी समस्त शक्तियों के साथ दमकते हुए जिसे घूमना चाहिए, वह स्त्री एक बेसहारा कुत्ते की तरह लतियाते पैर को ही चाटने की निकृष्ट स्थिति में पहुँच गयी है। खाने-कपड़े के लिए अपनी इज़्ज़त दे रही है।

आर्थिक दृष्टि से वेश्या इस पत्नी से बेहतर है। अन्य प्रकार के व्यापारों की ही तरह वेश्या अपनी देह से, सुन्दरता से व्यापार करती है। अपनी आत्मा और नैतिकता को बेचने वाले वकीलों से, बेहिचक अन्याय और ठगी करनेवाले व्यापारियों से, केवल देह बेचने वाली वेश्या अधम कैसे है? ये पुरुष अपनी आत्मा और धर्म को बेचकर जो कमाते हैं, उस पर निर्भर रहनेवाली और बिना वेतन-मज़दूरी की इन पतिव्रताओं से अधम है वह? ऐसी कितनी पतिव्रताएँ हैं, जो यह जानने की कोशिश करती हैं कि उनके पति किस तरीक़े से पैसा कमा रहे हैं? चाहे जिस तरीक़े से कमाए, उनको क्या? गहनों और साड़ियों के लिए पैसा ले आए बस! जेलख़ाने की हवा न खाए, तो काफ़ी है। क्या ये पतिव्रताएँ पति की निरंकुश आज्ञाओं के अलावा यह भी जानती हैं कि नैतिकता क्या होती है और अनैतिकता क्या होती है? वेश्या दीन-हीन होकर किसी पर निर्भर नहीं रहती। वह स्वेच्छा और ईमानदारी से सुख देती है और पैसा लेती है। इन पतिव्रता-शिरोमणियों के पास संसार में एक भी ऐसा पैसा नहीं होता, जिसे वे अपना कह सकें। वेश्या को स्वतन्त्रता है कि वह चाहे तो अपनी देह दे, और न चाहे तो न दे, जिसे चाहे उसे दे, और जिसे न चाहे उसे न दे। लेकिन पति को मना करने की स्वतन्त्रता पत्नी को नहीं है। फिर भी वह वेश्या को तुच्छ समझती है! वेश्या किसी एक के लिए नहीं सजती है। पत्नी दिन हो या रात, एक ही पुरुष के लिए सजती है। अन्तर बस, इतना ही है। उस एक रात के अनुभव से ख़ुश होकर लोग वेश्या को पैसा और गहने देते हैं। दिन और रात की सेवा-चाकरी के लिए पत्नी को खाना-कपड़ा दिया जाता है। वेश्या केवल देह बेचती है। पत्नी देह, मन, स्वाभिमान, नैतिकता, और आत्मा, सब कुछ बेच देती है।

हमेशा के लिए एक ही साथ जीवन बेच देने वाली पत्नी किस मुँह से वेश्या को कोसेगी? वह पति से गालियाँ और लातें खाती है और उसका थूक चाटती है। पत्नी को जिस तरह बर्तन मलने को कहा जाता है, उस तरह वेश्या से कोई कहे, तो वह मार बैठेगी। वेश्यावृत्ति में जैसे होता है, उसी तरह इन पतियों को जो चाहिए, वह पत्नियों की देह ही है, उनका हृदय नहीं। यदि पत्नी कहे कि वह किसी और से प्रेम करती है, तो वहाँ जाने देंगे क्या? वे इतना ही चाहते हैं कि पत्नी अपनी देह किसी दूसरे को न दे, बन्द कमरे में उसका अचार डालकर रखे। हृदय चाहे जिसका हो,

उन्हें क्या? यह वेश्यावाली बात नहीं तो और क्या है? नैतिकतावादियों को आपत्ति इसी बात को लेकर है न, कि वेश्या बिना प्रेम के शरीर दे देती है? ये पत्नियाँ ख़ुद प्रेम करके ही शादी कर रही हैं क्या? विट लोग कम-से-कम वेश्या की सूरत देखकर आते हैं। ये पति लोग यह भी तो नहीं करते! बाद में उनको बीवियों की आदत पड़ जाती है। ज़बर्दस्ती पल्ले बाँध देने के बाद अब प्यार कैसा?

कुँवारी लड़कियों की हालत पर विचार कीजिए। पुरुष वेश्या को पैसा देते हैं और उसके घर के चक्कर काटते रहते हैं। उसकी एक तिरछी नज़र को अपना अहोभाग्य समझते हैं। इन कुँवारी लड़कियों की क़ीमत उन वेश्याओं की क़ीमत का सहस्रांश भी नहीं होती। हाथ-पाँव जोड़कर, हज़ारों रुपया दहेज में देकर, साइकिलें, ज़मीनें और नाना उपहार देकर, गाली खाकर, पैरों पड़कर जब तक न लाओ, तब तक इन बुतों के साथ ज़िन्दगी काटने के लिए कोई तैयार नहीं होता। क्या हम कोठे को ही स्वर्ग माननेवाले चरणदास को दहेज का लालच देकर बग़ैर नहलाए-धुलाए या इलाज कराये अपनी बेटियों के मत्थे नहीं मढ़ देते? क्या हम रोज़ ही ऐसे लोगों को नहीं देखते?

तिस पर इन सुपुत्रियों की गृहस्थी की नींव बनी हुई वेश्याओं को दुष्टा कहकर कोसा जाता है। इन पतियों की कामचरिता के लिए निर्गम-मार्ग प्रदान करने वाली वह वेश्या न हो, तो यह देवीजी इज़्ज़तदार बनकर घर में ठुमकती हुई पतिव्रता बनकर बैठी रह सकती है क्या? इस अपकार का बदला लेने के लिए वेश्या इन पतिव्रताओं के पतियों को, गहनों को, ज़मीनों को और स्वास्थ्य को गटककर उनकी सन्तानों को भिखारी और कुरूप बना रही है। पतिव्रता वेश्या का मुँह नहीं देखती। लेकिन पति द्वारा लाई गई वेश्या की बीमारी को चुपचाप अपने अन्दर प्रवेश करने देती है और अपनी प्यारी सन्तान को उसे संक्रमित करती है।

10

स्कूल की पढ़ाई

आजकल स्कूलों और कॉलेजों में ऊँची शिक्षा पानेवाली स्त्रियाँ निरी अभागिनें हैं। उनमें स्त्रीत्व बहुत विकृत रूप ले रहा है।

इस पढ़ाई में शरीर के सारे रस सूख जाने से स्त्री खुरदरी हो जाती है। जब वह साड़ी का आँचल पूरा लपेटे, सिर झुकाये, हाथ समेटे और झुककर आँचल को फिसलने से रोकते हुए सावधानी से उसे पकड़कर ऐसे चलती है, जैसे सभी मर्द उसके साथ बलात्कार करने की ताक में हैं और वह बड़ी सावधानी से उन अंगों की सुरक्षा कर रही है, तो उससे कहने का मन करता है–"पुरुष से किसी और को ख़तरा हो तो हो, पर आपको यह भ्रम पाले रहने की ज़रूरत नहीं है कि आपको चाहनेवाला पुरुष भी कोई है।"

अन्ततः शादी के बाद देख लेने पर इतने दिन तक बग़ैर देखे जिनको छिपाकर रखा था, उनमें से एक भी चीज़ वहाँ दिखाई नहीं पड़ती!

आजकल की उच्च शिक्षा स्त्रियों में ये ग़लत धारणाएँ पैदा कर रही है–

1. उनको आज़ादी होनी चाहिए, वे बहुत ऊँची चीज़ हैं, उन्हें पुरुष के सामने झुकना नहीं चाहिए, उन्हें पुरुष को कुछ देने की ज़रूरत नहीं है, सब कुछ पुरुष से ही ऐंठना चाहिए, पतियों को चाहिए कि उनका पोषण करे, उनकी रक्षा करे और उनकी ज़िम्मेदारी ले। परन्तु बदले में वे उनकी जो इच्छा होगी, वही दे देंगी। पुरुष के सामने कभी नहीं झुकेंगी। इसका मतलब है, पुरुष की इच्छा के साथ मेल बिठाकर वे चलें ही, यह आवश्यक नहीं है, पुरुष को उनकी बात माननी चाहिए, उन्हें पुरुष की बात मानने की कोई ज़रूरत नहीं है।

2. पति को चाहिए कि पुस्तकों में जैसा वर्णन मिलता है, वैसा आदर्श प्रेम उन्हें दे। धीर, गम्भीर, योद्धा, देवता और बहुत कुछ उनका पति हो।

3. शरीर का सम्बन्ध नीचता का सम्बन्ध है। पुरुष पशु होते हैं। समझ में न आनेवाली बड़ी-बड़ी बातें, आदर्श, नौकरियाँ, आदर-मान और फ़ैशन के तौर पर

देश और समाज की सेवा (जब तक कोई दिक़्क़त, परेशानी या अप्रतिष्ठा न हो, तब तक ही) पैसा, बड़ाई–उनके जीवन मूल्य ये ही हैं। उन्हें मन और आत्मा के सहारे ही जीना अच्छा लगता है। उनके लिए शरीर निकृष्ट वस्तु है।

इन पढ़ी-लिखी स्त्रियों में एक-दूसरे से मेल न खानेवाली ग्रन्थियाँ (Complexes) होती हैं।

1. ये ऐसे बात करती हैं जैसे शरीर और सौन्दर्य की कोई परवाह न हो। दूसरी तरफ़ विग, स्नो और आईने जितने भी हों, कम पड़ जाते हैं।

2. ये पुरुषों को आकृष्ट करने की लगातार कोशिश करती हैं। पर उन्हें कोई पकड़ नहीं देतीं।

3. शादी करना चाहती हैं। पर शादी करने के लिए, गृहस्थी चलाने के लिए किसी भी प्रकार की योग्यता हासिल करने की कोशिश नहीं करतीं।

ये सारी धारणाएँ दाम्पत्य सुख की परम शत्रु हैं। आजकल कॉलेजों में पढ़नेवाले युवा लोग, विशेष रूप से युवतियाँ प्रेम करने के लिए ही नहीं, मात्र आसक्ति के लिए और पारिवारिक जीवन के लिए भी अयोग्य हैं।

आजकल की स्त्रियाँ जो ऊँची शिक्षा पा रही हैं और नौकरियाँ कर रही हैं, वे पुरुषों को ऐसे काम करते देखने के कारण, उनसे स्पर्धा होने के कारण, झूठे जीवन मूल्यों को अपनाने के कारण, इस विचार से ईर्ष्या होने के कारण कि पुरुष जाने कितना सुख भोग रहे हैं, जाने कितना उपलब्ध कर रहे हैं, करने को दूसरा कुछ न सूझने के कारण या दूसरों की नज़र में बड़ा दिखने के लिए ही करती हैं, न कि अपनी सहज इच्छा या प्रेरणा के कारण। ज्यों-ज्यों समय बीतता जायेगा, और पुरुष की बुद्धि विकसित होती जायेगी, इस पढ़ी-लिखी स्त्री से कोई शादी नहीं करेगा। पैसे का लालच भी दो, तब भी दूर से भी नहीं छुएगा। शादी किये बिना ये स्त्रियाँ नहीं रह सकतीं। स्त्री को संस्कार की अधिक ज़रूरत है, शिक्षा की नहीं। यह शिक्षा स्त्री को नौकरी दे रही है और उसके द्वारा स्वतन्त्रता दे रही है। स्त्री के लिए यही एक लाभ है। यह शिक्षा आसानी से उसे कमाई दे रही है और परिणामत: बल भी।

परन्तु स्त्री से इतना सारा त्याग करवाकर, स्त्री के रूप में, मानवी के रूप में उसे नष्ट करने वाली शिक्षा के द्वारा नहीं, किसी और तरीक़े से कमाने का उपाय उसे ढूँढ़ना होगा।

इस तरह स्त्रियों को नौकरियों की तरफ़, कॉलेजों की तरफ़ पुरुष ही दौड़ा रहे हैं। घर में उनको हर तरह के सम्मान, सुख-शान्ति से वंचित कर, उनके जीवन को संकीर्ण, अन्धकारमय, हेय, लाचार और दमघोंटू बनाकर पुरुष ही स्त्रियों को

कॉलेजों की शरण में ठेल रहे हैं, लेकिन आजकल इन स्कूलों और कॉलेजों में स्त्रियाँ जो शिक्षा पाती हैं, वह स्त्री की प्रकृति और मन को अनेक प्रकार से ऐंठ-मरोड़कर रख देती है। यह पढ़ाई स्त्रियों में पुरुषों से बहुत अधिक भयंकर विकृतियाँ पैदा कर रही है। स्त्रियों की कमाई के बारे में भी यही बात है। पुरुष पढ़ाई और नौकरी को बहुत सहज भाव से ग्रहण करता है। अपनी प्रकृति के अनुकूल न पड़नेवाला काम पुरुष के कारण करना पड़ रहा है, इस बात की उदासी, क्रोध और रोष स्त्री के अवचेतन में बहुत कड़वाहट पैदा कर रहे हैं।

"Women have shaken off sex slavery only to enter into the far more oppressive bondage of wage earning." Says Sellhein.

"What use is it if women do enjoy every conceivable freedom nowadays...of what use to women is every external equality with men? ...They are no longer free from their natural vocation of wife and mother, whether they will or not, they simply must enter the rank of wage earners."

पति की ग़ुलामी से बचने का स्त्री के लिए एक ही उपाय है–आर्थिक स्वतन्त्रता। इसके लिए कमाई ज़रूरी है। सम्पत्ति रखनेवाली महिलाएँ अधिक नहीं होतीं। नये क़ानून लागू हों और पिता की सम्पत्ति में से स्त्री को भी हिस्सा मिलने लगे, तब भी सम्पत्ति रखने वाली स्त्रियाँ कम ही होंगी। मतलब है, उनको कोई-न-कोई काम करना होगा।

अब कमाने वाले पुरुषों में भी–वे जो काम करते हैं, उस काम में उनकी रुचि बहुत ज़्यादा नहीं होती। इस काम से मिलनेवाले पैसे, प्रतिष्ठा और अधिकार को छोड़ दें, तो हर आदमी में काम से बचने की ही प्रवृत्ति होती है। थोड़ा-बहुत काम तो करना चाहते हैं, पर जितना करना चाहते हैं, उससे कहीं ज़्यादा उनको करना पड़ता है।

दुनिया के इन बाहरी कामों के प्रति रुचि सहज ही स्त्री में पुरुष से कम ही होती है। सन्तोष भी कम ही मिलता है। घर-गृहस्थी के काम उसे अधिक अर्थवान लगते हैं और उनमें वह सुख और सन्तुष्टि का अनुभव करती है। अपने लोगों से जुड़े रहने में, अपने बच्चों के लिए कुछ कर रही हूँ, यह सोचने में उसे सार्थकता की अनुभूति होती है। लेकिन बाहर के काम उसे सारहीन मालूम पड़ते हैं। थोथे बादाम की तरह। स्त्री के लिए यश और बड़प्पन पेट पालने के लिए लाचार होकर उठाई जानेवाली मुसीबतों से ज़्यादा कुछ नहीं होते। कला के प्रति रुझान रखनेवाली, बुद्धिजीवी, विशेष रूप से प्रतिभा-सम्पन्न थोड़ी-सी स्त्रियों को छोड़कर बाक़ी स्त्रियों को नौकरियाँ कुछ सन्तोष नहीं देतीं।

यह सारा झमेला इसलिए है क्योंकि पुरुष के सामने स्त्री हल्की पड़ती है। उसकी सेवा और मातृत्व के मूल्य खो बैठने से हुआ अनर्थ है यह। वह भी एक इनसान है, इस बात को सिद्ध करने के लिए स्त्री द्वारा किया जानेवाला विवशतापूर्ण प्रयत्न ही यह बगावत है।

घर के लिए, पति के लिए, बच्चों के लिए स्त्री जो काम कर रही है–खाना बनाना, झाड़ू-पोछा करना आदि–ये ऐसे काम हैं जो बहुत नीचे की हैसियत वाले पुरुष ही करते हैं। सम्पन्न व्यक्ति की पत्नी होकर स्त्री घर की व्यवस्था देख रही हो, तब भी बात यही होती है। इसलिए स्त्री की हैसियत और उसकी आर्थिक स्थिति बहुत तुच्छ हो गयी है। घर सँभालना (house keeping) और बच्चों को पालना पुरुष की दृष्टि में और स्वयं स्त्री की दृष्टि में भी बहुत छोटे दर्जे के काम हो गये हैं। आँखें खोल रही नयी स्त्री इस नीचता को समझकर विरोध कर रही है। इसके अलावा आर्थिक परिस्थितियों के कारण घर की एकरसता, कठिनाइयाँ, काम और बच्चे स्त्री के लिए बहुत भार बन गये हैं। विशेषकर महानगरों में। घर में कुछ अशान्ति हुई, तो पुरुष सब छोड़-छाड़कर फ़िल्म देखने चला जाता है, या शराब पी लेता है। इस तरह की मुक्ति स्त्री के लिए सम्भव नहीं है। इससे उसका जीवन और अधिक दूभर हो रहा है। इसलिए यदि हम चाहते हैं कि स्त्री घर को शोभायमान करती रहे, तो–

1. वह जो काम करती है, समाज में उसका आदर होना चाहिए।
2. उसकी आर्थिक स्थिति पति के अनुग्रह पर निर्भर नहीं होनी चाहिए।
3. स्त्री यदि कोई नौकरी करती है, तो वह नौकरी उसके गृहिणी-धर्म में रुकावट न बने, इसके लिए सरकार को उचित प्रबन्ध करना चाहिए।
4. ऐसी स्थितियाँ पैदा नहीं होनी चाहिए जिनमें नौकरी बचाने के लिए स्त्री को अपने चरित्र की बलि देनी पड़े।

ऐसी परिस्थिति होनी चाहिए, जिसमें कोई भी स्त्री आर्थिक कारणों से विवाह को स्थगित करना चाहे तो कर सके। इसके अलावा आवश्यकता पड़ने पर कमा लेने की ताक़त भी स्त्री में होनी चाहिए। लेकिन वह हर हालत में कमाये ही, ऐसी मज़बूरी उसके साथ नहीं होनी चाहिए। परन्तु यह भी सम्भव है कि कुछ समय तक पारिवारिक जीवन की अभ्यस्त स्त्री की कमा लेने की आदत छूट जाये। बच्चे भी रुकावट बन सकते हैं।

बच्चों के लिए, घर के लिए बाहर काम न करनेवाली पत्नी के भरण-पोषण के लिए पति कमा रहा हो, तब भी स्त्री की उसकी दया पर निर्भर रहनेवाली स्थिति नहीं होनी चाहिए। उसकी अपनी आवश्यकताओं के लिए पति के वेतन के कुछ हिस्से पर उसका अधिकार होना चाहिए।

ऐसी स्थिति नहीं होनी चाहिए कि स्त्री को आर्थिक कारणों से या ग़ुलामी के भय से विवाह करने से पीछे हटना पड़े।

सरकार को चाहिए कि वह पत्नीत्व को एक नौकरी के रूप में मान्यता दे। 'कम्युनिस्ट योजना' में किसी एक विधान के अन्तर्गत ऐसी व्यवस्था है। सन्तानवती हर स्त्री को, वह चाहे विवाहित हो या अविवाहित, वृत्ति या भत्ता मिलना चाहिए। विवाहित और सन्तानवान पुरुषों को अधिक वेतन देने की, उस वेतन का कुछ हिस्सा पुरुष को देकर बाक़ी पत्नी को देने की, व्यवस्था होनी चाहिए। यदि बच्चों को जन्म देने को, उनका पालन-पोषण करने को और घर के प्रबन्धन को बड़ा सम्मानपूर्ण काम नहीं माना जायेगा और उसके लिए सुविधाएँ नहीं दी जायेंगी, तो स्त्रियाँ आज की कठिन परिस्थितियों में अधिक समय तक नहीं रहेंगी।

इन घरों से स्त्रियों के क्रमशः हटते जाने से स्वयं उनका, पुरुषों का और बच्चों का सुख लुप्त होता जायेगा। लेकिन अब हो यह रहा है कि पुरुष 'आज मेरा परिवार ठीक-ठाक रहे, तो बस!' वाली अत्यन्त संकुचित दृष्टि से स्त्री के लिए गृहस्थ जीवन को दुस्सह बना रहा है।

इन सब समस्याओं के लिए कम्युनिज्म एक अच्छा समाधान है। वह इस संसार में मनुष्यों के जीवन में बचा हुआ दूर का एक महान सपना है।

परन्तु यदि पुरुष कहे, कि मैं दुनिया में जाकर कमाकर लाने की पूरी ज़िम्मेदारी उठाऊँगा और परिवार में तुम्हें सुखी रखूँगा, तो किन्हीं थोड़ी-सी स्त्रियों को छोड़कर किसी को आपत्ति नहीं होगी। ऊपर से स्त्री ख़ुश ही होगी। लेकिन अब वह समय निकल गया है कि परिवार में रहनेवाली स्त्री पर पुरुष अपना अधिकार जताता रहे या उसके न कमाने की स्थिति को लेकर उसकी अवहेलना करता रहे या उसकी आज़ादी में बाधा डालने और उसके आत्मसम्मान को ठेस पहुँचाने पर भी वह परिवार में पड़ी रहे। लेकिन उसकी प्रकृति कुछ सीमा तक, तो इतने युगों की आदत कुछ सीमा तक और बच्चों को जन्म देने का सृष्टि-विधान कुछ सीमा तक उसे सदा परिवार की तरफ खींचते ही रहेंगे। लेकिन जब तक परिवार सुखप्रद और सम्मानप्रद नहीं बनता, तब तक उससे मुक्ति पाने की पद्धतियों की खोज वह करती रहेगी, भले ही उस प्रयत्न में वह बिखर ही क्यों न जाये।

11

स्त्री की स्वतन्त्रता

अपने द्वारा बताये गये पतिव्रता के इन लक्षणों पर विश्वास करके स्त्री उसके वश में बनी रहे, इसके लिए समाज ने दो उपाय किये हैं।

1. चूँकि पुरुष शक्तिशाली है, मेधावी है और साहसी है और स्त्री अबला, कम बुद्धिवाली, चपलचित्ता और नीचात्मा है, स्त्री को हमेशा पुरुष की आज्ञाकारी होकर रहना चाहिए। इस बात पर पुरुष ने स्वयं विश्वास किया और फिर विश्वसनीय ढंग से स्त्री को पढ़ाया। स्त्री का शरीर कोमल है, उसका हृदय मृदुल है और उससे कोई काम सरता नहीं है। इसके अलावा उसकी सृष्टि में ही प्रसव, बच्चे आदि बाधाएँ निहित हैं। वह अशुचि है। ईश्वर ने ही उसे ऐसा बनाया है और उसे सँभालने के लिए पुरुष को नियुक्त किया है। वह पुरुष को पाप की ओर, नरक की ओर खींचने वाली राक्षसी है। पुरुष के सभी उत्तम कार्यों को ख़राब करनेवाली महाकाली है। मातृपूजा के लिए विख्यात इस देश में अपनी माँओं के प्रति कितने पवित्र विचार हैं! चूँकि स्त्री में बाहर जाकर काम कर लाने की शक्ति, ज्ञान और साहस नहीं है, पुरुष सारे काम कर देता है। चूँकि सभी मामलों में स्त्री की सोच ग़लत होती है, इसलिए पुरुष उसके लिए भी, उसके हित के विचार से ही सोचने की ज़िम्मेदारी ले लेता है। वह कारोबार करता है, पुस्तकें लिखता है और यन्त्र बनाता है। स्त्री की नैतिकता में वक्रता है। उसका स्वभाव हमेशा उसे पापकर्मों की तरफ ही खींचता रहता है। इसलिए पुरुष नीति-दुर्नीति सभी से स्त्री की रक्षा करता है।

इसलिए संसार में सबसे नीच जो काम हैं, वे ही काम स्त्री को सौंपे गये हैं–खाना बनाना, गन्दगी उठाना, बर्तन माँजना, पति के पशुकाम की तुष्टि के साधन के रूप में सदा तैयार रहना, पति को गुस्सा आये या चिढ़ हो, तो चुपचाप मार खाने के लिए, गाली खाने के लिए जड़ प्रतिमा बने रहना, उसकी सुन्दरता, स्वास्थ्य और प्राण भले ही नष्ट हो जायें बच्चे जनने वाली मशीन बने रहना। ये ही स्त्री के काम हैं। इस उपयोग के अनुसार स्त्री जितना नीच और श्रमजीवी इस दुनिया में नहीं है।

2. इस प्रबोधन के अनुसार स्त्री जैसी अप्सरा, ईश्वरांश संभूता, जगन्माता, निर्मल, पवित्र, सुशील और शान्त और कोई नहीं है। कवि लोग उसके रूप की स्तुति करते हैं। उसे निर्निमेष देखकर आनन्दित होते हैं। उसके केशों से लेकर पैर के नाखूनों तक के सभी अंगों का वर्णन ऐसे करते हैं जैसे उसके तन पर सूत का धागा तक न हो। उसकी आँखें देखने के लिए, पेट भोजन पचाने के लिए, हाथ काम करने के लिए और मुँह बात करने के लिए नहीं हैं। पुरुष के आलिंगन और आनन्द के लिए हैं। इस सुन्दरता में चार चाँद लगाते हुए अच्छे कपड़े पहन, बालों में फूल खोंस, और चन्दन का लेप करके गुड़िया की तरह सजकर उसे पुरुष की प्रतीक्षा करते रहना चाहिए। सदा उसे सुन्दर और कोमल बने रहना चाहिए।

सब से ज़्यादा तो माता के रूप में स्त्री की प्रशंसा की जाती है। जगन्माता –अवतार पुरुषों, योद्धाओं और राजाओं को जन्म देने वाली माँ। रसोईदारिन की हैसियत रखने वाली जगन्माता! योद्धाओं को जन्म देने वाली ग़ुलाम! और पुरुष को पथभ्रष्ट करने वाली कुचक्री भी है, यह पवित्र माता! नन्हे बच्चों तक को अच्छी तरह मालूम है कि सारा अधिकार पिता का ही है और माँ की गिनती कहीं नहीं होती। उनको बहुत जल्दी ही साफ़ पता चल जाता है कि पूरे घर में वही सबसे अधम है। पिता के साथ मिलकर माँ को हीनता की दृष्टि से देखना वे बचपन में ही सीख लेते हैं। पुरुष होने के कारण छह साल का लड़का भी ऐसे बर्ताव करता है जैसे वह माँ से श्रेष्ठ हो। घर-भर की दासी होने के कारण उसके अधिकारियों से मिलने वाली गालियों और मारपीट से इस महान और पूज्य माता का निस्तार नहीं है। जिनसे प्रेम और आदर पाने के लिए उसका हृदय अकुलाता रहता है, उन बच्चों के उपेक्षाभाव से भी नहीं! बड़े होने के बाद कुछ लोग उसकी असहाय स्थिति को समझ लेते हैं, यह बात जान लेते हैं कि उसकी अक्षमता के लिए वह अकेली ही ज़िम्मेदार नहीं है, और उसके अज्ञान को भुलाकर उससे उनको जो हानि हुई होती है, उसे क्षमा कर देते हैं।

जब किसी की सेवा करने या न करने की स्वतन्त्रता होती है, तभी सेवा प्रेम का रूप ग्रहण करती है। इच्छा न होने पर नौकर अपना काम छोड़ सकता है। लेकिन यह माँ एक ऐसी ग़ुलाम है, जिसे वह आज़ादी प्राप्त नहीं है। बच्चे भी जानते हैं कि उनकी चाकरी करने के सिवा इस माँ के लिए कोई चारा नहीं है और कुछ कमा लेने की ताक़त भी इसमें नहीं है। ऐसे में आदर-मान, भक्ति और कृतज्ञता के भाव कहाँ से आयेंगे?

बच्चे को जन्म देने के मामले में भी स्त्री को स्वतन्त्रता नहीं है। बच्चा पैदा हुआ। सहज ही उसके स्तनों में दूध और हृदय में प्रेम उमड़ आता है। लेकिन उसे पोसने

का सही तरीका न जानने के कारण वह उसे बीमार कर देती है। उस प्रेम के स्वस्थ प्रयोग का ज्ञान न होने से बच्चों के 'चरित्र' को वह बिगाड़ देती है। बड़ा होने के बाद जब बेटे को माँ के प्रेम की ज़रूरत नहीं होती, तब भी वह उससे प्रेम करती रहती है और शोर मचाती रहती है कि मुझ से लगाव रखो। बेटा बड़ा होकर संसार का ज्ञान प्राप्त करता है, और सुख-दुख झेलने-समझने लगता है, तब भी किसी तरह बेटे को बल, सम्बल और सांत्वना देकर उसका मार्ग सुगम बनाने के लिए माँ का हृदय छटपटाता रहता है। लेकिन बेटे के संसार के बारे में और उस संसार की रीति-नीति के बारे में वह जानती ही क्या है? वह देहली के पार जायेगी भी कैसे? पार करेगी, तो वहाँ एक मिनट भी टिक सकती है क्या? माँ की गोद में पला अबोध शिशु बड़ा होकर दुनिया का चक्कर लगाकर आया हो, तब भी माँ अपनी व्यग्रता में अनेक प्रश्न पूछती है। बावलों जैसी भाँति-भाँति की सलाह देती है और ऐसे बर्ताव करती है जैसे बेटे पर अब भी उसका अधिकार हो। ऐसी माँ से बेटा कहे, "उन सब चीज़ों से तुम्हें क्या लेना-देना है माँ? उनके बारे में जानती भी कुछ हो?" तो सुनकर माँ को कितनी तकलीफ़ होगी? माँ का यह बावला प्यार आड़े आता हो, तो उसे बोझ मानकर बेटा उसे परे हटाकर आगे बढ़ जाता है। तब माँ का कलेजा फट नहीं जाता होगा?

माँ का प्यार थोड़े बड़े बच्चे के लिए भी निरुपयोगी है। उसकी अपेक्षा पिता का ज्ञान उसके लिए अधिक उपयोगी रहता है। अनावश्यक हो जाने पर अपने प्रेम के उपसंहरण का विवेक, शक्ति या लोक व्यवहार का ज्ञान इस अशिक्षित माँ में नहीं होता। इसलिए वह अब भी प्रेमवश सलाह और आदेश देती रहती है। यदि लड़का इस माँ के बेतुके ख़यालों पर चले तो जीवन में वह कहाँ पहुँचेगा?

उपर्युक्त दोनों विचारों का सहारा लेकर पुरुष स्त्री को इसी स्थिति में रखना चाहता है। वह स्वतन्त्र रहे, यह पुरुष को रुचिकर नहीं लगता। कोई कहे, कि स्त्री को आज से ज़्यादा स्वतन्त्रता होनी चाहिए, तो सामाजिक लोग दो बातें कहते हैं।

1. "वास्तव में घर के अन्दर सारा अधिकार तो स्त्री का ही होता है। वहाँ पुरुष का कोई दख़ल नहीं होता।" लेकिन घर में स्त्री को अधिकार पुरुष ने ही तो दिया है! किसी भी मिनट वह उसे छीन सकता है। जो परिवर्तन चाहे कर सकता है। पैसे की थैली पुरुष के हाथ में है। फिर भी, घर के भीतर ही स्त्री के अधिकार को बाँधकर रखनेवाला पुरुष होता कौन है? असल में यहाँ बात न घर के अन्दर के अधिकार की है, न बाहर के अधिकार की। स्त्री को जो चाहिए, वह है—अपने ऊपर, अपने जीवन के ऊपर, अपने शरीर, मन और हृदय के ऊपर सम्पूर्ण अधिक़ार।

2. दूसरी बात जो वे कहते हैं, वह यह है, "स्त्री को आज़ादी का मतलब है अच्छा करने के लिए, न कि मनमाने तरीक़े से ग़लत काम करने के लिए।" अगर बात यह है, तब पुरुष अपनी आज़ादी का दुरुपयोग न करे, यह कौन देख रहा है? असल में यहाँ स्त्री की नैतिकता पर शासन करने वाली शक्तियाँ उसकी अन्तरात्मा, समाज या धर्मशास्त्र नहीं है, पुरुष है! पुरुष आज्ञा दे तो स्त्री को नैतिकता के इस क़ानून का अतिक्रमण करना ही पड़ेगा! समाज पुरुष को दण्डित करता है। वह स्त्री को भी दण्डित करता है। लेकिन पुरुष उसे पहले दण्डित करता है। स्त्री को दण्डित करने के लिए पुरुष ही कौन बहुत ज्ञानी है? फिर पुरुष आज़ादी का मतलब ही कितना जानता है कि वह स्त्री को आज्ञा देगा?

पुरुष के बलवान होने और उसके प्रति समाज की पक्षपातपूर्ण दृष्टि होने के कारण स्त्री पुरुष का विरोध नहीं कर पाती। मनमाने तरीक़े से आज्ञा देकर पुरुष स्त्री को बन्धनों में रखता है। स्त्री का पातिव्रत्य, उसकी देह, सब मेरे हैं, उन पर अधिकार मेरा ही है, इस विचार से उसने जो काम किये हैं, उनको देखिए–

1. उसकी मृत्यु के बाद स्त्री दूसरों के उपयोग के लिए बची न रहे, इसलिए वह जलाई जानी चाहिए, ऐसा धर्म-शास्त्र बनाया।

2. स्त्री जीवित भी रहे, तो उसे कोई चाहे नहीं, इसके लिए उसे विरूप बना डालने की व्यवस्था की।

3. स्त्री को कोई चाहे भी तो उससे विवाह न कर सके, इसलिए स्त्री के दूसरे विवाह को निषिद्ध घोषित कर दिया।

4. स्त्री की उँगली तक दिखाई न पड़े, इस तरह उसे परदे में रखा। ईश्वर ने स्त्री को भी संसार का ज्ञान, हवा, आकाश और रोशनी दी है। पर पुरुष ने उनको रोक दिया है। स्त्री का हृदय न भी मिले, शरीर उसका हो जाए, तो काफ़ी है। स्त्री का शरीर चाहे सड़ जाये, क्षयरोग से वह मर भी जाये, लेकिन दूसरा पुरुष कोई उसे देख न पाये, बस!

केवल पुरुष ही नहीं, स्त्री भी पुरुष को अपना निजी और अपनी सम्पत्ति की तरह मानती है और उसके मामले में उतनी ही ईर्ष्या रखती है जितनी कि पुरुष। लेकिन पुरुष उसकी सम्पत्ति बनकर, उसका वशवर्ती होकर रहा ही कब है? पुरुष को किसी तरह अपना, अपना निजी बना लेने के लिए ही असल में स्त्री ने विवाह के बन्धन को स्वीकार किया है। उसकी यह कतई इच्छा नहीं है कि पुरुष से छुटकारा पाकर आज़ादी से रहे। इस दुनिया में स्वयं कमाते हुए और सारी ज़िम्मेदारियाँ सिर पर लेते हुए जीना कितना मुश्किल है! विवाह द्वारा सस्ते में उसकी रक्षा करनेवाला,

उसे खाना देनेवाला और उसकी सारी ज़िम्मेदारियाँ उठानेवाला पुरुष मिला हुआ हो, तो वह क्यों तकलीफ़ें उठाती फिरे? स्त्री की अकेले जीने की शक्ति चुक गयी है। अपनी आज़ादी की कल्पना से ही डरने की हीन स्थिति में उसे पहुँचाकर अब लोग कहते हैं कि उसे पुरुष पर निर्भर रहना अच्छा लगता है।

पुरुष को चाहिए कि आज़ादी का मर्म भूल चुकी और उसे भयावह तक मान लेनेवाली स्त्री को फिर से आज़ादी सिखाये। स्त्री के हित में ही नहीं, स्वयं अपने हित में भी। आज़ादी को जानने-समझने और उसे भोगने के बाद मुक्तभाव से उससे प्रेम करने वाली जीवन्त नारी कहाँ और बन्धनों में फँसकर निष्प्राण हुई ये लाशें कहाँ? इसीलिए पुरुषों को पत्नियों से ज़्यादा वेश्याएँ पसन्द आती हैं। स्त्री की आज़ादी का नाम सुनते ही पुरुष को यह डर लगने लगता है कि वह स्वेच्छाचारिणी बन जायेगी। बन भी जाये, तो उसे क्या? उसे रोकने वाला वह कौन होता है? लेकिन स्त्री यह नहीं बनेगी। आज की तरह 'आज़ाद स्त्री कहीं मिल जाये, तो पकड़ लूँ' इस इरादे से पुरुष तब नहीं देखेगा। अब आज़ादी से घूमने वाली स्त्री पुरुष को भली तो लगती है, लेकिन वह किसी और की पत्नी होनी चाहिए और उससे फँसनी चाहिए। उसकी पत्नी को तो घर में होना चाहिए, सुरक्षित!

पति को इस बात का डर रहता है कि पत्नी को आज़ादी दें, तो वह पराये पुरुषों के साथ सम्बन्ध बनायेगी और उनके बच्चों को जन्म देगी। स्त्री इस तरह दूसरों से सम्बन्ध बना ले, तो–

1. पति का सहन करना उचित है।

2. सहन न कर सके, तो उसे छोड़ा जा सकता है। लेकिन इस तरह ज़बर्दस्ती बाँधे रखना तो अन्याय है, निरर्थक है।

कहते हैं कि उत्तम जाति की स्त्री को आज़ादी मिले, तो नीच जाति के पुरुष की सन्तान की माँ बनकर वर्ण सांकर्य ले आयेगी और आनुवंशिकता को बिगाड़ देगी! इस तरह देखें, तो उत्तम 'जाति' के उन पुरुषों द्वारा ही सभी स्त्रियों को, मुख्य रूप से 'नीच' जाति की स्त्रियों को सन्तानवती बना दें, तो बहुत अच्छा रहेगा न! तब पति उत्तम जाति का होकर भी यदि नीच हो, तो उत्तम सन्तान के लिए स्त्री किसी दूसरे पुरुष का चुनाव कर सकती है क्या?

सृष्टि की दृष्टि में तो विवाह की पवित्रता सन्तान पर निर्भर है। जो सम्बन्ध उत्तम सन्तान का कारण बनता है, वही नैतिक है। समाज के विचार से भी सन्तान विवाह का एक मुख्य उद्देश्य है ही। 'हम कामासक्ति से परे हैं, स्त्री का संग मजबूरी में सन्तान के लिए करते हैं', जैसी बड़ी-बड़ी बातों से सीधे-सादे लोगों को भरमाने की

कोशिश करनेवाले पुरुष-पुंगवों को तो यही कहना पड़ता है कि सन्तान ही विवाह का मुख्य उद्देश्य है। इन ऋषिश्रेष्ठों के लिए या समाज के लिए सिर्फ़ बच्चों को जन्म देना ही महत्त्वपूर्ण है। उनको इस बात की चिन्ता नहीं रहती कि किस तरह के बच्चों को जन्म दे रहे हैं, कितनों को जन्म दे रहे हैं, उनकी परवरिश कैसे हो रही है, ये बच्चे क्या बनते जा रहे हैं, उनकी स्थिति में सुधार कैसे किया जा सकता है? उनकी चिन्ता केवल इसी बात को लेकर होती है कि ये बच्चे वैध सम्बन्ध से पैदा हुए हैं या नहीं। बीमार, पागल, दुष्ट, कोढ़ी–ऐसे लोग अपने जैसे बच्चों को जन्म दें, तब भी समाज में उनकी इज़्ज़त होती है! यह सब कर्मफल या प्रारब्ध के अन्तर्गत आता है!

लेकिन यह सोचने की बात है कि इस 'पवित्र' विवाह के कारण, ऐसे 'प्रेमभाव' में डूबते-उतराते परिवारों के कारण जो सन्तान पैदा हो रही है, वह कितनी श्रेष्ठ, कितनी दृढ़, कितनी बुद्धिमान, हिम्मती और नैतिक है? इन ग़ुलामों से अधिक बलवान, अधिक स्वस्थ, बुद्धिमान और हिम्मती लोगों की सृष्टि न कर पायें तो इस धर्म, इस नैतिकता और इस वैवाहिक सम्बन्ध से क्या लाभ? दिन-ब-दिन जनता जब इस तरह छीजती जा रही हो तब!

हम यह कह चुके हैं कि जिसे व्यभिचार कहते हैं, वह सामाजिक विधि-विधानों से ही जन्मा है। समाज कुछ व्यवस्याओं का निर्माण करता है और उनका उल्लंघन करने पर दण्डित करता है। 'व्यभिचार' को आज के अर्थ में भी हम लें, तब भी आज़ादी के कारण वह कम हो जायेगा। तीन चौथाई व्यभिचार इन असहज वैवाहिक बन्धनों के कारण ही हो रहा है।

समाज के अधिकार और नैतिकता के क़ानून को अलग रखकर कोई व्यक्ति अपने आप से यह पूछे कि "मुझे व्यभिचार क्यों नहीं करना चाहिए?" तो जवाब यह आना चाहिए कि, "चूँकि मैं एक व्यक्ति से पूरे मन से प्रेम करता/करती हूँ, इसलिए अब मेरे मन में किसी दूसरे के लिए जगह नहीं है।" आज़ादी रहने पर ऐसे विचार रखने वाले दम्पती बन सकते हैं। इसके अलावा पहले से चली आ रही सहज प्रवृत्ति (instinct) किंचित परिवर्तन के लिए दूसरों की इच्छा करे, तो उसे ग़लत नहीं मानना चाहिए।

आज़ादी से व्यभिचार बढ़ेगा, ऐसा भय है। लेकिन असल में आज़ादी रहने पर ही व्यभिचार कम हो पायेगा। कोई चीज़ छिपाकर रखी जाये, तो कितनी ही बेकार क्यों न हो, दुनिया उसे पाना चाहेगी। पर्देवाली गाड़ियों में बुड्ढियों को बिठाओ, तो भी लोग झाँककर देखते हैं। जिन देशों में स्त्रियाँ बाहर नहीं आतीं, वहाँ पराई स्त्री को देखते ही कामभावना उभरती है। दिन-भर स्त्रियों के साथ मिलकर काम करने वालों

को, हमेशा स्त्रियों के साथ कन्धे रगड़ते पश्चिमी देशों के लोगों को, हर नज़र में कामासक्ति पैदा होने लगे, तो उनका जीना दूभर नहीं हो जायेगा? जब तक हम इन नियम-क़ानूनों को बरकरार रखेंगे, तब तक ही यह दुराचार और सड़ी-गली इच्छाएँ बनी रहेंगी। इसके अलावा हो यह भी रहा है कि स्त्री अपने वस्त्राभूषण और केश विन्यास द्वारा अपनी पृथकता को दर्शाने का प्रयत्न कर रही है।

स्त्री की स्वतन्त्रता का एक ही रास्ता है। ये बड़ी-बड़ी बातें, भाषण और समाज-सुधार उसकी कोई सहायता नहीं करेंगे। इन पुरुषों द्वारा दी जाने वाली झूठ-मूठ की सहायता से स्त्री को कभी सच्ची आज़ादी नहीं मिलेगी। सारा अधिकार (मुख्य रूप से पैसे की थैली) अपने हाथ में रखने के बाद स्त्री के आँसू पोंछने के लिए और कोंचने वाली अपनी अन्तरात्मा को सन्तुष्ट करने के लिए ही छलिया सुधार करके वे लोग और अधिक संख्या में ग़ुलाम तैयार करते हैं। असल में सहायता करना चाहे, तब भी पुरुष स्त्री की सहायता नहीं कर सकता–जब तक स्त्री की आत्मा में से आज़ादी की अभिलाषा निकलकर नहीं आती। पुरुष स्त्री की जो एकमात्र सहायता कर सकता है, वह यही है कि अब तक स्त्री के सम्बन्ध में वह जितनी ज़िम्मेदारियाँ ओढ़ता आया है, उन सब को छोड़कर उसे आज़ाद छोड़ दे। स्त्री के शारीरिक स्वास्थ्य के लिए उसने जो निर्धारित कर रखा है, उस निरर्थक कवायद को, उसकी बुद्धि को विकसित करने के लिए उसने जिसकी व्यवस्था की है, उस शुष्क शिक्षा-पद्धति को, उसके आचरण को सँवारने के लिए उसने जो ईजाद किया है, उस सड़े-गले सदाचार के क़ानून को, स्त्री की आत्मा के लिए विशेष रूप से उसने जो बनाई है, उस पूजा-अर्चना की विधि को वापस लेकर स्त्री पर अब चाहे कुछ भी बीते, मेरी कोई ज़िम्मेदारी नहीं है, इस भावना से उसे मुक्त छोड़ दे, बस! उसे दस हज़ार बार प्रणाम! स्त्री जब उस पर निर्भर होने का प्रयत्न करे, तब निष्ठुरता से उसका तिरस्कार करके उसे ऐसा करना चाहिए, जिससे स्त्री अपनी ज़िम्मेदारी स्वयं वहन करे। पुरुष की सहायता न रहने पर स्त्री अपनी बुद्धि और बल का उपयोग करके शक्तिशाली बन जायेगी। लेकिन पुरुष यह सहायता नहीं करेंगे। क्या हमने अधिकार पाये हुए लोगों को स्वेच्छा से अधिकार छोड़ते कभी देखा है? जो इस अधिकार को सहन नहीं करना चाहते, उनको चाहिए कि प्रतिरोध द्वारा उस अधिकार को ध्वस्त कर दें। पुरुष की इस अनाचारी निरंकुशता को ध्वस्त करने का एक ही साधन है–आर्थिक स्वतन्त्रता। हर रोज़ स्वयं चार आने कमाने वाली स्त्री–शरीर बेचने वाली वेश्या–समस्त आभूषणों और बनारसी साड़ियों में ठुमकती हुई अपने धर्मपति की बग़ल में दस-दस बच्चों के साथ घोड़ागाड़ी में सैर पर निकलने वाली सुहागिन से कहीं अधिक पवित्र और आज़ाद है।

पुरुष को चाहिए कि स्त्री के हित के लिए नहीं, स्वयं अपने हित के लिए वह स्त्री को आज़ाद कर दे। स्त्री को ग़ुलामी में रखना है, इसलिए पुरुष में अनेक पाशविक प्रवृत्तियाँ पनप गयी हैं। स्त्री के आज़ाद हो जाने पर वे सारी प्रवृत्तियाँ नष्ट हो जायेंगी और वह एक उन्नत मनुष्य बन जायेगा। स्त्री को ग़ुलाम बनाये रखने के लिए पुरुष ने उसको जो अर्थहीन भय, नीचता, अल्पता और दास्यभाव सिखाया है, वह सब स्त्री बच्चों को सिखाती है और इस तरह वह अपने साथ भावी पुरुषों को भी अधम स्थिति में खींचकर बदला ले लेती है। आर्थिक रूप से स्वतन्त्र होकर स्त्री के हिम्मती, अनुभवी और धर्मशील होते ही उसकी सन्तान भी ऐसी ही हो जायेगी।

इस आर्थिक स्वतन्त्रता की आवश्यकता को समझने के लिए, उसके योग्य बनने के लिए और उसे सुरक्षित रखने के लिए शिक्षा ही मूलाधार है। पुरुष जानता है कि यह शिक्षा ही स्त्री को बदलेगी और उसे आज़ादी हासिल करने में सक्षम बनायेगी। इसलिए वह चीख़-चीख़कर कहता रहता है कि पुरुष की शिक्षा स्त्री के लिए निरुपयोगी है, उसकी शिक्षा उसे बच्चे पालने के लिए, खाना बनाने के लिए और पातिव्रत्य के पालन के लिए तैयार करने वाली होनी चाहिए। यानी पुरुष की उच्चता और स्त्री की हीनता का पाठ पढ़ाने वाले पुराण, नीति शतक ही स्त्री के लिए महत्त्वपूर्ण हैं। स्त्री को चाहिए कि वह इन बातों में न आये। उसे चाहिए कि पुरुष के समान वह भी नये ज्ञान-विज्ञान और इस नये युग के आचार-व्यवहार को आत्मसात करे।

सबसे महत्त्वपूर्ण, शिक्षा से भी अधिक महत्त्वपूर्ण है, स्त्री की स्वतन्त्र कमाई। किसी मनुष्य या किसी जाति को कुचल देना हो तो उसे आर्थिक दृष्टि से असहाय बना देना सबसे कारगर उपाय है। स्त्री इसी कारण ग़ुलाम बन गयी है। अपना पेट पालने के लिए उपयुक्त काम और शिक्षा स्त्री ने प्राप्त कर ली, तो समझो कि पुरुष का यह शासन ध्वस्त हो गया! शिक्षा भी, यदि वह स्त्री को आर्थिक स्वतन्त्रता न दे पाये तो व्यर्थ ही है।

स्त्री को ग़ुलाम बनाने वाली दूसरी चीज़ है—दुनिया का डर। प्रतिरोध करने वाली स्त्री का आदर नहीं होता। यही नहीं, उस पर अत्याचार भी होता है। वह सबकी नज़रों में हल्की पड़ जाती है। इसलिए जब तक हज़ारों-हज़ारों स्त्रियाँ प्रतिरोध नहीं करेंगी, तब तक यह समाज आँखें नहीं खोलेगा और स्वतन्त्र स्त्री का सम्मान करना नहीं सीखेगा।

12

सामाजिक नैतिकता

कामभावना की दृष्टि से मनुष्य तीन प्रकार के होते हैं।

1. आसक्ति क्या होती है, यह न जानने वाले।
2. आसक्ति रखते हुए उस पर विजय पाने में असमर्थ होकर छटपटाने वाले।
3. आसक्ति पर विजय पाने वाले।

समाज की दृष्टि में पहले प्रकार के लोग उत्तम होते हैं। उनके पास जो कुछ है, वह है कामासक्ति। उस मिनट में बीवी के नाम पर कोई औरत हो तो काफ़ी है। स्त्री कोई भी हो, स्त्री हो, बस। इसलिए बीवी के रहने पर दूसरी स्त्रियों से कोई मतलब नहीं रखते। समाज को ये लोग बहुत अच्छे लगते हैं–अध्यापक को शोर न कर सकने वाले स्कूल के बच्चों की तरह। इन लोगों में सुन्दरता और चतुरता को समझने का न संस्कार होता है, न ज्ञान। दूसरे लोग अनैतिक आचरण क्यों करते हैं, यह इन लोगों की समझ में नहीं आता। ख़ुद अनैतिकता में पड़ेंगे, ऐसा डर इनको नहीं होता। इसलिए नैतिकता का उपदेश देने में और दूसरों के आचरण में खोट निकालने में ये प्रवीण होते हैं। इन पर ऐसी कोई विपत्ति नहीं आती न! इन्हीं लोगों को समाज अच्छा, सदाचारी और अनुकरणीय मानता है।

तीसरे प्रकार के लोगों में सभी तरह के रसों और उत्तेजनाओं के रहते हुए भी वे उन पर विजय पा लेते हैं और उस पूरी शक्ति को लोकोपकारक कामों में लगा देते हैं। शास्त्र, धर्म, कला आदि विषयों में डूबकर बहुत से लोग, स्त्री और स्त्री की इच्छा को भूल जाते हैं। असल में इन्हीं लोगों में अत्यधिक कामशक्ति होती है। उस शक्ति को वश में करके ये लोग इच्छित दिशा में उसे मोड़ सकते हैं। इसलिए महात्मा बन जाते हैं। इनको समझने की शक्ति संसार में नहीं होती। इनमें से जो लोग उसको प्रिय लगनेवाला आचरण करते हैं, संसार उनकी बढ़-बढ़कर पूजा करता है। उसके विरोध में बोलने वालों को–यह बोलना भले ही संसार की उन्नति और कल्याण के

लिए ही हो–कष्ट देता है। कुछ लोगों की पहले पूजा करके समाज बाद में उनको सूली पर चढ़ा देता है। कुछ लोगों को कष्ट पहुँचाने के बाद उनकी आरती उतारता है। उनके मरने के बाद अवतारी पुरुष कहकर उनको महिमान्वित करता है।

इनमें से कुछ लोग अपनी अद्भुत कामशक्ति पर काबू पाकर या आंशिक रूप से काबू पाकर उसका स्त्री के विषय में ही उपयोग करते हैं। वे लोग अपनी सुन्दर और उन्नत कला की शक्ति से और प्रेम की मधुरता तथा रसिकता से जिस स्त्री के प्रति आसक्त होते हैं, उसे देवत्व तक उठा सकते हैं। अपनी कला या कविता द्वारा उस स्त्री को अमर बना सकते हैं। कुछ लोग असंख्य स्त्रियों को, राजाधिराजों की भी परवाह न करने वाली श्रेष्ठ पति परायणाओं तक को आकृष्ट करते हैं और सम्पूर्ण रूप से उनको परितुष्ट करके दक्षिण नायक, यानी सभी नायिकाओं से समान रूप से प्रेम करने वाले नायक बन जाते हैं।

अब बचे हैं दूसरे प्रकार के लोग। इनमें से बहुत लोग चोर हैं। असली इच्छाओं, कल्पनाओं और कार्यों को छिपाकर पहले प्रकार के या तीसरे प्रकार के लोगों में गिने जायें, इसकी कोशिश करते हैं। जिन कार्यों को ये बुरा मानकर छिपाते हैं, वे अत्यन्त सहज प्रेरणा से होने वाले कार्य हैं, यह बात वे नहीं जानते। समाज के नैतिकतापरक क़ानूनों की कसौटी पर ये लोग अपने जीवन को घृणित और गोपनीय समझते हैं। घृणित न भी मानें, समाज के सामने उसे खोलना ये नहीं चाहते। यह विश्वास होने पर भी कि उनका उद्देश्य सही है और उनके काम छिपाने लायक नहीं हैं, उनको प्रकट करने का साहस इनमें नहीं होता। दुनिया का प्रतिरोध करके खड़े होने की शक्ति इनमें नहीं होती। सदाचारी दिखने के उद्देश्य से भाषण देते हैं कि अनीति अच्छी चीज़ नहीं है। बुद्धिहीनता के कारण जो लोग अपनी अनैतिकता को छिपा नहीं पाते, उनको ये लोग क्षमा नहीं करते। उनके प्रति दयाभाव को दबा लेते हैं। चाहे किसी को भी क्षमा कर दें, ये लोग खुल्लम-खुल्ला 'अनैतिकता' करने वालों को, उसे ग़लत न मानने वालों को, या यह कहने वालों को कि 'अनैतिक तो बहुत लोग हैं, और ऊपर से नीतिवानों की तरह दिखाई पड़ने वाले भी अनैतिक हैं,' सामाजिक दुराचारों का पर्दाफाश करने वालों को, परिणाम की परवाह किये बिना झूठ और छल का विरोध करने वालों को क्षमा नहीं करते। उनसे पूरे मन से द्वेष करते हैं। उनको समाजद्रोही करार देकर उनका ख़ात्मा ही कर देते हैं।

अपनी सहज प्रवृत्तियों को छिपाने के प्रयास में ये लोग उन प्रवृत्तियों को तोड़ते-मरोड़ते हैं, सड़ा-गलाकर उनको कल्मष का रूप देते हैं और राई का पहाड़ करते हैं। इन लोगों के अनेक प्रकार होते हैं, इनकी अनेक लालसाएँ और अनेक चोरियाँ

होती हैं। इनमें कुछ लोग ऐसे होते हैं कि–एक स्त्री को अनेक पुरुषों की चाह होती है और एक पुरुष को अनेक स्त्रियों की चाह होती है। घर पर देवांगना जैसी पत्नी के होते हुए भी देखने में कुरूप लगने वाली वेश्या के घर पर हाज़िरी देते हैं! विश्व-पूजित पति के देहली पार करते ही रसोइए से दोस्ती! पुरुष की कामना रखने वाले पुरुष और स्त्री की कामना रखने वाली स्त्रियाँ! इनकी सौन्दर्याकांक्षाएँ, अभिरुचियाँ, आदर्श और अनुभव अनन्त हैं। अनाचारी, कवि और कलाकार सब इसी जाति के हैं। छोटी बहिनों, सालियों, सौतेली माँओं, ससुरों और पिताओं की चाह रखने वाले सब इसी में शामिल हैं। जो लोग होशियारी से ये सारे काम गुप्त रूप से पूरा कर लेने के बाद प्रकट रूप से ज़ोर-शोर से नैतिकता का प्रचार करते रहते हैं, वे लोग सज्जन कहलाते हुए समाज में सम्मानित होते रहते हैं। नासमझी में जो लोग अपना भेद खोल बैठते हैं और बदनाम हो जाते हैं, वे लोग बेइज़्ज़ती की ज़िन्दगी जीते हैं। जो लोग अपने कुकर्मों को छिपाकर ऊपर से अच्छे बनते हैं, वे लोग नासमझी में अपना भेद खोल बैठने वाले लोगों का बहिष्कार करते हैं और घायल कौए को चोंच मार-मारकर मार डालने वाले कौओं की तरह चीख़-पुकार मचाकर उनको त्रस्त करते हैं।

इन सब लोगों की जो अधिष्ठात्री देवी और महाशक्ति है, जिसकी ये लोग रोज़ पूजा-अर्चना करते हैं और नैवेद्य चढ़ाते हैं, वह है सामाजिक प्रतिष्ठा और सम्मान। दूसरे लोग इनको महान मानें, इसी में ये अपना सुख मानते हैं। दूसरों के चेहरों के भाव देखकर उनके अनुसार ये लोग अपने जीवन को सँवारते रहते हैं। इनकी नैतिकता, इनका पुण्य, इनकी अन्तरात्मा, सब कुछ सामाजिक प्रतिष्ठा ही है। इस प्रतिष्ठा के लिए हर प्रकार का कष्ट उठाते हैं। हर तरह का पाप करते हैं। राक्षसों जैसा अत्यन्त क्रूर और अन्यायपूर्ण व्यवहार भी करते हैं। दूसरों की दृष्टि में बुरा बनने से बचने के लिए, अपने कार्यों को दुनिया की नज़र से छिपाने के लिए और ऐसे अच्छे काम करने से बचने के लिए भी, जिन्हें समाज बुरा समझता है। ऐसे 'अक्लमन्द' लोग अपनी कायरता और झूठ को छिपाने के लिए नये सिद्धान्तों और आदर्शों की बात करते हैं। कोई परिवर्तन आते ही समाज, नैतिकता आदि की चीख़-पुकार मचाते हैं। "समाज-हित की बात सोचनी चाहिए, दूसरों को पीड़ा नहीं होने देना चाहिए" ऐसी भाषणबाज़ी करके अपनी कायरता को छिपा लेते हैं। अपने को धोखा देने में ये लोग सिद्धहस्त होते हैं।

अनीति करने की हिम्मत न रखने वाले पहली क़िस्म के 'नेक' लोगों से ये लोग बहुत उत्तम हैं। चूँकि सारे झगड़े-टंटे इन्हीं लोगों की वजह से होते हैं, इनमें परस्पर विरोध होता है और ये एक-दूसरे से बहुत रुष्ट रहते हैं। मैं तो थोड़ा ग़लत रास्ते चला

गया लेकिन 'इन सब को यह कौन-सी बीमारी लगी है? अनैतिकता क्यों करते हैं?' यह सोचकर ये क्रोध करते रहते हैं। असल में समाज ही, जो इनका पूज्य नियंता है, इनको इस तरह चोर और कायर बना देता है। सृष्टिकर्म की अमलिन वांछा को नैतिकता की अपनी पाबन्दियों से अवरुद्ध करके और उनका अतिक्रमण करने वालों को दण्डित करके अन्ततः उसे अपवित्र बना देता है समाज। वह अपने उन्नत आदर्शों को स्त्रियों के मत्थे मढ़ता है और जब वे इन आदर्शों पर खरी नहीं उतर पातीं, तब उनको चोर क़रार देता है, और अन्ततः जो लोग अपनी चोरी छिपा लेते हैं, उन लोगों को प्रतिष्ठा और जो छिपा नहीं पाते उनको बहिष्कार का दण्ड देता है।

आजीवन एक ही पत्नी, एक ही पति रहे, यह विवाह का आदर्श है। लेकिन यह आदर्श है, इसलिए इस आदर्श के अनुरूप संस्कार न पाये हुए लोगों से भरे इस पूरे समाज पर उसे थोप दें, तो क्या लाभ? विवाह हुआ हो, या न हुआ हो, 'एक स्त्री का एक पुरुष, एक पुरुष की एक स्त्री' वाला आदर्श बहुत ऊँचा तो है। लेकिन जब तक और अधिक विकास और अधिक हृदय का संस्कार और आत्मा की उन्नति मनुष्य प्राप्त नहीं करेगा और इस प्रकार सारा संसार धर्मराज्य के रूप में परिणत नहीं होगा, तब तक वैसा आदर्श सम्भव होगा क्या? होने को वैसा आदर्श आज भी है–लाचारी में सड़ती-गंधाती गृहस्थियों में। आदर्श यह नहीं है। आदर्श तो यह है कि स्वेच्छा से, पूरे मन से, विचार में भी किसी दूसरे की कामना को स्थान न देते हुए, और वैसी कामना रखने की ज़रूरत भी न महसूस करने की सीमा तक आनन्द और सन्तुष्टि गृहस्थी में प्राप्त करते हुए, समस्त आग्रहों, संकल्पों, रसों, भावों और कलाओं को दूसरे के द्वारा प्राप्त करने में सफल होना, सफल करवा लेना और सफल न भी हों, तो सुहृद्भाव से उसे समझकर प्रेम करना। इस तरह की सम्पूर्ण सन्तुष्टि के बग़ैर स्त्री-पुरुषों का सहजीवन व्यभिचार नहीं तो और क्या है? हज़ार मन्त्रों और आशीर्वचनों के साथ विवाह हुआ हो, विवशता भरे विवाहों से सन्तुष्टि मिल रही है कहीं? मिल सकती है कभी? मिलने का सही मार्ग यही है क्या?

इन मनुष्यों में एक कामासक्ति ही प्रमुख प्रवृत्ति होती, तो समाज अपना प्रबन्ध आसानी से कर लेता। परन्तु मनुष्यों के हृदय में ऐसी अनेक वैयक्तिक प्रेरणाएँ-प्रवृत्तियाँ हैं जिनको लोग समझ नहीं सकते।

1. सुन्दरता।
2. गुण।
3. मृदुता, चरित्र, बुद्धिमत्ता, माधुर्य आदि लक्षण।
4. विविध क्रीड़ाएँ।

5. रसिकता।

6. मानवीय सहानुभूति।

7. आत्मा का अबूझ आकर्षण।

आदि बहुत-सी प्रेरणाएँ हैं। ऐसे व्यक्ति भी हैं जिनकी परस्पर अन्वेषणा की प्रबलता को देखकर आश्चर्य होता है कि जाने कितने जन्मों से ये लोग इस सम्बन्ध को पनपाते चले आ रहे हैं! ऐसे अनेक भाव मानव-निर्मित गृहस्थियों को अस्थिर बनाते हुए अन्दर-ही-अन्दर लहरों की तरह उठते रहते हैं। बाबा आदम के ज़माने के नैतिक सूत्र इस नये ज़माने के नये व्यक्तियों को कैसे सन्तुष्ट कर सकते हैं?

स्त्री और पुरुष बदलाव चाहते हैं। इस मामले में भी। वस्तु चाहे जितनी अच्छी हो, कुछ समय बाद जी उकता जाता है और तात्कालिक रूप से बदलाव आवश्यक हो जाता है। कुछ पुरुषों के लिए एक ही स्त्री बहुत है। लेकिन कुछ लोगों को बहुतों की आवश्यकता होती है। दसों से निभा सकने वाला उन सबसे विवाह क्यों नहीं कर सकता? इसी तरह ऐसी स्त्रियाँ भी होती हैं जिनको दस पतियों की ज़रूरत होती है। वे दस से क्यों नहीं विवाह कर सकतीं? यदि वह स्त्री रसिक और उन्नत है, तो उसका पति बनने के लिए दसों पुरुष सहमत हो जायेंगे। जो किसी काम की नहीं है, वैसी पत्नी को केवल अपने लिए छिपाकर रखने से उन्नत हृदय वाली स्त्री को दस के साथ बाँटने को ही बेहतर समझने वाले पुरुष नहीं होते हैं क्या? गर्भधारण के कारण स्त्री बहुत दिन तक पुरुष से दूर रहती है। उस वक्त पुरुषों की दूसरी पत्नियाँ रहें, तो क्या बुरा है? स्त्री को जिस क्षण कामोत्तेजना होती है, उस क्षण, हो सकता है, एक पुरुष उसे सन्तुष्ट न कर सके। जब कामासक्ति की तुष्टि धर्मसम्मत है, तब एक पति से सन्तुष्टि प्राप्त न होने पर चार को क्यों नहीं स्वीकार किया जा सकता? सब जानते हैं कि सभी स्त्रियों में कामासक्ति एक समान नहीं होती। उस आसक्ति की तीव्रता के अनुसार उसे सन्तुष्ट कर सकने वाले पति या पतियों का प्रबन्ध समाज को करना चाहिए न?

लोग कहेंगे कि "इन तुच्छ कामनाओं को जितना दबा सको, उतना अच्छा है। ऊपर से उन्हें सन्तुष्ट करने की व्यवस्था की बात करते हो?"

लेकिन लोग असल में इन इच्छाओं को तुष्ट कर रहे हैं या दबा रहे हैं? दबाना ही आदर्श है क्या? दबाना ही आदर्श यदि है, तो सभी संन्यासी बन जायेंगे क्या? लेकिन लोग तुष्ट हुए बग़ैर नहीं रह सकते। बिना खाये रह सकते हैं क्या? ऐसी हालत में स्वच्छता से, निर्मलता से, सम्पूर्णता से इन इच्छाओं को तुष्ट कर लेना पाप क्यों है?

ऐसी सहज इच्छाओं को तुष्ट कर लेने में लोगों को समाज का भय सताता है। इसके लिए शहीद होना पड़ता है। ऐसा साहस जुटाने में असमर्थ लोग चोरी-छुपे सन्तुष्ट होकर अधम बन जाते हैं। यदि समाज स्वयं इन निरर्थक पाबन्दियों को हटा दे, समाज की ये आपत्तियाँ, बहिष्कार, न्यूनता न रहे, तो एक पति के साथ या आधे पति के साथ ये पतिव्रताएँ जितने सुख और सम्मान के साथ (ऊपरी तौर पर) जीवन बिता रही हैं, उसी तरह दूसरी स्त्रियाँ भी दस-दस पतियों के साथ उतनी ही नैतिकता और सम्मान के साथ जी सकती थीं न!

लोग कहेंगे कि इस तरह की चंचलता और इन्द्रिय-लोलुपता की गिरफ़्त से बचते हुए इन्द्रियों पर क़ाबू पाने के लिए ऐसे सामाजिक नियमों का होना ज़रूरी है। लेकिन क्या ऐसा हो रहा है? पशुवत कामासक्ति का प्रदर्शन करने वालों को और वेश्यालोलुपों को समाज रोक पाया है कभी? अतृप्त इच्छाएँ रखने वाले सभी व्यक्ति इन आदेशों से बँधकर चुप बैठते हैं? इन्द्रियों पर क़ाबू पाते हैं? जो पुरुष क़ाबू पाते हैं, उनको हम मना नहीं कर रहे हैं। यदि कोई स्त्री अपनी कामेच्छा पूर्णतः सन्तुष्ट होने तक, यहाँ तक कि अपना स्वास्थ्य बिगड़ने की हद तक भी पति का संग करती रहे, तो क्या समाज उसे रोकता है? उस स्थिति में कामेच्छा और इन्द्रिय सुख पतिव्रता-लक्षण हैं। विधवा में भी कामेच्छा होती है, इस बात को न भूलने पर भी कुरूप पति की पत्नी बेचारी कभी एक बार किसी रूपवान पुरुष के लिए ललचाये, तो समाज उसे काटने दौड़ता है। एक से सन्तुष्ट होने को स्वीकृति देने वाला समाज चार से सन्तुष्ट होने को स्वीकृति क्यों नहीं देता? यदि कोई स्त्री कहे, कि चलो, साल-भर ब्रह्मचर्य का पालन करूँगी, एक रात के लिए चार पुरुष मुझे दे दो, तो लोग मानेंगे? हर साल जुड़वे बच्चों को जन्म देने वाली इन पतिव्रताओं से तो यह स्त्री संयम बरतने वाली ही तो है! पति-पत्नी चाहे जितनी बार और चाहे जितनी उच्छृंखलता से भोग करें, वह सब तो पुण्य का काम है! सारी दिक़्क़त स्त्री-पुरुष के पति-पत्नी न होने पर ही आती है!

समाज चाहे जितना अपने लौह चरणों के नीचे व्यक्तियों को रौंदना चाहे, ऐसे लोग झुकते हैं क्या? इनकी इच्छाएँ अनादि काल की हैं। सृष्टि के मूल सूत्र हैं। समाज के बिना सृष्टि का क्रम चल सकता है, पर इन इच्छाओं के बिना चल सकता है कभी? समाज विधवा का सिर मुँडाकर उसे विरूप बना देता है, तो सृष्टि का विधान उसके केशों को बढ़ाता ही रहता है। उसकी आँखों और गालों को चमकाता ही रहता है। हर महीने उसे पुरुष के आलिंगन के लिए तैयार करता ही रहता है।

समाज के हाथ का हथियार है प्रतिष्ठा। सृष्टिक्रम के हाथ का हथियार है वांछा। इन दोनों के बीच में फँसकर मानव जीवन तहस-नहस होता जा रहा है।

समर्थ पुरुष समाज के नैतिक सूत्रों से बँधे कभी नहीं रहते। इसलिए उन लोगों ने अपने लिए वेश्या-समाज बनाया। किसी के विधुर हो जाने पर उसके लिए दूसरी पत्नी की व्यवस्था कर दी। यदि स्त्री कहे कि ऐसी इच्छा रखना मेरे लिए भी संगत है, तो उसकी ज़ुबान पर ताला जड़ दिया। लेकिन पुरुष क्या वहीं रुक गए? नहीं, पैसे से ख़रीदी जाने वाली आसक्ति से सन्तोष नहीं हुआ, तो वे स्त्री के हृदय को आकृष्ट करने की आशा से कुलांगनाओं के लिए अकुला रहे हैं। साहस, रहस्य और दस्युवृत्ति से दूसरे की वस्तु को लूटना, यह सब न हो, तो कुछ लोगों को आसक्ति में मज़ा नहीं आता। आदमी अनियन्त्रित हो गये हैं। लेकिन इन नयी उत्तेजनाओं को सन्तुष्टि दिलाने के अनुरूप अपने पुराने क़ानूनों में बदलाव लाने की शक्ति या साहस समाज में नहीं है। तब वह क्या करता? उसने आँखें मूँद लीं। शादी नामक परदा डाल दिया। पहले जो झीना-सा था, उसे और मोटा करके उसने कोशिश की कि कुछ भी दिखाई न पड़े। शादी के बाद कोई कुछ भी करे, शोर मचाना उसने बन्द कर दिया। समाज जो उच्चरित करता है, वह पवित्र मन्त्र है, विवाह। वह रक्षा-भूषण एक बार पहना दिया, तो बस, अब अशौच कुछ भी नहीं है। विवाहित स्त्री बच्चे को जन्म देती है, तो समाज यह नहीं सोचता कि बच्चा किसका है। चाहे पूरी दुनिया को मालूम हो कि पति अशक्त है। समाज की मुहर जो लगी है! विवाह न हुआ हो, तो कोई शुचिता से रहे, तब भी ग़लत है। विशेषकर स्त्री!

13

ईर्ष्या

यह न जान पाने के कारण ही कि आसक्ति मनुष्यों के अधीन नहीं है, किसी से यह कहना कि 'आसक्त हो' या 'आसक्त न हो' हास्यापद है, और शरीर को घर में बाँधकर रखने पर भी मन रुकता नहीं है, मनुष्यों को ईर्ष्या होती है। यह दुरवस्था इसलिए पैदा हुई है क्योंकि दम्पती एक-दूसरे को अपनी सम्पत्ति समझते हैं। दम्पती में से कोई एक दूसरे से प्रेम करना छोड़ दे, तो उस दूसरे व्यक्ति को चिन्ता और व्यथा का होना स्वाभाविक है। स्त्री किसी दूसरे पर आसक्त न हो, तो उसके प्रति उसकी आनासक्ति भी पुरुष को सह्य है। लेकिन किसी और पर उसके आसक्त होते ही उस पुरुष के प्रति उसे ईर्ष्या होगी। उसके प्रति आसक्ति रखते हुए स्त्री किसी दूसरे के प्रति ज़रा भी आसक्ति दिखाये, तब भी ईर्ष्या अनिवार्य है। उस स्थिति में व्यथा और अधिक होती है। स्त्री किसी दूसरे के प्रति मोहित हुई तो पुरुष का सारा प्रेम द्वेष में बदल जायेगा। तब स्त्री जितने कष्ट भोगेगी, पुरुष को उतना ही आनन्द मिलेगा। यह पशुता है। कुतियों के लिए कुत्तों के लड़ने-झगड़ने में जो मूल प्रवृत्ति है, वह अब भी मनुष्यों में बसी हुई है। इसी कारण से लड़ना-झगड़ना, मारना-काटना होता रहता है। स्त्री की स्वतन्त्रता में जो मुख्य बाधा है, वह यही है।

इस समय ईर्ष्या से मुक्त रह सकने वाले लोग बहुत कम हैं। ईर्ष्या न हो, तो मानना होगा कि आसक्ति भी नहीं है। ईर्ष्या होगी, तो दर्द भी होगा। लेकिन इस ईर्ष्या से दूसरे की आसक्ति में बाधा देना या उसे हानि पहुँचाना तो नीचता है। 'ईर्ष्या' अनेक भावों के कारण हो सकती है। ये भाव इस प्रकार हैं :

1. अत्यन्त मूल्यवान वस्तु के रूप में अपनी स्त्री की देखभाल करते हुए यह सोचना कि दूसरों के स्पर्श से वह अपवित्र हो जायेगी। यह सौन्दर्यानुभूति विषयक विचार है। यह विचार ग़लत तो है, पर कुछ उन्नत है।

2. स्त्री मेरी सम्पत्ति है। दूसरों को उसे छूना नहीं चाहिए।

3. मेरे प्रति स्त्री की आसक्ति कम हो जायेगी।

यह सही तो है। पर यह भी तो है कि कुछ लोग दो या अधिक लोगों के प्रति समान रूप से आसक्त हो सकते हैं! ईर्ष्या का यह भाव केवल पुरुषों में ही होता हो, ऐसी बात नहीं है। स्त्रियाँ भी पुरुषों को अपना निजी समझकर, जब वे पुरुष दूसरी स्त्रियों का स्पर्श करते हैं, तो ईर्ष्या से पीड़ित हो जाती हैं। लेकिन पुरुषों पर वश न होने के कारण अन्दर-ही-अन्दर जलती-भुनती रहती हैं–कभी-कभार भले ही थोड़ी बहुत आँच बाहर पहुँचे।

जब तक स्त्री और पुरुष का सम्बन्ध उन्नत नहीं होगा, उनकी परस्पर आसक्ति निर्मल और अधिक गहरी होकर प्रेम में परिणत नहीं होगी, तब तक यह ईर्ष्या लुप्त नहीं होगी। हमारा कोई पुरुष मित्र किसी और पुरुष से मित्रता करे, तो हमें पीड़ा होगी क्या? पीड़ा होने पर वह बुद्धिहीनता नहीं समझी जायेगी? आसक्ति के समाप्त होने के बाद इस शरीर से चिपके रहने से क्या लाभ? "मुझ पर ही आसक्ति रखो, यह बात कहने से अधिक हास्यास्पद कुछ नहीं है"–यह विचार लोगों में आया ही नहीं है। 'ईर्ष्या' नीचता है, यह बात अभी उनको मालूम नहीं हुई है।

14

वैवाहिक बन्धन

सहजीवन के आरम्भिक दिनों में पति-पत्नी में एक-दूसरे की चाह बहुत होती है। जिनमें आसक्ति नहीं होती, उन लोगों में भी। वह यौवन की कामेच्छा है। उस समय स्त्री-पुरुष चाहे जैसे हों, एक-दूसरे को देवता-सदृश दिखाई पड़ते हैं। इस नयेपन ही को, इस कामोत्तेजना ही को, लोग भ्रमवश आसक्ति या उत्कट प्रेम समझते हैं। जिसे शाश्वत समझा जाता है वह आकर्षण आम तौर पर एक साल में ठण्डा पड़ जाता है। संस्कृत हृदय, विकसित आत्मा और उन्नत मन न रखने वाले साधारण दम्पती यदि इस तरह दिन-रात एक-दूसरे को देखते रहेंगे, तो यह आकर्षण और भी जल्दी समाप्त हो जायेगा। जो भाव-प्रवण होते हैं, उनको तुरन्त ही पता चल जायेगा कि विवाह एक राक्षस-प्रतिबन्ध है। रोमान्स, सौन्दर्य-पिपासा और संस्कार विहीन लोग ऐसे लोग होते हैं जो यह नहीं जानते कि बच्चे जनने से, अच्छी साग-सब्ज़ी खाने से अधिक आनन्द स्त्री से मिल सकता है। वे किसी प्रकार की असन्तुष्टि से अनजान रहकर पारिवारिक जीवन में बस जाते हैं। लेकिन दूसरे प्रकार के लोगों को तुरन्त ही समझ में आ जायेगा कि पहले उन्होंने जिसका अनुभव किया था, वह तात्कालिक कामानुभव मात्र था। जीवन में एक-दूसरे को कभी नहीं छोड़ेंगे, और हर पुनर्जन्म में साथ रहेंगे, जैसे वादे याद आने पर उनको हँसी और शर्म दोनों आती हैं।

उनका यह भ्रम शुरू में साल भर भी इसलिए ठहरता है, क्योंकि वे सिर्फ़ रात में सज-सँवरकर एक-दूसरे को दिखाई पड़ते हैं। इसलिए अनासक्त विवाह जब तक चलते रहेंगे, तब तक आकर्षण अल्पकालिक ही होगा। लेकिन स्त्री बहुत आकर्षक हो, तो आसक्ति कभी-कभी दीर्घजीवी भी हो सकती है। लेकिन ऐसा कम ही होता है। शुरू में जहाँ परस्पर कोई आकर्षण नहीं होता और यौवन की कामासक्ति के अलावा दूसरा कोई सम्बन्ध नहीं होता, उन विवाहों से अनेक मामलों में समान रुचि के आधार पर किये गये विवाह अधिक समय तक आनन्दप्रद बने रहते हैं। इस तरह केवल रातों में ही एक-दूसरे को न देखते हुए पश्चिमी देशों के लोगों की तरह

पति-पत्नी दिन-रात साथ-साथ घूमते रहें, तो इस देश के लोगों को तीन ही दिन में एक-दूसरे से अरुचि हो जायेगी।

लेकिन परस्पर आसक्ति या अनुराग के आधार पर हुए विवाह भी कई कारणों से फीके पड़ सकते हैं। आम तौर पर पड़ भी जाते हैं। उसके कारण हैं :

1. विवाह के बाद एक-दूसरे के बारे में अधिक जानकारी हो जाने से पहले का जादुई आकर्षण ख़त्म हो सकता है।

2. जिस रूप या गुण के कारण आसक्ति हुई थी, उसके चले जाने के बाद आसक्ति भी चली जा सकती है।

3. मनुष्य के स्वभाव और आयु में आनेवाले परिवर्तनों के साथ आसक्ति भी बदल सकती है। पति-पत्नी में से केवल एक के उन्नति करने पर उसके विचारों में आये परिवर्तन के कारण भी आकर्षण कम हो सकता है।

4. जिस से विवाह किया है, उस से अधिक प्रेम करने योग्य व्यक्ति से परिचय होने पर पहले व्यक्ति पर आसक्ति ग़ायब हो सकती है।

5. पत्नी की पति पर आर्थिक निर्भरता और पति का उस पर निरन्कुश अधिकार भी मुख्य कारण हैं।

6. दोनों के मिलकर रहने से बासीपन आ जाना सब से बड़ा कारण है। विवाह के बाद से ही लोग एक-दूसरे को आकर्षित करना छोड़ देते हैं।

आसक्ति के समाप्त होने के बाद भी बहुत लोगों को यह बात मालूम नहीं होती। मालूम हो, तब भी उस बात को स्वीकार नहीं करते। अपनी अन्तरात्मा में भी नहीं। बहुत लोगों में तो समाप्त होने के लिए आसक्ति होती ही नहीं। जब तक पेट-भर खाना मिलता रहता है, साड़ियाँ और गहने पास में होते हैं, तब तक स्त्री को, और जब तक बिना आपत्ति के कामेच्छा की तुष्टि होती रहती है और समय पर खाना मिलता रहता है, तब तक पुरुष को, यही लगता रहता है कि दुनिया ठीक-ठाक चल रही है। वे एक-दूसरे को छोड़ने के लिए तैयार नहीं होते। वे छोड़ना भी चाहें, तो समाज अनुमति नहीं देगा। परस्पर आसक्ति रहे या न रहे, पति-पत्नी का एक परिवार की तरह रहना समाज के लिए बहुत सुविधाजनक रहता है। न समस्याएँ होंगी, न उन्हें सुलझाने में परिश्रम ही होगा।

समाज को अभी उस स्तर तक विकसित होना है, जिस स्तर पर पहुँचकर वह समझ सके कि आसक्ति को ही विवाह का आधार होना चाहिए, परस्पर आसक्त स्त्री-पुरुषों द्वारा समाज के समक्ष किया जानेवाला अनुबन्ध ही विवाह है, न कि वह जीवन-भर, किसी भी हालत में पीछा न छोड़ने वाला कोई चिपकू पिशाच। विवाह के

मन्त्र आसक्ति पैदा करके उसे स्थायी नहीं बना सकते और आसक्ति के ख़त्म होने के बाद पति और पत्नी को डरा-धमकाकर एक मकान में रखकर बच्चे पैदा करने के लिए विवश करने वाला समाज ज़बर्दस्ती पारिवारिक व्यभिचार कराते हुए इतने सारे स्थायी 'पवित्र व्यभिचार-गृहों' की स्थापना करता आया है।

आगे यह भी कहा जाता है कि विवाह संस्कार तो ईश्वर कराता है, आसक्ति चली जाती है, तो वह कमी मनुष्यों की है, इसलिए एक-दूसरे को छोड़ना पाप है, और विवाह धर्म है, उसका अतिक्रमण अधर्म है।

पहले लोग विश्वास करते थे कि राजा विष्णु का अवतार होता है और उसका विरोध करना पाप है। उन सभी विष्णुओं को शत्रु राजाओं ने हराकर ऐसे भगा दिया कि उनका पता ही नहीं चला। ख़ुद जनता ने भी उन राजाओं का विरोध किया। इसके साथ उन राजाओं का वह पागलपन छूट गया। फिर यह कहा गया कि जातियाँ ब्रह्म से पैदा हुई हैं, इनका पालन करना धर्म है। वह पागलपन भी अब छूट गया है। जातियाँ लगभग पूरी तरह ध्वस्त हो रही हैं और बेचारा ब्रह्म देखता हुआ चुप बैठा है।

अब भी यह विचार बद्धमूल है कि परिवार की व्यवस्था ईश्वर ने की है। स्त्रियों में जाग्रति बढ़नी चाहिए। हर स्त्री जानती है कि ये पति कोई देवता नहीं हैं, इन परिवारों की किसी भगवान ने स्थायी तौर पर व्यवस्था नहीं की है और ये सब झूठी बातें हैं। नैतिकता, परम्परा, धर्म आदि का उपदेश देने वाले चोरों के मुँह को छोड़कर इस परिवार की पवित्रता संसार में कहीं नहीं है।

चूँकि आसक्ति ही विवाह का मूलाधार है, पति-पत्नी में से एक की भी आसक्ति घटती है तो विवाह का बन्धन अपने आप टूट जाता है। आसक्ति क्यों समाप्त हो गयी और कब समाप्त हो गयी, इसका निर्णय उनको ही करना है, जिनकी आसक्ति समाप्त हो गयी है। उन से कारण पूछना हास्यापद है, इस बात को समझने की स्थिति तक जनता को पहुँचना चाहिए। अलग होने के बाद फिर से किसी के प्रति आसक्त होने का अधिकार भी उसे होना चाहिए। यों लोग आसक्त हो तो रहे हैं, पर स्वीकार नहीं करते।

ऐसी व्यवस्था से होने वाले लाभ :

1. अब जो चोरी-चोरी व्यभिचार हो रहा है, उसमें बहुत कमी होगी।

2. दो विरक्त लोगों के मिलकर एक मकान में, एक पलंग पर जीवन बिताने से जो झगड़े-टंटे होते हैं और जो यन्त्रणा और घिन होती है, ये सब समाप्त हो जायेंगी।

3. पति का पत्नी पर अधिकार समाप्त हो जायेगा। परिणामस्वरूप पत्नी का कष्ट भी।

4. अप्राप्य पराये व्यक्ति के प्रति आसक्त होकर जीने में जो व्यथा होती है, वह नहीं होगी।

5. आसक्ति चुक जाने पर दूसरा व्यक्ति मुझे छोड़ न दे, इस आशंका से स्त्री और पुरुष अधिक सावधानी से आचरण करेंगे।

ऐसी व्यवस्था में जिन हानियों के होने की आशंका बताई जाती है, वे ये हैं–

1. छोटी-छोटी तकरारों से बार-बार एक-दूसरे को छोड़कर लोग दूसरों के साथ घर बसाने लगेंगे। अशुचिता बढ़ जायेगी। रोज़ एक पति या पत्नी होगी?

उत्तर–जहाँ सच्ची आसक्ति होती है, वहाँ छोटी-छोटी तकरारों के कारण लोग अलग नहीं होते। अलग हो भी गये, तो फिर एक हो जायेंगे। आसक्ति चुक जाने पर बिना लड़ाई-झगड़े के ही अलग होना बेहतर है न? इसके अलावा शुचितावादियों के इस विचार से कि आज़ादी देते ही एक-दूसरे को छोड़कर उड़ जायेंगे, इस बात का पता चल जाता है कि इन विवाहों का आधार कितना दृढ़ है और इन विवाहों के कारण लोग कितने आनन्द में हैं! मौका पाते ही इस तरह दूर भागने के लिए पति-पत्नी को एक-दूसरे से कितनी घिन होती होगी? सहज प्रेरणा से भाग पड़ने के इच्छुक लोगों को इस तरह बाँधकर रखने का काम ही अब तक हमारा 'पवित्र' विवाह करता रहा है!

शुरू में विवाह व्यवस्था किस तरह बनी, यह मालूम करने पर स्पष्ट हो जायेगा कि जोड़ी के रूप में रहनेवाली बात आरम्भ से ही स्त्री-पुरुषों के स्वभाव में है। विवाह की इन असहज पाबन्दियों को हटा भी दें, तब भी स्त्री-पुरुष एक-दूसरे की चाह से साथ रहते रहेंगे, अलग नहीं होंगे और आसक्ति मनुष्य के हृदय से जाने वाली चीज़ नहीं है। कुछ पशु और पक्षी तक जोड़ी के रूप में रहने की आदत डाल लेते हैं। लेकिन वहाँ विवाह के चिपकू पिशाच का वश न होने से ये जोड़ियाँ अपने जीवन-कार्यों के लिए और अनुभवों के लिए होशियारी से सहजीवन का उपयोग करती हैं। लेकिन ऐसी बुद्धिमत्ता इन मनुष्यों में नहीं है। चूँकि बिना आसक्ति की ज़बर्दस्ती की शादियाँ यहाँ की जा रही हैं और इस स्वच्छ मिथुनानुराग में धन, प्रतिष्ठा, नैतिकता आदि भावों की मिलावट करके समाज अपना अधिकार जताता है, दम्पती में एक-दूसरे को छोड़कर किसी और को पाने की यह असहज आकांक्षा पैदा हो रही है। मनुष्य के हृदय में निर्व्याज रूप से उत्पन्न होनेवाले प्रेम, कृतज्ञता, सत्य, विश्वास और आनन्द–इनसे सृष्टि का आकर्षण निर्मित हुआ है। धर्म, मूर्खता, नैतिकता, सन्देह और पाबन्दी,–इनसे बना है, विवाह का यह बन्धन!

स्वेच्छापूर्वक मात्र कामेच्छा और सहज प्रवृत्ति (instinct) के अनुसार चुनाव करके लोग विवाह करें, तब भी उनका साहचर्य इस से अधिक सुखद रहेगा। अपने स्वभाव को बिगाड़कर, बाँधकर, दबाकर रोगियों से या मूर्खों से, धन के लिए, जाति के लिए, रिश्तेदारी निभाने के लिए या बुज़ुर्गों की इच्छा के लिए शादी करके उस गन्दगी और घिन को धर्म, संस्कार, ईश्वर की इच्छा, पवित्र विवाह आदि नामों के पीछे लोग छिपाते हैं। लोग पूरे जीवन के लिए महत्त्वपूर्ण इस कार्य का इतना दुष्प्रयोग ही नहीं करते, कोई इसमें स्वेच्छा, साहस, सुख और स्वास्थ्य की शिक्षा देता है, तो कहेंगे–"छि: छि: यह कैसी पशुता है? पशुओं से अधिक इसमें है क्या?" लेकिन जो बुद्धि पशुओं में है, वह इन लोगों में है क्या? पशुओं से अधिक इन लोगों ने जो सीखा है, वह है–भीरुता और क्रूरता...बस यही!

2. माँ या बाप अकसर बदलते रहें, तो बच्चे मुश्किल में पड़ जायेंगे। उनकी ज़िम्मेदारी किसी पर नहीं होगी। उनके विकास में बाधा पड़ेगी।

उत्तर–जिनके बच्चे होते हैं, वैसे दम्पती प्राय: अलग नहीं होते। अनबन के कारण लड़ते-झगड़ते माता-पिता के साथ बड़ा होना बच्चों के लिए बहुत हानिकारक है। दो लड़ने वालों से तो कर्तव्य-निष्ठा से पालने वाला एक बेहतर है।

माँ का सन्तान के प्रति प्रेम प्रबल होता है। उसके पति चाहे जितने बदल जायें, माँ अपने बच्चों की उपेक्षा नहीं करेगी।

माँ, बाप या दोनों ही मर जाते हैं, तो लोग क्या करते हैं? बाप बार-बार शादी करता है, तो बच्चों की क्या हालत होती है? बाप के बदल जाने की अपेक्षा माँ के बदल जाने पर ही बच्चों को अधिक हानि होती है। यदि समाज को बच्चों के हित की चिन्ता हो, तो उसे चाहिए कि माँओं को दूसरी शादी करने दे, लेकिन पिताओं को नहीं।

आर्थिक रूप से स्त्री के स्वतन्त्र हो जाने पर यह समस्या तो रहेगी ही नहीं। वह अपने बच्चों को ख़ुद पाल लेगी।

अब सम्पत्ति का झगड़ा : बच्चे जिस पति के पास रहेंगे, उस पति की सम्पत्ति के वे हकदार हो जायेंगे।

3. आसक्ति के ख़त्म होने से दोनों में से एक के चले जाने पर जिसकी आसक्ति अभी बनी हुई है, उस दूसरे व्यक्ति को दुख होगा।

उत्तर–वहीं पड़े रहने पर जिसकी आसक्ति ख़त्म हो गयी है, उसे दुख नहीं होगा क्या?

4. विवाह के समय दोनों ने एक-दूसरे के साथ जो वादे किये थे, उनका पालन तो करना चाहिए न?

उत्तर–विवाह के समय तक बहुत लोग उन वादों का अर्थ समझने की स्थिति में नहीं होते। मन्त्रों की भाषा समझ में नहीं आती। अन्धाधुन्ध संस्कृत में पढ़े जानेवाले इन मन्त्रों का क्या अर्थ है, यह भी कोई नहीं समझ सकता। उनको समझ लिया हो और पूरे मन से वादे किये हों, तब भी यह कहना कि वादे किये हैं, इसलिए आसक्ति ख़त्म हो गई हो, तब भी वहीं पड़े रहो, सरासर क्रूरता होगी। आसक्ति की प्रकृति को समझने वाला कोई भी आदमी इस तरह के वादे नहीं करेगा। यहाँ काम पैसे का नहीं, हृदय का है।

कोई कहे कि मुझे जो अच्छा नहीं लगता, वह काम करूँगा और प्रेम और लगन से करूँगा, और जीवन-भर करूँगा, तो हम उसे पागल करार देते हैं। कसमों-वादोंवाली दोस्तियों को मटियामेट होते देर नहीं लगती। स्त्री का जिसे वह नहीं जानती, उस व्यक्ति से प्रेम करने का, वह जो भी करने को कहे, उसे स्वेच्छा से करने का और बाद में वह चाहे जैसा बन जाये, उस से प्रेम करते रहने का और उसका आदर-मान करते रहने का वादा करने से अधिक पागलपन और कुछ हो सकता है क्या? उन अबोध वादों से किसी को जीवन-भर बाँधे रखने से अधिक क्रूरता कुछ है? एक कोने में रोती हुई बच्ची को नागपाश के समान शपथों की रस्सियों से समस्त देवताओं का आवाहन कर विवाह में जकड़ दिया जाता है!

विवाह भी पिंजरे में मिठाई रखकर बच्चे को घुसने के लिए फुसलाने जैसा ही छल है। अन्दर जाते ही पिंजरे का दरवाज़ा बन्द कर दिया जाता है और कहा जाता है, "पूरी ज़िन्दगी बस यहीं रहो। रिहाई की उम्मीद छोड़ो।" यह सब कौन कर रहा है? छोटे बच्चे और अनुभवहीन लोग बेचारे जानते ही क्या हैं? शादी के बाद वे स्त्रियाँ छटपटाती हैं, छूटने का असफल प्रयास करके रोती हैं और सुखी होने का अभिनय करती हैं। बाद में दूसरे बच्चों को फिर उसी गड्ढे में धकेलने में उनसे सहयोग की अपेक्षा करना पैशाचिक कृत्य है। देश के प्रति, साथी लोगों के प्रति और छोटे बच्चों के प्रति प्रेम रखने वालों का यह काम नहीं है।

वैवाहिक सम्बन्ध के दो आधार :

1. आसक्ति।
2. विधि-विधान का संस्कार।

यदि यह मानें कि आसक्ति ही विवाह का मूलाधार है, तो इस विचार को स्वीकार करना पड़ेगा कि आसक्ति के ख़त्म होते ही वैवाहिक सम्बन्ध टूट जाता है। लेकिन हिन्दू परम्परा में विवाह एक संस्कार है। उसमें व्यक्ति की स्वतन्त्रता और आसक्ति का कोई स्थान नहीं है। स्त्री को बचपन से ही पति की सेवा, पति की भक्ति

और पातिव्रत्य की शिक्षा देकर यह व्यवस्था की गयी है कि प्रतिभा और औदात्य जैसे गुण पति में न भी हों, तब भी पत्नी अपनी आराधना द्वारा उन गुणों के अस्तित्व की कल्पना करती रहे और उन दोनों का सहजीवन निर्बाध चलता रहे। पत्नी पति की पूजा क्यों कर रही है? यह कर्तव्य है, पत्नी का धर्म है, इसलिए। यह धार्मिक परम्परा है। यह विश्वास अक्षुण्ण बना रहे, इसीलिए स्त्री के मामले में बाक़ी सब नैतिक सूत्रों का लोप करके केवल पतिभक्ति को ही प्रधानता दी गयी। भक्ति और कर्तव्य, आसक्ति और कामेच्छा, संस्कार और धर्म में क्या अन्तर है, यह स्त्री नहीं जानती। इन सब का समाहार ही उसकी पतिभक्ति है। कामेच्छा भी भक्ति ही है। चाह भी संस्कार ही है। इस तरह सब एकरूप हो गये हैं। यह पद्धति उस ज़माने के लिए ठीक थी। कोई पूछे कि 'पति की पूजा करना स्त्री का धर्म कैसे बन गया है?' तो जवाब मिलता है, "ऋषियों ने व्यवस्था दी है इसलिए, शास्त्रों का ऐसा आदेश है इसलिए।" उन ऋषियों और शास्त्रों में अन्धभक्ति जब तक थी, तब तक यह पद्धति चलती रही। लेकिन आज के ज़माने में बाक़ी सब मामलों में शास्त्रवचन जिस प्रकार हलके पड़ गये हैं, और नये विचार अमल में आये हैं, उसी तरह इस मामले में भी हो गया है। जब तक शास्त्रवचनों पर विश्वास रहा, तब तक जातिभेद निर्बाध चलता नहीं रहा था? अब क्या हो गया है? इस नये युग में शास्त्रों का विधि-विधान अन्यायपूर्ण लगने लगा, तो लोग इसका विरोध कर रहे हैं। स्त्रियाँ भी यही करेंगी। 'देशभक्त' और 'देश के उद्धारक' चाहे जितना हाथ-पैर पटकें और छटपटाएँ, पहले की परिस्थितियाँ नहीं लौटने वाली। प्रकृति का ज्ञान, स्वतन्त्रता की चाह, और अन्धविश्वास रहित वैज्ञानिक दृष्टि प्रत्येक मन में अंकुरित होगी। इसलिए 'विवाह एक संस्कार है', 'पति परमेश्वर है' जैसी बातें रटना छोड़कर स्त्री की स्वतन्त्रता से जो समस्याएँ उत्पन्न होंगी, उन पर विचार करने का प्रयत्न करें तो ठीक रहेगा। शास्त्रों पर से अन्धविश्वास पहले पुरुष का हट गया। लेकिन वह नहीं चाहता कि स्त्री भी उस विश्वास से मुक्त हो। इसलिए स्त्री को मूढ़ और अपनी वशवर्तिनी बनाये रखने का ही उसने प्रयत्न किया। किसलिए? क्योंकि उसे डर था कि शास्त्रों पर से स्त्री का विश्वास उठ गया, तो वह एक लात जमाकर पूजा की वेदी से उसे नीचे गिरा देगी और तब उसे स्वशक्ति से स्त्री का सम्मान अर्जित करना पड़ेगा। तब क्या कोई भी अधम व्यक्ति पति होने मात्र से पत्नी की सेवा प्राप्त कर सकेगा? असल में उसकी कोई पत्नी होगी भी?

जो दम्पती अनुच्छृंखल हैं, पतिव्रता या पत्नीव्रत हैं, वे निम्नलिखित कारणों के वशीभूत हैं–

1. आदत

2. भय

3. प्रतिष्ठा

4. किसी और द्वारा आकर्षित होने लायक गुण और रसिकता का न होना।

इस ज़माने में विश्वसनीय पति कैसा होता है? वही जिसे दूसरी कोई भी स्त्री नहीं चाहेगी और दूसरी स्त्रियों द्वारा जो आकृष्ट नहीं होता। ऐसा अधम प्राणी जिसकी चाह किसी भी स्त्री को नहीं होती, वह पत्नी के भी क्या काम आयेगा? उस से सन्तुष्ट रहनेवाली स्त्री और कितनी अधम होगी? और जो पुरुष दूसरी स्त्रियों द्वारा आकृष्ट नहीं हो सकता, वह क्या पत्नी द्वारा आकृष्ट हो सकेगा? उसमें सुन्दरता देख पाने की रसिकता नहीं होगी। पत्नी पर भी यही बात लागू होती है।

तब स्त्री को कैसा पति चाहिए? जो दूसरों द्वारा चाहने योग्य हो, दूसरों द्वारा आकृष्ट होने वाला हो और आकृष्ट होकर भी उनके पीछे न जाता हो। वरूथिनी[1] की सुन्दरता को न देख पाने वाला प्रवराख्य[2] किसी भी स्त्री की सुन्दरता को नहीं देख सकेगा। अपनी पत्नी की सुन्दरता को भी नहीं। जिस स्त्री का पति उसकी सुन्दरता को नहीं पहचाने, वह उस पति की सराहना कहाँ तक करेगी? कहा जाता है कि वरूथिनी की सुन्दरता को पहचानते हुए भी संयम बरतने वाले प्रवराख्य जैसे पुरुष श्रेष्ठ होते हैं, और पत्नी के अलावा दूसरी किसी स्त्री के आकर्षण में न बँधने वाला पुरुष उत्तम होता है। लेकिन यह असम्भव है। हमें ऐसा पुरुष चाहिए जो सुन्दरता से आकृष्ट होकर उस समस्त सुन्दरता को अपना बना लेने की, उसे स्वयं गटक जाने की कोशिश न करे, जिस तरह दूर से आकाश को, और समुद्र को देखा जाता है, उस तरह देखकर उसे छोड़ सके। इस ऊँचाई तक मनुष्य का विकास हो, इसके लिए जाने कितने हज़ार वर्ष लग जायेंगे!

लेकिन समाज के क़ानून तो यह मानकर कि मनुष्य अभी से उस ऊँचाई तक पहुँच गये हैं, देवता और ऋषि बन गये हैं, लोगों पर ऐसा संयत आचरण थोप रहे हैं, जो मनुष्यों के वश का नहीं है, और जो उनके स्वभाव के विपरीत और उससे परे है।

इसके अलावा यह तभी सम्भव होगा जब दम्पती एक-दूसरे को इतना भरमा लें कि संसार के दूसरे सभी लोगों की सुन्दरता, उनके सुगुण और आकर्षण को वे भूल जायें। तभी उत्तम दाम्पत्य रूप ग्रहण करेगा।

---

1. मध्ययुग के एक प्रसिद्ध तेलुगु कवि द्वारा रचित प्रबन्ध काव्य 'मनुचरित्रम्' की शृंगार नायिका।
2. उसी काव्य का नायक।

15

एकविवाह (मनॉगमी)

विवाह का मतलब है, एक स्त्री और एक पुरुष के आजीवन साथ रहने की व्यवस्था। विवाह संस्था की आवश्यकता आज के मनुष्य की प्रकृति में बहुत गहरे स्थापित है। आज की सभ्यता पारिवारिक व्यवस्था पर आधारित रहने के कारण मनुष्य को ऐसा लगता है जैसे परिवार जैसी चीज़ के न रहने पर दुनिया का अस्तित्व ही नहीं रहेगा। इसके अलावा–

1. परस्पर आसक्ति से लम्बे समय तक एक-दूसरे के सुख-दुख के भागीदार होकर साथ रहने की इच्छा रखने के कारण।

2. यह व्यक्ति किसी दूसरे का या दूसरे की नहीं, सिर्फ़ मेरा या मेरी है, ऐसी सन्तुष्टि के साथ जी सकूँ, ऐसी इच्छा के कारण।

3. दोनों एक-दूसरे की ज़िम्मेदारियाँ उठा सकेंगे, एक-दूसरे की सुरक्षा का ख़याल रख सकेंगे, ऐसी आशा के कारण।

4. अकेलेपन से डर लगता है इसलिए।

5. कोई-न-कोई अपना होना चाहिए, ऐसी तीव्र आकांक्षा के कारण।

इन्हीं कारणों से मनुष्यों में परिवार इतना दृढ़मूल हो गया है।

पुरुष से अधिक स्त्री के लिए परिवार अधिक आवश्यक और महत्त्वपूर्ण है। भावनात्मक (emotional) और आर्थिक सुरक्षा के लिए और बच्चों के लिए। इसीलिए लोग शासन में परिवर्तन, क्रान्तियाँ, धार्मिक विध्वंस को भी स्वीकार कर लेंगे, पर परिवार के विच्छेद को स्वीकार नहीं करते। लेकिन समय बदल गया है। परिवार की स्थिरता के लिए जिसने अपनी स्वतन्त्रता अर्पित की थी, वह स्त्री युगों की नींद से जग गयी है। देश में स्थापित शान्ति के कारण स्त्री को पुरुष के संरक्षण की आवश्यकता अब नहीं है। शारीरिक बल की महत्ता घटने और धन और बुद्धि की महत्ता बढ़ने से स्त्री उनको प्राप्त करने का उद्यम करते हुए स्वतन्त्र होना सीख

रही है। चाहे तो बच्चों को जन्म न देने की सुविधा देनेवाली पद्धतियाँ उसके हाथ में आ गयी हैं। साम्यवाद आदि सिद्धान्त अपने संविधान में स्त्री को आर्थिक दृष्टि से सम्पूर्ण स्वतन्त्रता प्रदान कर रहे हैं। इसलिए ज्यों-ज्यों वैवाहिक जीवन दूभर होता जाता है, त्यों-त्यों, चाहे स्त्री हो या पुरुष, उनकी मानसिकता ऐसी होती जा रही है कि उनको वैवाहिक जीवन से मिलने वाले सुखों, आश्वासनों, सुविधाओं और मैत्री की इच्छा होते हुए भी उसकी ज़िम्मेदारियों, व्यथाओं और बन्धनों के प्रति अरुचि होती जाती है। सुखों की आशा से ही वे दुखों को स्वीकार करते हैं।

लेकिन जब सुख कम हो जायें, विकास और स्वतन्त्रता का लोप हो जाये और केवल आचार और विचार ही बचे रहें, तो चाहे जितनी बड़ी आदत हो, और आदमी चाहे जितना मूढ़ हो, उसमें कभी-न-कभी उसके विरोधी विचार उठेंगे अवश्य।

इस स्त्री-पुरुष सम्बन्ध से सुख मिलना हो, और व्यक्ति का विकास होना हो, तो देश की आर्थिक परिस्थिति पूरी-की-पूरी बदलनी चाहिए। खाना बनाना, घर की चाकरी, बच्चों को जन्म देना और पालना, यह सब स्त्री के लिए इससे अधिक आसान और सुखमय होना चाहिए। माहवारी के रुक जाने को लेकर इतने चिन्तित न हो जाने रहने की परिस्थितियाँ जल्दी नहीं आएँगी क्या? बच्चे दुनिया में न आयें, तो कुछ घटता तो नहीं है। पर मातृत्व की अनुपलब्धि स्त्री-प्रकृति के लिए बहुत भारी पड़ती है। एक तरह से उसके स्त्रीत्व का ही नकार है। 'क्यों' और 'कैसे' की व्याख्या वह नहीं कर सकती। लेकिन 'अनुभूत' को वह झुठला भी तो नहीं सकती। इस 'अनुभूत' का सम्मान करना होगा–इसे सरकार करे या समाज।

ऐसी परिस्थितियाँ निश्चित रूप से बननी चाहिए जिनमें खाना खाना, सहवास करना और बच्चे जनना, ये काम किसी प्रकार की दिक़्क़त पैदा न करें। ऐसे सुधारों के मामले में तो एक साम्यवाद ही अभयदान देता दिखाई पड़ रहा है। मन में आता है कि ऐसा अभय देने वाली व्यवस्था चाहे जितने कुकृत्य करे, चिन्ता क्या है?

विवाह नाम की व्यवस्था मनुष्यों में चाहे जिन कारणों से आयी हो, आज उसमें चाहे जितनी कमियाँ दिखाई पड़ती हों, क्रमशः उसका आदर्श यही बन गया है कि एक पुरुष और एक स्त्री पति-पत्नी के रूप में रहते रहें। यानी एकविवाह (monogamy) का यह आदर्श कभी किसी के द्वारा किन्हीं परिस्थितियों में सामाजिक शान्ति के लिए अन्यायपूर्वक आरोपित विधान है या समस्या की प्रकृति में से अपने आप विकसित हुआ है? मानव प्रकृति के विरुद्ध पड़ने वाली कोई चीज़ इतने लम्बे समय तक टिकी नहीं रह सकती। लेकिन मानव प्रकृति के विरुद्ध न होने मात्र से यह नहीं कहा जा सकता कि यह मानव प्रकृति के बहुत अनुकूल है या उसके

लिए आवश्यक है। सम्भव है कि उस समय की परिस्थितियों और आवश्यकताओं के अनुरूप मनुष्यों ने इस व्यवस्था को आदर्श के रूप में स्वीकार किया हो। इसके अलावा यह आदर्श विभिन्न धर्मों के अनुरूप रहकर उन धर्मों पर निर्भर रहता आया है और उनके आदेशों के अनुसार बदलता भी रहा है। कभी उपयोगी रहा है, इसलिए आज भी उपयोगी है, यह स्वीकार करने की आवश्यकता नहीं है।

ऐसा लगता है कि मानव प्रकृति आजकल इस 'एकविवाह' के साथ अपना मेल नहीं बिठा पा रही है। लेकिन मानव-प्रकृति में जो घातक उत्तेजनाएँ और शक्तियाँ हैं, उनको जनहित की दृष्टि से जिस तरह शिक्षा द्वारा, प्रशिक्षण द्वारा और क़ानून द्वारा नियन्त्रित किया जाता है, उसी तरह कामेच्छाओं को भी नियन्त्रित करके इस एकविवाह के आदर्श की ओर मोड़ने का प्रयत्न करना चाहिए। एकविवाह ही अगर वांछनीय हो, तो प्रशासन, कानून, कलाएँ इन सब को चाहिए कि इस आदर्श का प्रचार करें। और उसके लिए प्रयत्न करें। केवल व्यक्ति के भोग के लिए और उसकी निजी इच्छाओं के लिए स्वेच्छा का उपयोग करना लोकहित के लिए ही नहीं, व्यक्ति के चरम (ultimate) सुख के लिए भी घातक सिद्ध हो सकता है।

मनुष्येतर प्राणियों को देखें, तो कुछ पक्षियों में पायी जानेवाली तात्कालिक 'एकविवाह' की प्रवृत्ति को छोड़कर और कहीं वह दिखाई नहीं पड़ता। पशुओं में यह प्रयत्न कहीं-कहीं ही दिखाई पड़ता है। शुरू में जंगली आदमियों में एकविवाह नहीं था। आज भी वहाँ वह मज़बूत नहीं है। पहले सभ्यता के विकास के लिए परिवार ज़रूरी हो गया। इसलिए नैतिकता की यह पाबन्दी बनायी गयी। पहले बहुपतित्व समाप्त हो गया। इसके पीछे बहुपत्नीत्व समाप्त हो जायेगा। लेकिन इतिहास को देखें, तो इतिहास में प्रसिद्ध हुए महान पुरुष अधिकांशत: स्वेच्छानुरागी ही रहे हैं।

एकविवाह सभ्य समाज के लिए ही नहीं, व्यक्तियों के लिए भी सुरक्षाप्रद है। शक्ति, धन और अधिकार-सम्पन्न पुरुष अनेक स्त्रियों को ले जायें तो दुर्बल पुरुषों को स्त्रियाँ नहीं मिलेंगी। एकविवाह में हर स्त्री यदि विवाह करे, तो औसतन हर पुरुष को स्त्री मिल जायेगी। लेकिन प्रजाति (race) को उन्नत बनना हो, तो दस स्त्रियों का एक श्रेष्ठ पुरुष की सन्तान को जन्म देना अधिक उपयोगी होगा। इसी तरह जो हीनबल हैं उनको स्त्री या पुरुष का न मिलना ही उचित है।

एक स्त्री और एक पुरुष के सुखमय पारिवारिक जीवन में बस जाने से निश्चय ही व्यक्ति को कुछ लाभ होते हैं और समाज को भी तात्कालिक शान्ति मिलती है।

1. बच्चों की सुरक्षा : बच्चों के हित के ख़याल से ही कम-से-कम, पति-पत्नी साथ रहते हैं। झट से अलग नहीं होते।

2. जीवन का एक काम और एक उद्देश्य स्थिर हो जाता है। दोनों के एक ही प्रयत्न में निमग्न होने से उनमें निकटता का सम्बन्ध स्थापित हो जाता है और उससे शान्ति और उन्नति की सम्भावना बनती है।

3. जिन पर ज़िम्मेदारियाँ होती हैं वे झट से क्रान्ति की ओर कूदते नहीं हैं। क़ानून का अतिक्रमण नहीं करते। समाज की नींव के रूप में बने रहते हैं।

4. जो लोग वैसे किसी काम के नहीं होते, वे इस विचार से कि परिवार में कुछ महत्त्व, प्रधानता और सम्मान मिला हुआ है, सन्तुष्ट हो जाते हैं।

स्त्री-पुरुषों का जोड़ियों के रूप में बस जाने का यह गुण मानव-प्रकृति में ही है या यह उनकी युगों की आदत है? मात्र कामासक्ति वाली बात न होकर परस्पर आसक्ति का होना एकविवाह के लिए बहुत सहायक होता है। परन्तु इस आसक्ति को बहुत थोड़े ही लोग जानते हैं। इसके अलावा यह आसक्ति बहुत चंचल है। इस समय दोनों ही शक्तियाँ काम कर रही हैं–एकत्व के लिए भी और बहुत्व के लिए भी। बहुत्व पुरुषों में अधिक प्रबल है। चाहे धन और समाज द्वारा प्रदत्त सुविधा के कारण हो, चाहे उसकी सहज प्रकृति के कारण, परिवार में बसे पुरुष का इधर-उधर का स्वाद चखना भी हो रहा है। नैतिकता के आग्रही भी आँखें मूँदे हुए हैं। यह आम बात होने के कारण और ऐसी बातें मुख्य रूप से नैतिकता के आग्रहियों के साथ ही होते रहने के कारण।

असल में एकविवाह का मतलब क्या है? उसका आदर्श क्या है? समाज उसका एक अर्थ निकालता है–बिना शोर-शराबे के दोनों पड़े रहें तो बस! नैतिकता वाला अर्थ दूसरा है। पराये को शरीर न दे, बस! यहाँ फिर से कुछ सवाल पैदा हो गये। शरीर का मतलब शरीर का कौन सा भाग? और कितना? ऐसे सवाल। कुछ शास्त्रों ने यह तक आदेश दिया है कि मन भी नहीं देना चाहिए। आदर्श तो यह है कि–मन, वचन और कर्म में एकत्व का पालन किया जाये।

लेकिन यह आदर्श–ऐसे जड़ और मरियल लोगों के लिए ही सुलभ हो रहा है जिन में किसी तरह की कल्पनाशीलता, शक्ति या सौन्दर्य-पिपासा नहीं होती। आदर्श के रूप में ग्रहण करके सोचें, तो इसमें भी वे ही दिक़्क़तें आयेंगी, जो पातिव्रत्य के सम्बन्ध में आती हैं–बल्कि उससे भी ज़्यादा! मनुष्य चाहे इसके लिए तैयार हों, या न हों, नैतिकता एकविवाह को उनके मत्थे मढ़ रही है, मुख्य रूप से स्त्रियों पर। दूसरे नैतिक सूत्रों की तरह एक आदर्श मानकर इसके लिए न प्रयत्न किया जा रहा है, न इसे छोड़ा ही जा रहा है। व्यक्तियों का सदा इस आदर्श के अधीन रहना कठिन है। लोग इसे स्वीकार तभी करेंगे, जब उनमें दूसरी वांछाएँ पैदा नहीं होंगी। यह पैदा न होने वाली बात तब अस्तित्व में आती है, जब–

1. आदमी जड़ या वृद्ध हो।

2. सेक्स का सुख अधिक महत्त्वपूर्ण नहीं होता।

3. अपनी समस्त शक्तियों, आशाओं और सपनों को सन्तुष्टि दे सकने वाला व्यक्ति मिलता है।

ज्यों-ज्यों मनुष्य विकसित होता जा रहा है, अपने आदर्श व्यक्ति के लिए उसकी खोज तीव्रतर होती जा रही है। विधि-निषेधों का प्रतिरोध बढ़ता जा रहा है। यह एकविवाह के लिए घातक है।

आसक्ति का बदल जाना, उसका ख़त्म हो जाना, व्यक्तियों का मर जाना, साथ रहते हुए दुख देना, दोनों में खटपट होना, –ऐसी जाने कितनी बातें हैं! कुछ भी हो, एकविवाह एक आदर्श तो है, पर जीवन में उसका प्रवेश कराने में दिक़्क़तें आती हैं। एकविवाह ही अगर लोक-मर्यादा हो, तो चोरियाँ लाखों में होंगी। जो ग़लती हुई है, वह यह है कि–

1. एकविवाह को सामाजिक आदर्श के रूप में स्थापित करके सन्तुष्ट न होकर उसे व्यक्ति के आदर्श के रूप में खड़ा करना।

2. एकविवाह को आदर्श के रूप में स्थापित करके सन्तुष्ट न होकर उसे एक नैतिक नियम बना देना।

मनुष्यों में बुद्धि, आसक्ति, श्रृंगारभावना जैसी चीज़ें ज्यों-ज्यों विकसित होती जायेंगी, वे नैतिकता को अधिकाधिक भंग करती-हुई-सी और एकविवाह के आदर्श से दूर होती-हुई-सी दिखाई देंगी। लेकिन यह उनका विकसित होने का प्रयत्न है। शान्ति की खोज में एक दशा। यह बात सही है कि पहले परिवारों में स्थिरता अधिक दिखाई देती थी। लेकिन उसमें से लोग बाहर आ रहे हों, तो इसका मतलब यही है कि उस से अधिक एकात्मता की खोज वे कर रहे हैं। अनैतिक और व्यभिचारी कहलाने वाले बहुत सारे लोग जो कर रहे हैं, वह यही प्रयत्न है। यानी अधिक एकात्मता दे सकने वाले व्यक्तियों की खोज वे कर रहे हैं।

एकविवाह का मतलब है, स्त्री और पुरुष का एक-दूसरे में इतना लीन हो जाना कि अपने यौन जीवन के लिए या अन्य किसी आवश्यकता के लिए मन और कर्म में किसी तरह की कमी का अनुभव न करना। यह एक बहुत बड़ा आदर्श है। इसे प्राप्त करने के लिए हर व्यक्ति को प्रयत्न करना चाहिए और उसके सपने देखने चाहिए। लेकिन यह कहने का किसी को अधिकार नहीं है कि एकविवाह के लिए प्रयत्न करना अनिवार्य है, या प्रयत्न करते हुए दिखाई पड़ना ज़रूरी है या उसके विरुद्ध-सा लगने वाला आचरण नहीं करना चाहिए।

16

प्रेम

मानव हृदय के विकास के साथ-साथ प्रेम का उदय और विकास होता आया है। प्रेम को लेकर बात तो सभी करते हैं, पर इस युग में भी प्रेम के बारे में बहुत कम लोग ही जानते हैं। आम तौर पर लोग जिसे प्रेम समझते हैं, वह प्रेम नहीं है। कामुकता और आदत को ही वे प्रेम का नाम देते हैं।

प्रेम मोह से परे की चीज़ है। मोह में जिस तरह होता है, उस तरह प्रेम में शारीरिक वांछा महत्त्वपूर्ण नहीं होती। शारीरिक वांछा बहुत अधिक हो सकती है, पर उससे कई गुना प्रबल दूसरे आकर्षण वहाँ होते हैं। मोह रखने वाले लोग अपने सुख के लिए दूसरों की कामना करते हैं। उनके लिए वह प्राप्य न हो, तो उस व्यक्ति के प्रति मोह ख़त्म हो जाता है। जो प्रेम रखते हैं, वे लोग दूसरे को ख़ुद क्या आनन्द दे सकते हैं, उसको लेकर सोचते हैं, दूसरा उनको क्या आनन्द दे सकता है, इसको लेकर नहीं सोचते। प्रेम रखने वाले लोग दूसरे के आनन्द के साथ एकरूप हो जाते हैं। बदले में उनको प्रेम न भी मिले, उनका प्रेम बना रहता है।

प्रेम के लिए पूज्यभाव महत्त्वपूर्ण है। आदरभाव और भक्ति के बिना प्रेम नहीं होता–चाहे पत्नी के मामले में ही क्यों न हो।

ऐसा प्रेम सर्वोच्च आध्यात्मिक प्रेम के रूप में विकसित होता है। एक में दूसरा समस्त भावों, लोकों और ईश्वर तक को देखने की अनुभूति प्राप्त करता है। एक के बग़ैर दूसरे का जीवन नहीं होता, अनुभव नहीं होता। स्व और पर का भेद नहीं होता। यहाँ रूप, गुण, वैवाहिक सम्बन्ध, समाज, नैतिकता, हृदय का अन्याक्रान्त होना, या प्रतिष्ठा, इनका कोई मानी नहीं होता। इन दोनों प्रेमियों की दुनिया ही अलग, नैतिकता ही अलग!

ऐसा प्रेम ढूँढ़ने पर नहीं मिलता। व्यक्ति को अपने संस्कार से, अपनी प्रकृति के उन्नयन से इस प्रकार के प्रेम के लिए योग्य बनना होता है।

'प्रेम रहित बन्धन विवाह नहीं है। विवाह का मतलब ही प्रेम है। बग़ैर प्रेम के विवाह नहीं करना चाहिए'–ऐसा नियम दुनिया में लागू करना सम्भव हो, तो किसी का भी विवाह नहीं होगा। क्योंकि 'प्रेम' शब्द का दूर का अर्थ जानने वाले भी विरले ही होते हैं। लोग भावावेशों, तात्कालिक आकर्षणों, और कामनाओं को ही प्रेम मानकर उस बालू पर साहचर्य और शृंगार जीवन के भवन का निर्माण करने का प्रयत्न करते हैं। प्रेमरहित दाम्पत्य में से उन सब महान अनुभवों को प्राप्त कर लेने का प्रयत्न करते हैं, जिनके बारे में उन्होंने पढ़ा है कि वे प्रेम से प्राप्त होते हैं। वे प्राप्त नहीं होते, इसलिए बहुत ही जल्दी प्रेम को लेकर, सेक्स को लेकर सिनिकल हो जाते हैं।

जो लोग प्रेम नहीं जानते, उनको चाहिए कि विवाह में प्रेम से सम्बन्ध न रखने वाले दूसरे सुखों की ही खोज करें। वैसे भी खोज कर ही रहे हैं। शुरू से ही यह मानकर कि प्रेम की बात हम नहीं समझते, उसकी आशा करना छोड़कर चलें, तो निराशा नहीं होगी। 'प्रेम' झूठ है, जैसी निराधार घोषणा भी नहीं करनी होगी। हमारे अनुभव में जो नहीं आये हैं, उन मूल्यों को आदर्शों के रूप में भी नकारना, झूठ बताना, आन्तरिक विकास के लिए हानिकारक है। जिन अनुभवों की प्राप्ति किसी की शक्ति के बाहर की बात हो, उन अनुभवों को दूसरे लोग प्राप्त कर रहे हों, तो अपनी तुलना में उनकी अधिकता को स्वीकारने में मन को बहुत न्यूनता का अनुभव होता है। इसलिए ऐसा व्यक्ति उन मूल्यों का निराकरण करने का प्रयत्न करता है।

17

शृंगार जीवन

शृंगार का आनन्द भोगने की पात्रता जन्मजात होनी चाहिए। कोशिश करके कुछ हद तक यह प्राप्त की जा सकती है। हर व्यक्ति के मन में–कामेच्छा जिनको नहीं होती, उन रोगियों को छोड़कर बाक़ी सब में–थोड़ा-बहुत कुतूहल तो रहता ही है। इसके अपवाद थोड़े-से लोग हो सकते हैं। लेकिन अधिकांश लोगों के लिए तो शृंगार से अधिक मूल्यवान अनुभव दूसरा कुछ होता नहीं। 'धन, अधिकार, यश, मित्रता, देशसेवा आदि से बहुत अधिक मूल्यवान और वांछनीय तो शृंगार है' यह सोचने वाले तो कम होते हैं। प्रकट रूप से यह कह सकने वाले तो और भी कम। असल में बहुतों के हिस्से में इन नेमतों में से एक भी नहीं आती। शृंगार का अनुभव जिनको कभी नहीं मिला, उनके जीवन में भी किसी समय, चाहे बुढ़ापे में ही क्यों न हो, किसी स्त्री या पुरुष से भेंट होने पर अचानक नया प्रकाश दिखाई पड़ सकता है। परन्तु अत्यन्त सहज इस सुख को जिसने भरपूर भोगा नहीं है, उसका जीवन आधा अन्धकार में ही, असन्तोष में ही बीतता है। बड़े-बड़े धन्ना सेठ, क्रान्तिकारी और भक्त इस सहज सुख के अभाव में बेचैन रहते हैं। जिन लोगों में ऐसी बेचैनी होती है, उनके मन में दूसरी चीज़ें गहरे नहीं धँसतीं।

बहुत लोगों की यह सहज मोहासक्ति भी प्रतिकूल परिस्थितियों में नष्ट हो जाती है। यौवन के पूर्ण उभार से पहले ही यौन जीवन में प्रवेश करना, जुगुप्सा, भय और विरक्ति पैदा करने वाली परिस्थितियों में आरम्भिक अनुभवों का होना, बड़े-बूढ़ों या समाज के सामने भेद खुलने पर दण्ड मिलेगा, इस डर के मारे चोरी-छिपे वह काम होना, भेद खुलने पर लांछित होना, ज़बर्दस्ती...ऐसी बातों के कारण एक ही साथ जीवन-भर के लिए शृंगार जीवन खण्डित हो जाता है। इसके अलावा बेचारे बहुत से स्त्री-पुरुषों में दूसरों को आकृष्ट करने की शक्ति ही नहीं होती। सुन्दरता और स्वास्थ्य यहाँ महत्त्वपूर्ण हैं। कुरूप लोगों में शृंगार की बलवती इच्छा भी व्यर्थ हो

जाती है। अस्वस्थता उससे भी बड़ी बाधा है। इसके अलावा उपयुक्त स्त्री-पुरुषों से मिलने के लिए अनुकूल परिस्थितियाँ भी नहीं होतीं। स्त्री के लिए विवाह एक कैद है। स्त्रियों और पुरुषों के लिए प्रतिष्ठा भी तो बहुत बाधक है!

इस कारण अधिक लोगों के साथ आम तौर पर जो घटित होता है वह है विवाह। उसमें से श्रृंगार का अनुभव नहीं मिलता। कभी नहीं मिलता। कोई कहे, कि मिल रहा है, तो वह सरासर झूठ है। जो आदर्श है, वह यह है कि (यह निरा आदर्श ही है, वह घटित तो कभी नहीं होता) विरह की वेदना झेलने और कठिनाइयों और बाधाओं को पार करने के बाद महान प्रेमी प्रकट रूप से तथा मुक्त भाव से जब मिलेंगे और उस मिलन के आरम्भिक दिनों में, यानी उस अनुभव के पुराना पड़ जाने से पहले जिस तरह का आनन्द भोगते हैं, उसे जीवन-भर भोग पाना। यहाँ मुख्य बाधा यह है कि व्यक्ति की उद्दाम श्रृंगार भावना भी कालान्तर में शिथिल हो जाती है। इस से इनकार करने वाले झूठ बोल रहे हैं। यों श्रृंगार की इस वांछा में ही बहुत बड़ा छल है। बहुत बार छल करने के बाद फिर से छल करने की शक्ति कामदेव में है।

पुरुष को जिस स्त्री की चाह होती है, वह दूर से ही सही, स्निग्धभाव से एक बार मुस्करा दे, तो काफ़ी है, ऐसा शुरू में वह सोचता है। फिर उस स्त्री का स्पर्श किया हुआ काग़ज़ या उसके पैरों के नीचे आई हुई धूल मिल जाये तो बहुत है, ऐसा सोचता है। उनके प्राप्त होने पर एक बोल, एक नज़र, फिर हाथ का स्पर्श करने दे, तो काफ़ी है। न हो, तो बिना स्पर्श किये पास बैठ जाये, तो काफ़ी है, ऐसा सोचने लगता है। जो दुर्लभ होती है, उस स्त्री से वह कहता भी है–"इतना मेरे लिए काफ़ी है, और कुछ नहीं चाहिए।" तमाम प्रेम की कविताओं में और सभी प्रेमपत्रों में ये ही झूठ भरे होते हैं। लेकिन ये झूठ नहीं भी हैं। उस क्षण तो वे सब एकदम सच ही मालूम पड़ते हैं। ये बातें और ये लेख बाद में गले पड़ जाते हैं। कोई मूर्खा, कोई करुणामय स्त्री हृदय, या कोई चपल कन्या उस सीमा तक अनुग्रहीत करे, तो पुरुष की उँगलियाँ धीरे-धीरे ऊपर को रेंगती जायेंगी। यात्रा जितनी कठिन होती है, उसी अनुपात में अंगुल-अंगुल बढ़ते हुए उस क्षण में यह कहा जाये कि "बस, इतना काफ़ी है", और रोका जाये, तो रुष्ट होना, मनाना, मिन्नतें करना चलता है। फिर निःशेष रूप से जब तक उसकी इच्छा को तुष्ट न करे, तब तक वह उसे आराम से रहने नहीं देगा। यह सब देखकर लोग कह सकते हैं, 'पुरुष क्या इतना काइयाँ है? धोखेबाज़ है?' लेकिन यह बहुत सहज है। धोखा कुछ नहीं है। सृष्टि का अन्दाज़ ही यह है। लेकिन शीघ्र ही पूरा मामला ठण्डा पड़ जाता है। उस स्त्री की छुई हुई वस्तुएँ दिव्य नज़र नहीं आतीं। उसकी बातों में मधु, होठों में अमृत, दृष्टि में प्रकाश...यह सारी कविता छूमन्तर हो जाती है।

"अरे, ऐसा कैसे हो गया? थोड़े ही दिन पहले तो तुमने उस तरह बात की थी, इतने में ही क्या हो गया?" कहकर उसकी निन्दा करना अन्याय है। परन्तु सहृदय लोग शृंगार की चमक-दमक घट जाने मात्र से एक-दूसरे को छोड़कर नहीं जाते। पुरानी स्मृतियाँ, कृतज्ञता का भाव, चाह, ये सब उनको रोकते हैं। उन दोनों ने विवाह चाहे किया हो या न किया हो। विवाह किया हो, तो समाज के दूसरे धर्म-सम्बन्धी बन्धन भी उनको ज़ोर से जकड़कर रखते हैं। इस बीच प्रेम ही घटित हुआ, तो कामभावना ग़ायब हो जायेगी और अब कोई कमी दिखेगी नहीं। लेकिन चाहे जितना प्रेम आये, वह कामसुख के अभाव की कमी को पूरा नहीं कर सकता। इसलिए कुछ पति-पत्नी अपनी पत्नियों और पतियों से बहुत प्रेम करते हुए भी ग़ायब हुए कामानुभव के लिए दूसरे सम्बन्धों की कामना करते हैं।

कामानुभव ही जिनके लिए प्रमुख हो, उनके लिए सम्बन्ध पुराना होते ही फिर से नया सम्बन्ध ढूँढ़ने के सिवा दूसरा चारा नहीं होता।

परन्तु कामानुभव से अधिक मूल्यवान और अधिक दुर्लभ है—प्रेम। कामानुभव को पहचानने और मापने के लिए साधन भले ही हों, लेकिन 'यही प्रेम है', इसका निर्धारण करने के लिए किसी प्रकार के मापदण्ड नहीं हैं। हर व्यक्ति अपने अनुभव को प्रेम ही कहता है। जिसके प्रति कोई आकर्षण नहीं है, उसके साथ लटके रहने को भी लोग प्रेम ही कहते हैं। कोई पूछे कि 'क्या देखकर प्रेम हो गया है?', तो जवाब मिलता है, 'मेरी आँखों से देखो'। उसमें झूठ भी नहीं है।

आदमी पीता है, मारता है, उसके सामने ही दूसरी स्त्रियों का संग करता है, तमाम नीचता के काम करता है, बीवी को पैसा या सुख कुछ भी नहीं देता। सुविधा होते हुए भी ऐसे आदमी को न छोड़ने वाली स्त्री की स्थिति को हम क्या नाम देंगे? उस आदमी के साथ भाग आई हो, तो उसे छोड़कर जाने में नैतिकता या प्रतिष्ठा आड़े नहीं आनी चाहिए। उत्तम गुणों वाला एक दूसरा पुरुष प्रेमपूर्वक उसका स्वागत कर रहा है। पहला पुरुष वह स्त्री उसे छोड़ जाये, तो अच्छा, यह मानकर उसे जाने को कहता है। लेकिन वह हिलती नहीं। कामानुभव से युक्त जीवन में इतनी विचित्र समस्याएँ हैं! ऐसी स्थिति में हम यों ही यह प्रेम है, या यह कामेच्छा है, यह आदत है, ऐसे खातों में उसे डालकर फैसला देने की कोशिश करते हैं, बस!

हमें लगता है कि ऐसी अभागिन बहुत नीच है। लोग उससे चिढ़ते हैं, उसे कोसते हैं। ऐसी बात केवल स्त्रियों के साथ ही होती हो, यह बात नहीं है। इस तरह स्त्री का दास बने हुए पुरुषपुंगव भी अनेक हैं। बड़े-बड़े युद्धवीर, प्रशासक, कवि, गायक, योगी और सदाचारी ही नहीं, दुष्ट स्त्री के चंगुल में फँसकर सब तरह से

बर्बाद हुए पुरुष अनेक हैं। उनमें से कुछ लोग अपने श्रृंगारानुभव के सामने बाक़ी जीवन के विनाश को कुछ नहीं समझते तो कुछ लोग पश्चात्ताप से कुढ़ते रहते हैं। कुछ और लोग सब कुछ नष्ट हो जाने के बाद उस स्त्री से भी तिरस्कृत होकर भयावह वेदना का अनुभव करते हैं। सामान्यत: पुरुषों को इस तरह नष्ट करके छोड़ देने वाली वेश्या ही होती है। लेकिन पुरुष द्वारा स्त्री का विनाश कहीं अधिक दारुण होता है। हर अधम स्थिति में से उठकर पुरुष फिर से खड़ा हो सकता है। परन्तु स्त्री एक बार गिरकर उठ नहीं पाती। इसीलिए स्थिति चाहे जितनी त्रासद हो, स्त्री परिवार को नहीं छोड़ती। छोड़ना भी नहीं चाहिए, तब तक, जब तक उससे अधिक सुदृढ़ और सुरक्षित विकल्प न मिले। या फिर साफ़ दिखे, कि ऐसे पारिवारिक जीवन से तो विनाश ही बेहतर है।

इन उलझनों से विरक्त और आशंकित होकर बुद्धिमान लोग बाहर के श्रृंगारानुभव से दूर ही रहते हैं। वे सामान्य इच्छाओं की तुष्टि विवाह और बच्चों में कर लेते हैं। लेकिन जिनके लिए श्रृंगारानुभव बहुत महत्त्वपूर्ण है, वे तो यही सोचते हैं कि दिक़्क़तों और उलझनों से बचते हुए सौ साल तक ऐसा निर्जीव जीवन न भी जीयें तो क्या है!

महान श्रृंगारानुभव पाने के लिए ज़रूरी है कि जिसकी हम कामना करते हैं, वह व्यक्ति हमें अद्भुत लगे, और उसकी प्राप्ति एक अनुपम सौभाग्य। विलक्षण, अपूर्व और दुर्लभ! इसलिए श्रृंगारानुभव को स्थिर रहना हो, तो इन सारे मनोभावों को चिरकाल तक इसी तरह टिके रहना होगा। इसलिए चतुर स्त्रियाँ पुरुषों के लिए सुलभ न होकर हमेशा फिसलती-सी, न मिलती-सी रहकर बन्सी के सिरे की मछली की तरह पुरुष को नचाती हैं। अपने वरदानों की रैशनिंग करके विरल रूप में ही उनको प्रदान करती हैं। साथ ही बन्सी की डोरी न टूटे, इसका भी ख़याल रखती है।

परिवर्तन के लिए जब का तब तैयार होकर जीवन में नए रोमांस का स्वागत करना चाहें, तो उसमें भी अनेक समस्याएँ उत्पन्न होती हैं। पुराने बन्धन में जो सख्यता और आदत होती हैं, वे आसानी से नहीं छूटतीं। यह भी हो सकता है कि दोनों व्यक्ति एक ही समय में विवाह-विच्छेद के लिए तैयार न हों। उस बन्धन में एक की आसक्ति प्रबल रूप में अभी बनी हुई हो, तो उस व्यक्ति के विरह और व्यथा को सहन करना दूसरे व्यक्ति के लिए कठिन होगा। इसके अलावा महान रोमांस आमतौर पर यौवन में ही घटित होता है। यौवन बीत जाने के बाद इस देश में मनुष्य के आदर्शों और स्वप्नों को उभार सकने वाले व्यक्तियों से मिल पाना और मिलने पर उसके प्रति आसक्ति पैदा होना कठिन होता है।

इसलिए किसी सौभाग्यवश प्राप्त हुए उच्चस्तर के रोमांस को कुछ पुराना पड़ गया है, यह सोचकर छोड़ दें, तो बहुत बार अपने पास कुछ भी बचा नहीं रहता। इसलिए पुराना पड़ने पर फिर से मिलने के उद्देश्य से तत्कालिक रूप से अलग हो जाना अच्छा रहता है। ऐसा न करके साथ रहना जारी रखने पर शीघ्र ही महान रोमांस महान प्रेम के रूप में स्थिरता पाने की संभावना भी रहती है। जब महान प्रेम घटित होता है, तब तात्कालिक श्रृंगार से अधिक स्थिर, गहरा और रमणीय अनुभव प्राप्त होता है। इसके अलावा लगातार श्रृंगारान्वेषण में लीन रहने पर वह व्यक्ति ही नहीं, वह श्रृंगारानुभव भी सामान्य बनकर कुछ समय बाद किसी प्रकार का 'थ्रिल' नहीं दे पाएगा। सहृदय लोगों को उस समय तक स्पष्ट रूप से यह पता चल भी जाता है कि इस लोक में उनको यथासम्भव अपना आदर्श प्राप्त हो गया है और ऐसे महान सौभाग्य को खो देने पर आगे चलकर जितना भी ढूँढो, केवल अत्यल्प और क्षुद्र प्रणयसुख ही प्राप्त होने की संभावना रहती है। इतने कारणों से युवावस्था में ही किसी उन्नतिशील सम्बन्ध में स्थिर हो जाने में ही विवेकशीलता होती है। वही विवाह भी हो सकता है। जिनको प्रेम नहीं मिलता, उनके लिए रोमांस ही बचा रहता है। जब वह रोमांस भी ग़ायब हो जाए, तब भी उस व्यक्ति से हटकर दूर न होना ही उचित है क्योंकि अलग-अलग व्यक्तियों से अपनी रुचि के अनुरूप सुन्दरता, चतुराई, शील-सौजन्य आदि की उपलब्धि होना किसी दूसरे से केवल सम्पूर्ण शरीरसुख पाने से कई गुना अधिक पवित्र होता है।

जिन सामाजिक परिस्थितियों में कामसुख को पाने में किसी प्रकार के निषेध नहीं होते, उस समाज में प्रेम और श्रृंगारभावना का उत्पन्न होना तो विरले ही होता है। और यह स्थिति अच्छी भी नहीं है। मनुष्य एक विकसित प्राणी है। इसलिए उस तरह का जीवन उसके आदर्श से बहुत दूर पड़ जाता है। जब तक उस कामव्यापार को अनेक जादुई रंगों और सपनों से वे ढक नहीं लेते, तब तक ये मनुष्य उसकी वास्तविकता को समझ नहीं पाते। सबसे पहले, श्रृंगार की यह भावना मनुष्य के मन में पैदा होती है। फिर उस भावना के रंगों का प्रकाश किसी एक ऐसे व्यक्ति पर प्रसरित होने पर जो उसकी आँखों में जादू भर सकता है, उस व्यक्ति में अपने मन के भावों, सपनों और सौन्दर्य की कल्पना करके वह उस व्यक्ति को पाने के लिए ललचाता है।

इसीलिए लोग कहते हैं कि जिसके प्रति ऐसी मोहासक्ति पैदा हो जाती है, उससे कभी विवाह नहीं करना चाहिए। क्योंकि मोहासक्ति अपने आलम्बन पर अनेक निराधार सुगुणों को आरोपित कर देती है। बाद में जब यह सच्चाई सामने आ जाती है कि वे सब सुगुण उस व्यक्ति में नहीं हैं, तब मनुष्य यह भूलकर कि इस सारी

मोहमाया की सृष्टि स्वयं उसने ही कर ली थी, यही सोचता है कि दोष दूसरे का है, और उससे धोखा किया गया है। इस से उस में क्रोध, विरोध और विमुखता की भावनाएँ पैदा हो जाती हैं। यदि शादी पैसे के कारण, शिक्षा के कारण या सुविधा के कारण की गयी हो, तो धोखे के लिए अधिक जगह नहीं होती। लेकिन ऐसी शादी करके मिलेगा भी क्या? जिसमें एक दिन भी किसी आलोक किरण का अनुभव न हो, ऐसा जीवन किसलिए? मैं तो कहूँगा, "चार दिन की चाँदनी ही हो, तो भी क्या? हे जीव! आसक्तिमय अद्‌भुत जीवन को ही चुन!" क़ारण? चलम् जैसे रोमान्सवादी (Romanticists) तो यही कहते हैं कि आसक्तिमय जीवन जैसा आलोक जीवन में और कहीं नहीं है।

ताहिती द्वीप का कामजीवन अनेक मामलों में बाक़ी दुनिया से अलग है। उसे एक आदर्श जीवन कहा जा सकता है। वहाँ स्त्रियों के मन में दुराव-छिपाव नहीं होता। पुरुष को देखकर वे चाह भी सकती हैं और नहीं भी चाह सकतीं। नहीं चाहतीं, तो उस पुरुष को वे नहीं मिलतीं। चाहे उस पुरुष को कितना भी धन या बड़प्पन हासिल हो। चाहती हैं, तो पुरुष से कुछ भी नहीं चाहतीं। उनका विश्वास और अनुभव यही है कि पुरुष को स्त्री से जितना सुख मिलता है, उतना ही सुख स्त्री को भी पुरुष से मिलता है। बाक़ी दुनिया में विवाह में भी स्त्री तो पुरुष को सुख देती है, पर पुरुष से स्त्री को जो सुख मिलना है, उसकी बात किसी के भी मन में नहीं है। पवित्र विवाह में भी नहीं। स्त्री पुरुष को अपना शरीर देती है तो पुरुष उसे खाना, कपड़ा और गहने देता है, ऐसा भाव बड़े-से-बड़े सम्बन्धों में भी स्त्री और पुरुष के मन को नहीं छोड़ता। इस पुरुष का स्त्री को देने का मतलब है, धन, सुख, खाना और कपड़ा। किन्हीं नीच स्त्रियों को छोड़कर कोई स्वीकार नहीं करेगी कि पुरुष के शरीर से उसे भी सुख मिलता है। इसलिए स्त्री-पुरुष सम्बन्धों में अनेक भयंकर विकृतियाँ और टेढ़े-मेढ़े मामले देखने को मिलते हैं। इस मामले में पुरुष का पहल करना और स्त्री का सहमत होना ही हमारे यहाँ चल रहा है। ताहिती द्वीप में पुरुष को पहल करने की ज़रूरत नहीं है। ताक-झाँक, बातें, भेंट-उपहार, सौदेबाज़ी या वादे, किसी चीज़ की ज़रूरत नहीं है। सीधे ही पूछा जा सकता है "इच्छा है? या नहीं?" बहुत सरल, आसान और स्वस्थ तरीक़ा। बाद में इच्छा हो तो जितने दिन चाहें, साथ रह सकते हैं। जब इच्छा न हो तब अलग हो सकते हैं। रात एक पुरुष के साथ बिताकर सवेरे बिना कोई कारण बताये ही स्त्री चली जाती है, अकेली या किसी दूसरे पुरुष के साथ। पुरुष को भी ऐसी आज़ादी है। चिन्ता, लोकनिन्दा, वचनभंग, या सन्तान किसी को आज़ादी में रुकावट बनने नहीं देते। ये सब ऐसी बातें नहीं हैं, जो किन्हीं निर्धारित नियमों के अन्तर्गत की जाती हों। उनका स्वभाव और उनका रिवाज़ ही ऐसा है। देश, जाति जैसी चीज़ें उनके लिए रुकावट नहीं बनतीं।

इसलिए वहाँ जाकर रहने लायक पैसा जिनके पास होता है, ऐसे यूरोप और अमरीका के लोग वहाँ जाते रहते हैं। वहाँ की सुन्दर स्त्रियों के लिए इस तरह जाने वाले यही कहते हैं कि उस देश के लोग शृंगारानुभव और प्रेम का अर्थ समझ नहीं सकते, वहाँ एक प्रकार का अनुराग तो होता है, लेकिन उस सम्बन्ध में कोई रंग, कोई भावावेग, तीव्र कांक्षा, जैसी कोई चीज़ नहीं होती। ये चीज़ें न हों, तो बहुत लोगों को उसमें शृंगारानुभव दिखाई नहीं पड़ता। क्योंकि अपने हृदय के सपनों और रंगों को आरोपित करने की वहाँ ज़रूरत नहीं होती। यह भी कहते हैं कि पहले ही दिन से मामला विवाह जैसा ही फीका रहता है। इससे यह स्पष्ट हो जाता है कि इस काम-जीवन में शृंगार भावना को तीव्रता से उभरना हो, तो जो-जो त्रुटियाँ हमारे देश में हैं, उन सब का होना ज़रूरी है। परस्पर बँधे रहने का भाव, यह मेरा है, या मेरी है, वाला सोच, ईर्ष्या, अतृप्त वांछा, कष्टकर प्रयत्न और यह सन्तुष्टि कि मैंने अपनी श्रेष्ठता से आकृष्ट करके सफलता पाई है–ऐसी दोषपूर्ण मायामय परिस्थितियों का होना ज़रूरी है। पैसे का लेन-देन सबसे अधिक महत्त्वपूर्ण है। बहुतों के लिए शृंगारानुभव का मूल्य पैसे पर निर्भर रहता है।

प्रेम के लिए आदरभाव और भक्ति महत्त्वपूर्ण हैं।

"वह आदमी किसी काम का तो नहीं है, पर मुझे उससे प्रेम है।" ऐसी बात विरले अवसरों पर ही सच हो सकती है। उस दिन के लिए यह बात सच हो भी, तब भी वह दिन बहुत दूर नहीं होगा जब वह प्रेम बहुत सीमा तक घट जायेगा। लेकिन दुनिया की दृष्टि में किसी काम का न भी हो, स्त्री के हृदय में उस व्यक्ति का स्थान बहुत बड़ा हो सकता है। और मामलों में वह बहुत छोटी हैसियत का हो, अशक्त हो या समाज में उसका कोई बड़ा स्थान न हो, तब भी स्त्री ने जिन परिस्थितियों में उससे प्रेम किया था, मन में उसके प्रति आदरभाव जगा था, कम-से-कम उन विषयों में उसके प्रति स्निग्धभाव को नहीं त्यागना चाहिए। आम तौर पर पुरुष के मन में स्त्री की महत्ता आसानी से कम हो जाती है। अपनी बातों के कारण या मन के कारण स्त्री यदि हल्की पड़ गई, तो प्रेम या शृंगारानुभव टिकेंगे नहीं। उसे स्त्रियों में विशिष्ट ही बने रहना होगा। उसके साथ सहवास एक वरदान के रूप में ही स्वीकृत होना चाहिए।

अपने प्रिय को दिव्यता की ऊँचाई तक उठा देना स्त्री के लिए अधिक सरल है। लेकिन ज्यों-ज्यों सभ्यता का विकास होता जायेगा, शिक्षा का प्रसार होगा और अधिकारों के प्रति सजगता बढ़ेगी, स्त्री का पुरुष को नीचे खींचना चलता रहेगा।

दूसरे पुरुषों को चाहे जितना विरोधियों के रूप में, या दुराचारियों के रूप में देखे, स्त्री को चाहिए कि वह अपने पुरुष को कभी न्यून न बनाये। पति को चाहे जितना छोटा समझे पर प्रिय को तो ऊँची वेदी पर ही रखना होगा। अपने ही आदमी को चिढ़ाना, हीन बताना, क्रूर कहना, निर्बुद्धि कहना एक फ़ैशन हो गया है। लेकिन जिसकी बाँहों में वह रात बिताती है, उसे रात में कोसकर दिन में दूसरों के सामने उसे अपमानित करने से अधिक शृंगारानुभव की हत्या दूसरी नहीं है। जिनके सामने स्त्री अपने पति की निन्दा करती है, उनके मन में उस स्त्री के प्रति आदर घट जायेगा। यह बहाना किया जाता है कि उनके प्रियतम पहले उन्नत थे, लेकिन बाद में बदल गये हैं। स्त्री-पुरुष सचमुच यदि बदल गये हों, तो उस दाम्पत्य से हटना ही उनका धर्म होना चाहिए। लेकिन अलग न होते हुए एक-दूसरे की जान खाते रहना ऐसी मूर्खता है, जिस से किसी को सुख नहीं मिलता। किसी का यह सोचना कि हमारे कहने-सुनने से या अड़ोस-पड़ोस के लोगों की हितोक्तियों से ही सही, लोग बदलेंगे और अच्छा जीवन जियेंगें, नासमझी है। शुरू-शुरू में बहुत दिक़्क़तें आयेंगी। शृंगारानुभव के लिए अनावश्यक रूप से जिस माया की सृष्टि कर ली थी, वह जल्दी ही छँट जाती है। लेकिन आकर्षण सच्चा यदि है, तो ऊपरी चमक-दमक ख़त्म हो गयी है, इस बात को लेकर रोना उचित नहीं है। बुद्धिमानी इसी में है कि कोई भी स्त्री या पुरुष आदर्श स्वरूप या न्यूनतारहित नहीं है, इस बात को बार-बार स्मरण में लाते रहें। और कुछ न हो, तब भी एकान्त समय के उनके शृंगारानुभव को ही चाहिए कि वह उनके बाक़ी समय को कान्तिमय बना दे। गौर करने पर पता चलेगा कि दुनिया की अन्य बातों की ही तरह शृंगार की चमक-दमक भी गहरे परीक्षण और तर्क के सामने टिक नहीं सकती। इसलिए जिन में मनोबल का अभाव है, उनको चाहिए कि वे ऐसी परिस्थितियों से बचें, जिनमें दूसरे लोग उनके प्रेमियों को नीचा दिखाते हों। सभी मायाओं में सुन्दर माया है शृंगार। जिस जीवन ने उसे खो दिया है, वह जीवन अभागा है। असल सत्य क्या है, इसकी जाँच करते चलें, तो किसी में भी वह सत्य दिखाई नहीं पड़ेगा। उस बड़े सत्य की, सत्य के सौन्दर्य की कल्पना मन ही कर लेता है।

सच तो यह है कि मनुष्य के लिए अपने मन से और स्वयं अपने से अधिक असत्य दूसरा कुछ नहीं है। हर व्यक्ति इस दृढ़ विश्वास के साथ कि वह सच्चा है और उसका मन झूठ नहीं बोलगा, दूसरी वस्तुओं की सच्चाई की जाँच करने का उपक्रम करता है। कुशल व्यक्ति वे ही हैं, जो अपने प्रेमियों द्वारा अपने चारों ओर

रचे इन्द्रजाल को अक्षुण्ण रखने के लिए स्वयं भी अपने लिए एक सतरंगी मायाजाल तैयार रखते हैं। यह काम वे प्रयत्नपूर्वक नहीं करते। सृष्टि ही उनको सहज भाव से यह कौशल सिखाती है। जो मूर्ख हैं, वे अपने ज्ञान, स्वतन्त्रता या उच्चता के भ्रमजन्य अभिमान में पड़कर अपने श्रृंगारानुभव को चौपट कर लेते हैं। प्रेमियों को बड़ा गर्व होना चाहिए–गर्व इसलिए कि वे फलाँ के प्रेमी हैं। लेकिन उस गर्व का प्रयोग अपने प्रेमियों पर नहीं करना चाहिए। संसार में बहुत उन्नत स्थिति तक पहुँचे हुए व्यक्ति को भी अपनी प्रेमिका के सामने दास की तरह व्यवहार करना चाहिए। इस मामले में श्रीकृष्ण और सत्यभामा का सम्बन्ध आदर्श है।[1] परन्तु इन नयी सत्यभामाओं को वह द्वापर का श्रीकृष्ण भी बर्दाश्त नहीं कर सकता। ज्यों-ज्यों स्त्री अपने अधिकारों के लिए प्रतिरोध कर रही है, उसे अपने ज्ञान और अपनी श्रेष्ठता पर अभिमान होता जा रहा है और उस अहंकार को वह अपने प्रेमी पर दिखा रही है। इसलिए ये स्त्रियाँ सूखकर कर्कशा होती जा रही हैं और हर तरह की शान्ति खोकर अपने सभी मित्रों के लिए दु:सह हो रही हैं।

स्त्री को स्वतन्त्रता होनी चाहिए, प्रेमी को स्वीकार करने की भी और उसका तिरस्कार करने की भी। ऐसी स्वतन्त्रता न होने से ही विवाह में श्रृंगारानुभव दुर्लभ हो गया है। वेश्या की स्वतन्त्रता पैसे पर निर्भर रहने से श्रृंगार के लिए वहाँ भी अधिक गुंजाइश नहीं है। स्त्री और पुरुष में यह भाव उत्पन्न होना ज़रूरी है कि पूरे मन से चाहकर उसका वरण किया गया है। लेकिन इस स्वतन्त्रता का उपयोग दूसरे का विरोध करने के लिए, उसे चिढ़ाने या नीचा दिखाने के लिए नहीं किया जाना चाहिए। यह भी सत्य है कि श्रृंगार में लाचारी या विवशता मनुष्य में न्यूनता का भाव भर देती है। चाहे जितनी आसक्ति हो, तिरस्कृत करने की स्वतन्त्रता तो स्पष्टत: रहनी ही चाहिए। उसका उपयोग करने की आवश्यकता तो नहीं पड़नी चाहिए, पर हमेशा यह आभास देते रहना चाहिए कि वे दुर्लभ हैं, उनके हास-विलास, अनुरागमयी दृष्टि और चेष्टाएँ उनके अनुग्रह पर ही चल रही हैं। इसलिए राजपुत्रों की कहानियों में श्रृंगार ने इतना ऊँचा स्थान पाया है। आज भी कुछ अर्ध-सभ्य जातियों में यह ख़ूब है। यह रसपुत्री आधा परदे में रहती है और दुर्लभ होती है। बहुत कोशिश किये बग़ैर

1. यह कहानी प्रसिद्ध है कि अत्यन्त रुष्ट सत्यभामा को मनाने के लिए अनुनय-मनुहार करते हुए कृष्ण ने सत्यभामा के पैरों में सिर रख दिया था और सत्यभामा ने पदाघात से कृष्ण को परे हटा दिया था और कृष्ण ने इसका बुरा न मानते हुए कहा था कि "मेरे कठोर सिर के स्पर्श से तुम्हारे कुसुम कोमल चरण को पीड़ा तो नहीं हुई?" प्रेम पगी कृष्ण की यह बात सुनकर सत्यभामा को पश्चात्ताप हुआ तो उसने अपना मान त्याग दिया था।

या अपनी जान की बाजी लगाये बग़ैर प्रेमी उसका अनुग्रह प्राप्त नहीं कर सकता। अनिच्छा की स्थिति में वह या तो अपने प्राण दे देगी या ले लेगी। लेकिन स्वीकार नहीं करेगी। जितनी कठिन परीक्षा के बाद प्रेमी मिले उतना अधिक उसका मूल्य होता है। लेकिन एकदम दुर्लभ हो जाये, तो आकर्षण सूख जाता है। थोड़ा-बहुत शृंगारानुभव तो जीवन के अन्त तक जीवित रहना ही चाहिए।

एक-दूसरे की निन्दा करना तो ओछापन है, मूर्खता है। शिकायतें एक-दूसरे से की जा सकती हैं। लेकिन दृष्टि सदा सकारात्मक ही रहनी चाहिए। प्रेमियों के बीच में हमेशा शान्त वातावरण का होना बहुत आवश्यक है। घर में रहने वाली स्त्री को चाहिए कि वह स्वयं और परिवार इस तरह तैयार हों और प्रतीक्षा में रहकर पुरुष का स्वागत करें जैसे किसी महाराजा का, या देव पुरुष का स्वागत कर रहे हों।

स्त्री को चाहिए कि सावधानी से पुरुष की अभिरुचि और उसकी गर्व-बिदुओं के लिए उसे बल और प्रोत्साहन दे, और उसकी उपलब्धियों पर प्रशंसा करने तथा विफलताओं पर सहानुभूति देने की उदारता रखे। यह बहुत आवश्यक है। इसी तरह पुरुष को चाहिए कि स्त्री ने उसके लिए जो प्रयास किये हैं, उन पर, उसकी इच्छाओं, कामनाओं पर अत्यन्त आदर और अनुराग से प्रसन्नता व्यक्त करे।

पुरुष के यश, बल, साख और सामर्थ्य के प्रति स्त्री में अधिक ममत्व होता है। उसकी सदाचारिता, सत्यवादिता, सहनशीलता जैसे पुराण-प्रशंसित विशेष गुणों की उसे इतनी परवाह नहीं होती। युधिष्ठिर से अधिक भीम और अर्जुन के प्रति ही द्रौपदी को अनुराग था। संसार में उन्नति प्राप्त करने के लिए पुरुष चाहे जितना अनाचार करे, स्त्री को उससे ज़्यादा असुविधा नहीं होती। चाहे कहीं से भी लाये, जैसे भी लाये, पुरुष धन और यश लाकर स्त्री के चरणों में अर्पित कर दे, बस! उसे सन्तुष्टि होगी। पुरुष उसके प्रति दुष्टता न करे, बस! पुरुष पूरी दुनिया के साथ अन्याय करे, तब भी उसे कोई दिक़्क़त नहीं होती! मन्दोदरी जैसी स्त्री में रावण के प्रति इसीलिए इतनी निष्ठा थी। पुरुष में स्त्री स्थिरता और वज्र जैसा बल चाहती है। हमारे नये युवकों के नज़ाकत भरे फ़ैशन उसे देर तक आकृष्ट नहीं कर सकते। अपने प्रिय के शरीर पर दुनिया की चाहे जितनी धूल या ख़ून जमा हो, स्त्री बर्दाश्त कर लेगी। स्त्री के सामने पुरुष को कभी हलका नहीं पड़ना चाहिए। असमर्थ नहीं दिखना चाहिए। शक्ति के लिए, उत्साह के लिए, साहस के लिए या धन के लिए उसे स्त्री पर निर्भर नहीं रहना चाहिए।

प्रगाढ़ आसक्ति उत्पन्न होते ही इस इच्छा से कि दोनों को निकट होना है, एक होना है, और एक के विचारों का दूसरे के भी विचार होना बहुत ज़रूरी है, आम तौर पर पुरुष स्त्री की अभिरुचियों में फेर-बदल करने का प्रयत्न करता है। उससे

भी पहले पुरुष के अनुरूप अपने को ढालने के प्रयत्न में स्त्री पुरुष के विचारों को ही तोते की तरह रटने लगती है। लेकिन उस आरम्भिक मोहावेश के घटते ही पुरुष के लिए इस स्त्री रूपी अपनी ही मानसिक फ़ोटो से अधिक जुगुप्साकर दूसरा कुछ नहीं होता। तब स्त्री पुरुष की फ़ोटो ही बनी न रहकर उसका विकृत व्यंग्य चित्र (Caricature) बन जाती है। पुरुष को उससे अरुचि होने लगती है। सच्चाई यह है कि स्त्री और पुरुष एक-दूसरे से जितने भिन्न और जितने एक-दूसरे के पूरक होंगे, आसक्ति उतने लम्बे समय तक टिकी रहती है। उसके लिए सहिष्णुता और जिज्ञासा सीख लें, तो काफ़ी है।

18

ज़िद्दी लोग

कोई कहे कि समाज में इतनी कमियाँ हैं, उस में बदलाव लाना चाहिए, तो लोग ऐसे बौखला जायेंगे, जैसे वह बदलाव अभी से आ गया हो और दुनिया उलट-पुलट हो गई हो। 'समाज भ्रष्ट हो जायेगा', यह कहते हुए ऐसे चीख़ेंगे-चिल्लाएँगे, जैसे समाज की नैतिकता की रक्षा करने का जिम्मा ही ले लिया हो। उन लोगों को यह आशा रहती है कि ऐसी चीख़-पुकार में उनकी करतूतें दब जायेंगी। लेकिन समाज को बदलना कोई ऐसा काम नहीं है, जो किसी एक व्यक्ति द्वारा, एक ही दिन में आसानी से किया जा सकता हो। 'बदलाव होना चाहिए' यह बात कहनेवाला जहाँ एक है, वहाँ एक हज़ार लोग ऐसे हैं जो कहेंगे कि 'बदलाव नहीं होना चाहिए'। यदि कोई बदलाव आता भी है, तो वह ज्वार की तरह ऊपर आकर हमें मिटा नहीं डालेगा। ख़ुद समाज उसके अनुरूप बदलकर स्थिर हो जायेगा।

यदि विवाह का यह बन्धन, जैसा कि नैतिकतावादी कहते हैं, सब के लिए स्वस्थ, सुन्दर और सुखमय बन गया होता, तो कोई बात भी थी। जब ऐसा नहीं है और हर आँखवाले को उसमें सर्वत्र सड़ांध, दुर्नीति, चोरी, हिंसा और ग़ुलामी दिखाई पड़ रही हो, तब यह कहना कि यही विवाह-बन्धन स्थायी रूप में रहना चाहिए, मूर्खता है।

लोग कहेंगे, "हाँ, इस विवाह-व्यवस्था में कमियाँ हैं। लेकिन यही न हो, तो इससे अधिक भयंकर स्थिति पैदा हो जायेगी।"

उन लोगों का सुनिश्चित मत यह है कि जो है, वही अच्छा है और जो आने वाला है, वह अहितकर होगा। नये परिवर्तनों को लेकर सोचने का या उनके अनुरूप आचरण करने का धैर्य या साहस उनमें नहीं है। जब देखो, उनको यही आशंका सताती रहती है कि आगे जो पैदा होने वाले लोग हैं, उनको कलंक न लगे और मेरा पति या मेरी पत्नी कहीं किसी के साथ भाग न जाये। रेलगाड़ी को, भूकम्प को, या

बिजली के इंजन को देखकर निरक्षर लोग जिस तरह डर के मारे काँप जाते हैं कि किसी चीज़ को छू लेने से मुँह पर कोई विस्फोट ही न हो जाये, उसी तरह का डर इन नैतिकतावादियों को, मर्यादावादियों को परिवर्तन से लगता है। विवाह-व्यवस्था में किस चीज़ को छू लेने से जाने कौन-सी आफ़त सिर पर आ जाये, इसकी घबराहट इनको होती है। ऐसे लोगों को या इन नैतिकतावादी मूर्खों को डर लगेगा, कष्ट होगा, यह सोचकर हिचकते रहें, तो कभी प्रगति नहीं होगी। यह सोचकर इन लोगों पर भरोसा करना कि ये नीतिवादी हैं, धर्मपरायण हैं और समाज हितैषिता से ही ऐसी बात कह रहे हैं, ग़लत है। इनके सुकोमल नैतिक हृदयों को जितना ही कसकर चीर दें, उतना ही अच्छा! उनके अन्दर से सारा कलुष बाहर निकल जायेगा और संसार का कल्याण होगा।

कोई कहे या लिखे कि "समाज में इतने सारे दुराचार फैले हैं, इतने सारे लोग व्यर्थ ही पिसते जा रहे हैं" तो वे लोग कहेंगे, "इन सब चीज़ों से तुम को क्या मतलब? जो तुमको चाहिए, उसके बारे में हमको क्यों बता रहे हो? ऐसी कुत्सित बातें सुनाने या सुनने में भी हमारी रुचि नहीं है। उनको दूर भगाओ, या ऊपर चार पत्थर डालकर दफ़न कर दो।"

सुनकर वह आदमी चुप न रहे, तो शोर मचाएँगे, कि "इस आदमी की सारी बातें झूठी हैं, घिनौनी हैं, अनैतिक हैं। इस से बात मत करो।"

इन लोगों के अनुसार कहानी, नाटक सब में पवित्र लोगों को ही होना चाहिए। दुश्चरित्र अगर कुछ हों, तो उनको निश्चित रूप से दण्ड मिलना चाहिए। अच्छी पुस्तकें पढ़कर मन को शान्त कर लेना चाहिए कि सारे संसार में ऐसा ही हो रहा है। व्यभिचारी या किसी के साथ भाग जाने वाले इनकी दुनिया में हैं ही नहीं। सब जगह धर्म है। यहाँ तक कि पति-पत्नी भी जब तक सुखपूर्वक परदे के पीछे नहीं जाते, तब तक इनको नाटक अच्छा नहीं लगता।

कोई कहे, कि पतिविहीन अनाथाएँ भी दुनिया में हैं, तो यह कहकर कि "जाने भी दो भाई, उनसे हमारा क्या वास्ता?" निश्चिन्तता से, अलस भाव से, किन्हीं धर्मात्माओं की या पतिव्रताओं की कहानियाँ पढ़ते हुए, रात को भरपेट भोजन करने के बाद पत्नी के साथ एक ही शय्या पर लेटकर सो जाते हैं।

यों करुणा और संवेदनशील अन्तरात्मा रखने वाले लोग भी बहुत हैं। लेकिन उनको इन कष्टकर विषयों के बारे में बताने वाले कोई नहीं हैं। बताने का मार्ग भी नहीं है। उनको मालूम नहीं है। वे जो शुद्ध-स्वच्छ पुस्तकें और पत्रिकाएँ पढ़ते हैं, उनमें इस तरह की वास्तविक बातें नहीं होतीं। उन लोगों की पवित्र पत्रिकाएँ ऐसी

कहानियाँ तो बड़े-बड़े अक्षरों में छापती हैं, जिन में ग़ाली-गलौच और मारपीट के बाद लाचारी में 'मियाँ-बीवी' के फिर से आलिंगन में बँध जाने की बात होती है। वे ऐसी स्त्रियों के समाचार नहीं छापतीं, जो यातनाएँ झेलने के बाद पति के घर से बाहर निकल जाती हैं। निर्मलात्मा, आचार परायण और पतिव्रताएँ जितने छली-कपटी, भीरु और स्वार्थी होते हैं, उतने दूसरे नहीं होते। उनको इस बात का खटका सताता रहता है कि उनकी बेटियाँ और बीवियाँ किसी के साथ भागकर कहीं बदनामी न ले आयें, उनकी विधवा बहिनें और माँएँ विद्रोह करके घर की चाकरी करने में कोई दिक़्क़त न पैदा कर दें। सच सामने आ गया तो उनकी पवित्रता, निर्मलता और छल का परदाफाश हो जायेगा, इसलिए वे लोग सच बोलनेवालों का मुँह बन्द करने की कोशिश करते हैं।

ऐसे सुधार की बहुतों को ज़रूरत नहीं है। वे लोग रसोई बनाने वाली पत्नी से और दफ़्तर जाने वाले पति से सुखी ही रहते हैं। इनको आश्चर्य होता है कि मज़े से खा-पीकर चुप बैठने के बजाय कुछ लोग 'सुधार, सुधार' क्यों चिल्लाते रहते हैं। वे लोग अपने जीवन-दर्शन के ही अनुसार यह निश्चय करके सन्तुष्ट होते रहते हैं कि उन्हीं की तरह ये सुधारक भी अपने स्वार्थ के लिए ही ये तकलीफ़ें उठा रहे हैं। उनके भोजन और कामेच्छा की तुष्टि की व्यवस्था होती रहे, तो दुनिया का चाहे जो हाल हो, उनको चिन्ता नहीं होती। दरवाज़े का भिखारी या साथ वाले कमरे की बाल विधवा उनकी पवित्र आत्माओं को बैचेन नहीं करते। कर्मवाद उनके आनन्द और निश्चलता की व्यवस्था करता है। लेकिन ऐसे भी लोग हैं, जो चालू व्यवस्था से सन्तुष्ट नहीं होते और चाहे जिस कारण से हो, दूसरे प्रकार के जीवन की कामना करते हैं। लेकिन समाज इतना भी नहीं करता कि ऐसे लोगों को निर्विघ्न अपने रास्ते जाने दे। अपनी निरामयता के लिए समाज ऐसे लोगों को कुचलकर मिटा देना चाहता है। ऐसे भी लोग हैं, जो यह नहीं जानते हुए कि उनकी आशा-आकांक्षाएँ, उनकी व्यथा, उनकी विद्रोह-प्रवृत्ति ये सब मानव के लिए सहज और हितकारी हैं, उनको अन्दर-ही-अन्दर दबाकर दुख और हीनता का अनुभव करते हैं। यह पुस्तक उन लोगों के लिए है। यहाँ ऐसे 'बुद्धिमान' लोग भी हैं, जो इस धोखे में रहकर और यह विश्वास करके कि वे जो भी निरंकुश शासन कर रहे हैं, और जो क्रूरता दिखा रहे हैं, वह न्यायसंगत है, आवश्यक है और समाज के लिए हितकर है, अपनी धर्मबुद्धि से लोगों को दुख देते रहते हैं। यह पुस्तक उनकी आँखें खोलने के ही लिए है। यह उन महात्माओं के लिए नहीं है, जो प्रतिष्ठा और नैतिकता की चिन्ता में, शुष्क दर्शन में, समाज कल्याण के दिखावे में, देशोन्नति के प्रचार में और धर्म में जमकर पथरा

गये हैं। उनको कोई भी चीज़ विचलित नहीं कर सकती। उनकी 'कोमल' आत्माओं को चीरकर और पाषाण सदृश उनके हृदयों को फोड़कर आगे बढ़ जाना ही होगा। दूसरा कोई उपाय नहीं है।

"समाज भ्रष्ट हो गया है, दुनिया उलट-पुलट हो गयी है। पारम्परिक आचार-विचार मिट्टी में मिल गये हैं। कलियुग जो है!" इस तरह बड़बड़ाने के अलावा हाथ-पैर हिलाने की ताक़त भी इनमें नहीं है।

यौवनावस्था से लेकर बुढ़ापे तक लोगों के जीवन पर शासन करने वाली इस महाशक्ति के बारे में लिखना या बात करना अश्लील हो गया है। इसलिए इस विषय का स्वच्छ ज्ञान नष्ट हो गया है और अलग-अलग लोगों के मन में अलग-अलग कल्पनाएँ सड़ती जा रही हैं। एक के अनुभव का लाभ दूसरे को नहीं मिल पा रहा है। इस विचार के कारण कि कामेच्छा लज्जाकर विषय है, और अपनी कामना-कल्पनाओं को किसी के सामने प्रकट न कर पाने के कारण, लोगों में इसको लेकर अनेक ग़लत धारणाएँ फैल गयी हैं। यह अज्ञान अत्यधिक व्यथा और पीड़ा का कारण बन गया है।

कामेच्छा और प्रेम को लेकर इतने सारे मूढ़ विश्वासों और अन्यायपूर्ण पाबन्दियों के पीछे इन विषयों में लोगों का अपना अनुभव ही सक्रिय है। जिसमें कामेच्छा नहीं होती उसे कामेच्छा रखने वाला व्यक्ति पापात्मा लगता है। जो पत्नी से प्रेम करता है, वह व्यभिचार को समझ नहीं सकता। व्यभिचारी को यह सोचकर आश्चर्य होता है कि कुछ लोग हमेशा एक पत्नी के साहचर्य से सन्तुष्ट रहते हैं। जो सुन्दरता को समझ नहीं सकता, उसे सुन्दरता का लोलुप उन्मत्त-सा लगता है। एक की आसक्ति दूसरे की नहीं हो सकती। एक का स्वभाव दूसरे का नहीं हो सकता। कुछ लोग कामेच्छा को दबा लेते हैं। उनमें वह इच्छा उतनी थोड़ी होगी जितनी को दबाया जा सके। यह भूलकर कि ऐसे भी लोग होते हैं जो उसे दबा नहीं सकते या उनमें इतना कामोद्रेक होता है कि उसे दबाया नहीं जा सकता, यह व्यवस्था देते हैं कि सबको उसे दबा लेना ही चाहिए। स्त्री की प्रकृति और उसकी कामेच्छा को पुरुष समझ नहीं सकता। पुरुष का मामला स्त्री की समझ में नहीं आता। भारत की स्त्रियों को देखकर उनको ग़ुलाम कहना पश्चिमी लोगों के लिए आम बात है। उसी तरह पश्चिमी लोगों को देखे बग़ैर उनको अनैतिक करार देना इस देश के लोगों की परिपाटी है।

यह सारा टंटा-झमेला इसीलिए है, कि इस विषय को लेकर लोग खुलकर बात नहीं करते। होना यह चाहिए कि पुस्तकों, चर्चाओं और विचार-विनिमय द्वारा यह ज्ञान ख़ूब फैले। बहुत से इज़्ज़तदार लोग, जिनको देखकर लगता है जैसे स्त्री के

विषय में उनकी कोई दिलचस्पी नहीं होगी, एकान्त में अपनी मित्र-मण्डली में बैठते हैं, तो ज़बान को खुली छूट देकर ऐसी-ऐसी बातें करते हैं जिनको उच्चरित करना या सुनना तक सब के बस की बात नहीं होती। लेकिन ऐसी अश्लील वार्ताओं का कारण कुछ और है। सही तरीक़े से सन्तुष्टि पाने में असमर्थ ये लोग अपनी प्यास बुझाने के लिए जिह्वा-चालन करके तृप्त हो लेते हैं। अपने को पतिव्रता समझनेवाली बड़ी-बड़ी स्त्रियाँ भी एकान्त में जब चार इकट्ठी हो जाती हैं, तब भी यही होता है। इस विषय में वैज्ञानिक तथ्यों का आधार लेकर स्वस्थ और स्पष्ट दृष्टि से खुलकर बात करने वाले कम ही होते हैं।

बनावटी भोलापन हमारे देश ने ईसाइयों से सीखा है। पहले संन्यासी लोग तो स्त्री का वर्णन नहीं करते थे, पर गृहस्थ कामेच्छा को, या कामशास्त्र को, या रतिबन्धों को, या स्त्री को भोगने को लेकर लज्जित होने की मूर्खता कभी नहीं दिखाते थे। निस्संकोच सब प्रकार का सुख प्राप्त करते थे। उनके मन स्वच्छ होते थे। ईसाई धर्म के सम्पर्क में आने के बाद स्त्री से सम्पर्क ही अश्लील काम हो गया है। ख़ासकर स्त्रियों के लिए पुरुष की हवा तक नरक से बहने वाली विषज्वाला बन गयी। वह कार्य एक ऐसा पाप का काम हो गया है जो शरीर की प्रेरणा के सामने हारकर और पुरुषपशु के द्वारा उकसाये जाने पर किसी झाड़ी के पीछे किया जाता है। शैतान के द्वारा उकसाये जाने के बाद यदि वह काम हो भी गया, तो उसको लेकर न बात करनी चाहिए, न कुछ जानना चाहिए, न ही सोचना चाहिए। ऐसा बर्ताव करना चाहिए, जैसे कुछ हुआ ही न हो। चाहे पति-पत्नी ही हों, उनको ऐसे दिखना चाहिए, जैसे कभी साथ बैठते भी न हों। आधी रात के वक्त अँधेरे में चोरी-छिपे, सकुचाते-शर्माते, कोसते-झींकते, प्रार्थनाएँ करते हुए आँख मूँदकर एक मिनट में उस काम को इस तरह निपटाते हैं जिस तरह लोग फ़ारिग हो लेते हैं। और फिर चुपचाप वहाँ से निकलकर ऐसे दिखाई देने की कोशिश करते हैं जैसे बड़े वीतराग हों। इज़्ज़तदार लोगों के लिए उचित काम यही जो माना जाता है! यह कभी स्वीकार नहीं करना चाहिए कि सहवास का सुख उन्हें मिल रहा है। उसके विषय में कुछ जानकारी प्राप्त करके और अधिक आनन्द प्राप्त करने की कोशिश तक नहीं करनी चाहिए। अत्यन्त सुन्दर और सरल सृष्टि-कार्य की ऐसी दुर्गति हो गई है!

ऐसे सभी साधारण लोगों के लिए विवाह का यह बन्धन ज़रूरी है। ज़रूरी है, इसीलिए यह संस्था अमल में आयी है और टिकी हुई है। उसका अतिक्रमण करने की स्थिति तक संसार अभी पहुँचा नहीं है। लेकिन अनेक विशिष्ट व्यक्तियों ने इतनी उन्नति कर ली है कि उनके लिए वैवाहिक सम्बन्ध आवश्यक नहीं है। विवाह उनके

लिए एक रुकावट है। संसार ऐसे व्यक्तियों का बहिष्कार करके सताता है। जब तक स्त्री और पुरुष एक-दूसरे को अपना ग़ुलाम और अपनी सम्पत्ति मानकर ईर्ष्याग्रस्त होते रहेंगे, तब तक संसार इससे अधिक उन्नति नहीं कर सकता। और जब तक उस तरह के थोड़े लोग बन्धनों से निकलकर और सीख देकर परिवर्तन नहीं लायेंगे, अपने आप कोई भी सुधार नहीं होगा। इस नयी व्यवस्था का मुख्य साधन स्त्री ही है। उसे चाहिए कि अपनी स्वतन्त्रता के लिए प्रतिरोध करे और पुरुष का, सन्तान का और संसार का पुनरुद्धार करे। जब तक वह इस तरह ग़ुलाम बनकर पड़ी रहेगी, तब तक पुरुष क्षुद्रात्मा और क्रूर ही बना रहेगा। सन्तान नीच और ग़ुलाम बनी रहेगी। इस नये युग के व्यवस्थापकों को इस नीचता से, अल्पत्व से, ईर्ष्या से और अधिकार भावना से, ऊँचे उठना होगा। स्वार्थ और अहंकार पर विजय पानी होगी। तभी वे स्वतन्त्रता और नये सुधार के योग्य बन सकेंगे। 'स्वेच्छा चाहिए' कहने का यह मतलब नहीं कि लोग इस सारी नीचता को आगे भी हृदय में छिपाकर रखें, स्वयं स्वेच्छा का उपभोग करते हुए उसे दूसरों को न दें, और निरे स्वच्छन्द और स्वार्थी बन जायें। जिन में अल्पत्व के ऐसे गुण हैं और जो अपने तमोगुण का दमन नहीं कर सकते, उनके लिए तो ये सामाजिक पाबन्दियाँ ज़रूरी हैं।

सृष्टि-कार्य में लज्जा की कोई बात नहीं है। वह मनुष्य के सुखों में सब से बड़ा सुख है। किसी दूसरे जीव के साथ शरीर ही नहीं, आत्मा भी एक हो गयी, तो उस क्षण दोनों इतने निकट आ जाते हैं जैसे उनमें द्वन्द्व की स्थिति समाप्त हो गयी हो। उस समय भुवनों की सृष्टि करनेवाले शिव के अंश को हम अपने अन्दर अनुभव कर लेते हैं। वह शक्ति ऐसी है, जिसको लेकर हर व्यक्ति को गर्व करना चाहिए। इस ज़माने में वह नीचता में बदल गयी है और उससे सम्बद्ध सारे काम चोरी के हो गये हैं।

आज की स्थिति में पति को दफ़्तर से लौटते वक़्त पत्नी के लिए एक आने की पकौड़ियाँ ख़रीदकर उस पोटली को रात के दस बजे तक दूसरों की आँखों से सुरक्षित रखना होता है। एक पैसे के फूल ख़रीदकर घर की दूसरी स्त्रियों से बचाकर पत्नी के जूड़े के हवाले करना होता है। आगे रात होते ही सब की आँख बचाते हुए चुपके से कमरे में घुसना होता है। उस कमरे के न दरवाज़े होते हैं, न खिड़कियाँ ही होती हैं। पीढ़ी-दर-पीढ़ी एक कोने में एक चारपाई पड़ी सड़ रही होती है। पेट-भर खाना खाने के बाद, आलस और अर्ध-निद्रा की हालत में, धूल-धक्कड़ और गन्दगी में, सड़ियल इत्र लगाकर 'निष्काम' भाव से ये लोग सृष्टि-कार्य करते हैं और इस तरह दम्पती कहलाते हैं। कभी-कभी एक-दूसरे के प्रति द्वेष रखने वाले भी–जो

एक-दूसरे की सूरत तक देखना पसन्द नहीं करते, और जो सन्देह, क्रोध और चिढ़ से परेशान रहते हैं, वे भी किसी बात को लेकर लड़ते-झगड़ते हुए झट से दो मिनट में निबटकर एक-दूसरे को देखने और झेलने से बचते हुए अलग होकर निकल जाते हैं। लेकिन बेचारे दूर भी कहाँ जा पाते हैं? उस कमरे के बाहर जाना सम्भव नहीं है। एक-दूसरे से घिन है। इनको कोई बाहर देखे तो इनके पति-पत्नी होने में शक होने लगता है। उसी चारपाई पर फिर झगड़ा शुरू। ज़ोर से बात नहीं कर सकते, न प्रेम से न द्वेष से। एक दूसरी जोड़ी उस कमरे के साथ! बगल में बच्चे! नरक!

स्वेच्छा से, स्वच्छ जगहों में मुक्त भाव से सुख भोगने को वे पशुता कहते हैं। जंगलों में, हरे-भरे मैदानों में, आकाश के तले मिलने वाले पशु इन कमरों को देखकर घिनाएँगे नहीं? यहाँ की हवा को क्षण-भर भी वे बर्दाशत कर सकेंगे? ये लोग पशु भी कहाँ हैं? ये तो तिलचट्टे और घूस हैं!

असल में मानवेतर सृष्टि में स्त्री-पुरुष नीति की समस्या बहुत कम है। ये व्यभिचार, ईर्ष्या, रोना-धोना, विरह, वहाँ हैं ही नहीं! अविहित और असहज रीति से एक कामसुख में ही जीवन व्यतीत करनेवाले मनुष्यों में ही यह अधिक है। स्त्री से सहज मैत्री की मिठास पाने की शक्ति पुरुष ने खो दी है, तो पुरुष से आदर और भक्ति पाने की गरिमा को स्त्री ने खो दिया है और उन दोनों के लिए एक कामसुख को छोड़कर एक-दूसरे से पाने योग्य दूसरा सुख कोई नहीं रह गया है। इस कारण और एक-दूसरे को आकृष्ट करने के उपायों की खोज करते हुए आशा और तत्परता के साथ जीने में असमर्थ होने के कारण इस समस्या ने इतना विकट रूप ले लिया है। जब दोनों धीर, मेधावी और स्वस्थ होंगे तब एक के काम में, बातों में और विचारों में दूसरे को अपरिमित आनन्द की प्राप्ति होगी। वहाँ सख्यभाव ही महत्त्वपूर्ण बन जायेगा और कभी किसी महदानन्द के क्षणों में बिना लज्जा के स्वच्छ और सुन्दर स्थान में अत्यन्त प्रेम और कामना के साथ मिलकर ऐसे लोग सुख प्राप्त करेंगे।

19

समाज और स्त्री

केवल सहज कामेच्छा की तुष्टि ही लक्ष्य हो, तो विवाह की आवश्यकता नहीं है। समाज के लिए विवाह ज़रूरी है–

1. बच्चों के लालन-पालन में माता-पिता दोनों योगदान दें, इसलिए।

2. स्त्री-पुरुष गृहस्थ जीवन बितायेंगे, तो स्त्री के लिए पुरुष और पुरुष के लिए स्त्रियाँ झगड़ेंगी नहीं।

3. समाज के स्वास्थ्य के लिए।

व्यक्तियों को विवाह की इच्छा इसलिए होती है कि–

1. जिस पर वह आसक्त है, उस स्त्री या पुरुष पर उसी का विशेष अधिकार बना रहे, इसलिए।

2. कोई एक कमाए, तो दूसरा और बच्चे पल सकें।

स्त्री और पुरुष परस्पर मोहासक्त होते रहने पर भी, चूँकि मोहासक्ति सामान्यतः चंचल होती है, इसलिए स्त्री-पुरुष स्वभावतः स्वेच्छा ही की कामना करते हैं। लेकिन समाज अपनी सुरक्षा के लिए व्यक्तियों को बाँधे रखता है। इसलिए व्यक्ति और समाज के बीच यह संघर्ष निरन्तर चलता ही रहा है। इन व्यक्तियों को परस्पर बाँधे रखने के लिए समाज ने कई उपाय किये हैं–

1. यह धर्मादेश दिया है कि विवाह ईश्वर निर्मित है, शास्त्र विहित है, पुण्य है और धर्म है। विशेषकर हिन्दू परम्परा में। इसके अलावा संयुक्त परिवार के हित की दृष्टि से उसने स्त्री को केवल पति की ही नहीं, पूरे परिवार की वशवर्तिनी बना दिया।

2. सम्पत्ति पर बच्चों के अधिकार की व्यवस्था की।

3. सामाजिक बहिष्कार और अप्रतिष्ठा का बड़ा भय दिखाकर वह लोगों पर शासन कर रहा है।

समाज का कल्याण विशेष रूप से स्त्री पर निर्भर है, यह बताकर स्त्री को समाज की दासी बनाने के उद्देश्य से हिन्दू परम्परा में विधि-निषेधों का एक जाल

ही बुना गया। विवाह पर, उससे अधिक पति पर स्त्री का भक्तिभाव बना रहे, इस पर ख़ूब ज़ोर दिया गया। पति ही परमेश्वर है–चाहे जैसा हो। वह अपने रूप के कारण या गुण के कारण नहीं–केवल इस कारण कि वह पति है, पूज्य बन बैठा। बचपन से ही यह बताया जाता है कि विवाह स्त्री का लक्ष्य है, और विवाह करने के लिए ही उसका जन्म हुआ है। फिर शिशु अवस्था से ही उसके पति का निर्धारण कर दिया जाता रहा है और पति के अधीन रहने, उसकी सेवा करने और उसे सर्वगुण- सम्पन्न मानते हुए उसकी महिमा बखानते हुए घुट्टी में ही उसे सेवाधर्म का उपदेश दिया जाता रहा है। विवाह के बाद से ही उस पति की दीर्घायु के लिए अनेक पूजाएँ और व्रत कराकर, गाने गवाकर यह धारणा स्त्री के मन में गहरे रोप दी जाती रही है कि पति से अलग उसका कोई जीवन नहीं है, धर्म नहीं है, उसका सब कुछ–उसकी सुन्दरता, शोभा, कला कौशल, आनन्द, और प्राण तक पति के लिए ही है। एक पत्नी ने ही नहीं, सास-ससुर, सालियाँ, सम्बन्धी, सब ने ही दामाद का मान किया। इस सारे मामले में प्रेम, आसक्ति, कामेच्छा इनकी कहीं कोई चर्चा नहीं है। स्त्री का शरीर, मन और प्राण सब पति को अर्पित हो गये।

अब समाज का दूसरा विधान यह रहा है–

माँ बनकर बच्चों को पाल-पोसकर धन्यता प्राप्त करना जैसे आदर्शों को सामने रखकर स्त्री जीवन पर चमत्कारी ढंग से शासन किया गया। युगों से दूसरी कोई बात सोचने के लिए, दूसरे किसी आकर्षण के लिए या विरोध-प्रतिरोध के लिए स्त्री को न अवसर था, न समय ही। गृहस्थी के जुए में जुतने से लेकर पति के साथ अनवरत कर्मकाण्ड। व्रत, पूजा, अग्निहोत्र, श्राद्ध, और विवेचनारहित दमघोंटू सेवा से स्त्री का जीवन भर दिया गया। इस तरह पति और परिवार के साथ पत्नी के सम्बन्ध को कामबद्ध और प्रेमबद्ध न रहने देकर उसे धर्मबद्ध बना दिया गया। अन्ततः आश्चर्यजनक तरीक़े से पति की भक्ति और उसकी महिमा को इस हद तक बढ़ा दिया गया कि पति के शव के साथ जल मरने को ही स्त्री अपने लिए महान वरदान समझने लगे।

वर्ण-व्यवस्था की ही तरह यह विवाह-व्यवस्था भी लम्बे समय से बनी हुई है। लेकिन पुराण-कथाएँ इस बात की गवाही देती हैं कि हर युग में कुछ विशेष व्यक्ति इन लौह-नियन्त्रणों की अवेहलना करते रहे हैं और समाज का इतना सारा आयास रसिक हृदयों के मामले में व्यर्थ ही रहा है। लेकिन आज भी जन साधारण के लिए तो कोई परेशानी पैदा न करने वाला, दो-तीन बच्चों का बाप और गृहस्थी में बँधा रहने वाला आदमी ही ठीक रहता है। इससे अधिक की वह आशा नहीं करता। गहने, कपड़े, खाना-पीना, समाज में मान-मर्यादा ये सब सम्पूर्ण शान्ति दे रही हैं। इसीलिए लोगों को विवाह इतना प्रिय है।

विशिष्ट व्यक्ति को तो स्वतन्त्रता ही प्रिय होती है। उसे स्वतन्त्रता दे दें तो क्या हरज है? एक पति से कामेच्छा को सन्तुष्ट कर लेना लोकधर्म है, यह तो स्वीकृत हो गया है। इस शरीरेच्छा की कोई निन्दा नहीं करता। इसलिए तुष्टि एक से पाये या बीस से, कोई फ़र्क़ नहीं। लेकिन बच्चों और गृहस्थी पर संकट आ जायेगा। अब इस पर विचार करें, कि आज की इन गृहस्थियों के कारण बच्चे कितने निरापद हैं। बच्चे निरापद रहें, इसके लिए–

1. माता-पिता को स्वस्थ और विवेकशील होना चाहिए। आज दोनों ऐसे हैं क्या? उस उद्देश्य से विवाह हो रहे हैं क्या? बच्चों के कल्याण की कामना करने वाला समाज रुग्ण और अविवेकी लोगों को बच्चे जनने से रोक रहा है कहीं? या कम-से-कम जोड़ियों में परिवर्तन कर रहा है क्या?

2. माँ-बाप बच्चों से प्रेम करने वाले और उनकी सुख-सुविधाओं का ध्यान रखने वाले होने चाहिए। चलो यही सोचते हैं कि सामान्य रूप से प्रकृति जो देती है, वह प्रेम तो होता ही है, इसलिए वे किसी तरह पाल लेंगे। लेकिन जब वे लोग बच्चों का ठीक से ध्यान नहीं रखते, तब समाज क्या करता है? माता-पिता चाहे जो करें, कोई शिकायत नहीं हो सकती। समाज तो यही कहता है कि वे जो भी करते हैं, धर्मसम्मत है।

3. बच्चे को जो शारीरिक और शैक्षिक सुविधाएँ चाहिए, उन्हें देने के लिए माँ-बाप को साधन-सम्पन्न होना चाहिए। लेकिन ऐसा है क्या? ग़रीबों के ही बच्चे ज़्यादा होते हैं। तब समाज क्या कर रहा है?

इसलिए यह मानना कि आज का वैवाहिक बन्धन बच्चों का संरक्षण करता है, सही नहीं है।

समय बदल गया है। परिस्थितियाँ बदल गयी हैं। जो धर्म पहले लोगों के मन पर शासन करते थे, वे अब व्यर्थ हो रहे हैं। स्वतन्त्र चिन्तन बढ़ गया है। हमारे देश में स्त्रियाँ पतियों के लिए पहले जिस भक्तिभाव से व्रत करती थीं, अब करती हैं क्या? इन दहेजों, दूल्हे की इन ख़रीददारियों, इन सौदेबाज़ियों और विद्वेषों के बीच पति-भक्ति टिकी रह सकती है कहीं? कितनी पत्नियों को पति पर सच्ची भक्ति है? लोगों के इतना बदल जाने पर भी समाज अपनी पूर्व कठोरता से गृहस्थियों को सुस्थिर रखने का प्रयत्न करता ही जा रहा है। गृहस्थी को आनन्दमय बनाकर पूरे जीवन को मधुर गीत की तरह बिताने योग्य बनानेवाली भक्ति जब समाप्त हो गई हो, तब इन शून्य अन्ध-गृहों में मनुष्यों को बाँधकर रखने से क्या लाभ?

सबसे बड़ी बात यह हुई है कि आर्थिक समस्या बढ़ी है। समाज और शासन यही कहता है कि कामेच्छा को सन्तुष्ट करना हो, मोहास्पद व्यक्ति का साहचर्य चाहिए हो, गृहस्थी की सुख-शान्ति चाहिए हो या बच्चे प्यारे लगते हों, तो विवाह करना ही पड़ेगा। लेकिन विवाह होते ही पैसा चाहिए–यह पैसा कौन-सा समाज कृपापूर्वक प्रदान करेगा? इस देश में लोगों को छोटे-छोटे बच्चों को एक-दूसरे के पल्ले बाँधने का शौक़ तो है, लेकिन जब वे दोनों छोटी उम्र में ही घर गृहस्थी के बोझ के तले दबकर आजीवन बच्चों को पालने में और डॉक्टरों की माँग पूरी करने में जो यातनाएँ झेलते रहते हैं उन से कौन बड़े-बूढ़े उनको छुटकारा दिला रहे हैं? पश्चिमी देशों में विवाह के मामले में आज़ादी होने से ग़रीब स्त्री-पुरुष विवाह नहीं करते।

स्त्री की स्वतन्त्रता को भी सीमाओं में रखना मुश्किल हो गया है। बड़ों ने रिश्ता तय किया हो, तो कहेंगी कि होश सँभालने से पहले ही बाँध दिया था! उन्हीं के निर्णय पर छोड़ दें, तो कहेंगी, "हम से चूक हो गयी।" छोटी उम्र में शादी करने के लिए कहें, तो कहेंगी, "अभी अनुभव कम है।" बड़ी होने के बाद करने के लिए कहें, तो कहेंगी। "इस बीच काम कैसे चलेगा?" पति को बदलने की अनुमति न दें, तो वे ख़ुद बदल लेती हैं। अनुमति दें, तो गृहस्थियाँ टूट जायेंगी। बच्चों का आश्रय छिन जायेगा।

लेकिन समाज, पुरुष और शास्त्रों ने स्त्री को चाहे जितना दबा रखा हो, उस पर चाहे जितनी हुकूमत की हो, वह केवल ऊपर से देखने में ही दबी हुई दिखती है। वास्तव में उसने अपनी आत्मा नहीं खोई है। पुरुष डींग हाँकता रहता है कि स्त्री उसमें लीन हो गयी है। लेकिन वास्तव में इसका श्रेय पुरुष की प्रज्ञा को नहीं है। चूँकि यह समाज का आदेश है, उसकी मर्यादा है, उसका आधार है, इसलिए स्त्री पति का कहना मान रही है। लेकिन जब उससे कहा जाये कि समाज की अवेहलना करके पति का अनुसरण करो, तो वह पति को त्याग देगी, समाज को नहीं। यह सभी समाज-सुधारक पुरुषों के अनुभव की बात है। यानी इन गृहस्थियों में इतना प्रेम बसता है! लेकिन स्त्री के जीवन में जब प्रेम घटित होता है, तब उसका प्रेमी उससे चाहे जितना त्याग करवा सकता है। चाहे जितने प्रकार से समाज की अवज्ञा करवा सकता है।

लेकिन इस बात का भय है कि चिरकाल से चली आ रही विवाह-व्यवस्था को छेड़ने से जाने कितने उपद्रव उपस्थित होंगे! मान लीजिए कि शासन के आदेश से आज विवाह पर प्रतिबन्ध लगा दिया जाता है। तब क्या होगा?

बिना विवाह का नाम लिए आज की ही तरह बहुत से स्त्री-पुरुष साथ रहेंगे। क्रमशः परिवर्तन होंगे। लेकिन एकदम सब उलट-पुलट नहीं होगा। अब कालक्रम में जो उपद्रव हो सकते हैं, वे कौन-से हैं?

1. स्त्री की स्वतन्त्रता और पुरुष की स्वतन्त्रता के बीच संघर्ष–आज समाज पर शासन करने वाली रूढ़ियों और प्रथाओं के हट जाने से धर्म नाम की चीज़ नहीं रहेगी। स्त्री जब अपनी स्वतन्त्रता की माँग करेगी, तब पुरुष अन्यायपूर्ण तरीक़े से उस पर रोक लगायेगा। स्त्री के नये प्रेमी का पुराने प्रेमी से टकराव होगा। स्त्रियाँ भी पुरुष के लिए यही करेंगी।

तब धर्म, न्याय और स्वतन्त्रता को शासन सँभालेगा। अब लोग विवाह को जिस तरह सम्मान की दृष्टि से देखते हैं, उसी तरह तब उस सम्बन्ध को देखेंगे।

लेकिन विद्या, ज्ञान, मानव स्वभाव का औदात्य तथा विकास के बिना यह सब नहीं हो पाएगा। युगों से जो पुरुष स्त्री पर अपना अधिकार मानता आया है, वह अपनी राय जल्दी बदलेगा नहीं। वह बदले, इसका एक ही रास्ता है–स्त्री की स्वतन्त्रता।

2. गृहस्थियाँ–आज की तरह नहीं होंगी। पत्नी का पति की वशवर्तिनी होकर रहना ख़त्म हो जायेगा। तात्कालिक रूप से दम्पती बदलेंगे। इससे बच्चों को हानि हो सकती है, यह बात पहले हम कह चुके हैं। इससे आर्थिक परिस्थितियाँ बदलेंगी और स्त्री को जब सम्पत्ति और कमाने का अधिकार मिलेगा, तब यह समस्या ग़ायब हो जायेगी।

3. स्वास्थ्य–आज जितना व्यभिचार है, वह निश्चित रूप से कम हो जाएगा। ज्ञान में वृद्धि होगी। इसलिए स्वास्थ्य को लेकर चिन्ता करने की ज़रूरत नहीं होगी।

स्वतन्त्रता का स्वाद एक बार लोगों ने चख लिया, तो फिर उसकी चेतना को दबाना किसी के लिए सम्भव नहीं होगा। अन्य जातियों की तरह स्त्रियों में भी नयी चेतना आयेगी। उसकी प्रगति में पुरुष जितनी ही बाधा देगा, उतनी ही शीघ्रता और तीव्रता से स्त्री उसका प्रतिरोध करेगी। अन्ध देशप्रेमी लोग इस विश्वास में भूले रहते हैं कि किसी जादू के प्रभाव से इस देश में तो स्वतन्त्र होकर भी स्त्री पहले की पति-परायणाओं की तरह गृहस्थी से चिपकी पड़ी रहेगी। लेकिन जब उसका अपना व्यक्तित्व उभरेगा, तब विवाह-विच्छेद और पुरुष के अधिकार का निराकरण अवश्यम्भावी है।

ऐसी स्थिति को आने से रोकना हो, तो विवाह, पतिभक्ति और सेवा को ईश्वर का आदेश और स्त्री जीवन का धर्म घोषित करके समाज को ही पति का चुनाव करके इस तरह शासन करना होगा कि स्त्री-स्वतन्त्रता और आसक्ति जैसे शब्द कहीं सुनाई न पड़ें। यह न करके समाज ने यदि यह स्वीकार किया कि स्त्री का भी व्यक्तित्व है, उसकी अपनी इच्छा-अनिच्छा और स्वतन्त्रता होती है, तो फिर पति,

घर-गृहस्थी, बच्चे, धर्म, विधि-निषेध, सब को पूरी तरह अपने अधीन करके जब तक अपने निर्णय स्वयं नहीं लेती, तब तक स्त्री अनवरत युद्ध करती रहेगी। इसलिए समाज के कर्ता-धर्ता बीच-बीच में जो विधवा-विवाह, स्त्री शिक्षा, प्रौढ़ विवाह जैसे छुट-पुट सुधार करते रहते हैं, उनसे वह कभी सन्तुष्ट नहीं होगी।

पश्चिमी देशों में युद्ध के बाद स्त्री स्वतन्त्र हुई है। सामाजिक सुरक्षा के नाम पर, या पुरुषों के आनन्द के नाम पर, या गृहस्थी की स्थिरता के नाम पर, अपनी स्वतन्त्रता का त्याग करने से इनकार करके स्त्री ने प्रतिरोध किया है। उसने अपनी स्वतन्त्रता को अपने हाथ में ले लिया है। इसलिए अब उन देशों के लोगों को यह समस्या सता रही है कि स्त्री को स्वतन्त्रता देने के बाद भी, घर-गृहस्थी को बनाये रखकर बच्चों के हितों की रक्षा कैसे की जाये। कुछ दिशाओं में वे लोग प्रयोग कर रहे हैं।

1. कुछ परिस्थितियों में विवाह को ख़ारिज करके पति-पत्नी को दूसरा विवाह करने के लिए अनुमति देना।

2. कोई कन्या या विधवा बच्चे को जन्म दे, तो उस बच्चे के जन्म का जो कारण हो, उस पुरुष से उस बच्चे को ख़र्चा दिलवाना।

3. कुछ समय तक सहजीवन करने के बाद जब स्त्री-पुरुष को लगे कि वे एक-दूसरे के उपयुक्त हैं, तब विवाह कर लेना। अन्यथा अलग होकर दूसरों के साथ 'एक्स्पेरिमेंट' करना। इसी को वे 'ट्रायल मैरिज' कहते हैं।

4. एक पद्धति और है। छोटी उम्र में ही, यानी कामेच्छा के पैदा होते ही, विवाह कर लेना। यहाँ दोनों अपने माता-पिता के अभिभावकत्व में रहते हैं और सन्तान निरोध के उपायों द्वारा सन्तान को होने से रोकते हैं। चूँकि दोनों की अलग गृहस्थी नहीं होती, इसलिए आर्थिक समस्या से बचे रहते हैं। स्वतन्त्र रूप से धन कमाने की स्थिति में पहुँचने के बाद अलग से उनकी गृहस्थी होगी और बच्चे होंगे। इस बीच मन बदल गया, तो अलग होकर दूसरा विवाह कर सकते हैं। इसी को 'कंपैनियनेट मैरिज' कहते हैं।

लेकिन उन देशों में ऐसे स्त्री-पुरुषों की संख्या बढ़ रही है, जो किसी क़ायदे-क़ानून में नहीं बँधते, विवाह नहीं करते, और गृहस्थी तथा सन्तान के चक्कर में न पड़कर आज़ाद ज़िन्दगी जीते हैं।

जल्दी ही ऐसी ही समस्या हमें भी परेशान करने वाली है। जो स्त्रियाँ देश की उन्नति में पुरुषों के साथ भागीदारी कर रही हैं, वे फिर से रसोई में नहीं घुसेंगी। अब इस आपाधापी में जो स्वतन्त्र होंगी, वे साथी गृहस्थ स्त्रियों को उद्बोधित करेंगी

और उनको घरों से बाहर आज़ाद दुनिया में अवश्य भ्रमण करायेंगी। जिन स्त्रियों ने शासक वर्ग का प्रतिरोध किया, पुलिस और जेलों का जिनको डर नहीं रहा, उनको पतियों और पिताओं का क्या डर? पुरुष जो-जो काम करते हैं, वे सारे काम स्त्रियों के करने से यह स्पष्ट हो गया है कि स्त्रियाँ भी पुरुषों के समान ही क्षमता रखती हैं।

स्त्रियों का संसार तेजी से बदल रहा है। पिछले पचास वर्षों में पुरुषों का संसार बदल गया है। अब तक किवाड़ों के पीछे खड़ी स्त्री अब जाकर हिली है। पति, व्रत-पूजाओं, बच्चों और रसोई से सन्तुष्ट रहने वाली स्त्री ने बेचैन होकर सोच-विचार करना शुरू किया है। पहले विधवाएँ अपने भाइयों, भतीजों, उनके बच्चों, दूर के सम्बन्धियों और उनके परिवारों में एकरूप होकर या धार्मिक क्रियाकलाप में लीन होकर सन्तुष्ट रहती थीं। अब स्त्रियाँ पतियों के चाल-चलन को लेकर, सामाजिक विधि-निषेधों, न्याय, धर्म और शास्त्रों को लेकर प्रश्न कर रही हैं। पुराने ज़माने की स्त्रियाँ ग़ायब हो रही हैं। नये प्रश्नों, नयी शंकाओं, विचारों और आवेगों से नयी पीढ़ी की कशमकश चल रही है। स्त्री स्वतन्त्रता के ये विचार पश्चिमी लोगों से आये हैं और ऐसी अनैतिकता का प्रचार करने वाले नरक में जायेंगे, ऐसी बातें 'धर्मात्मा' लोग चाहे जितनी कहें, दुनिया रुक नहीं रही है। अनेक प्रकार की बातें सुनकर अशान्ति और असन्तोष से उद्विग्न होती स्त्रियों को हम हर रोज़ देखते हैं। अबूझ असन्तोष और उद्वेग उनको मथ रहे हैं। स्वतन्त्र अर्जन की शक्ति रखने वाली स्त्रियों को देखकर उनको बहुत ईर्ष्या हो रही है। 'किस तरह इस घर-गृहस्थी से सम्मानपूर्वक निकला जाये,' यह विचार बहुतों को सता रहा है। अतृप्त रोमान्स की टीस, कुछ और भी अनुभव पाने की आशा और अपूर्ण इच्छाओं को मन में लिये, रस, कला, शिक्षा, ज्ञान, स्वतन्त्रता, निर्मलता, इनके लिए छटपटाहती हुई, कष्ट झेलती हुई, सपने देखती हुई, अपनी आत्मा के विस्तार के लिए, अनुभव परिधि को विस्तृत करने के लिए पिंजड़ों में से चारों ओर देखती हुई वे यातनाएँ झेल रही हैं। निर्मलता से और उचित व्यवस्था पूर्वक जीवन बिताना मालूम न होने से अपने घरों को चिन्ता, क्रोध और झल्लाहट से भर रही हैं। भागी जा रही हैं। बच्चों को छोड़ रही हैं। समाज, सम्बन्धियों और पति की निरंकुश प्रभुता के नीचे आत्मा के कुचले जाने से, अपनी सहज इच्छाओं को ऐंठ-मरोड़कर वे बेचारी वंचक, नीच और अधम बनती जा रही हैं। इस सबकी ज़िम्मेदारी किसकी है? कुचले जाते इन प्राणों की ज़िम्मेदारी कौन लेगा? समाज जल्दी से जगकर इन लोगों के लिए अपने को बदले और पुरुष अपनी स्वार्थपरता त्याग दे, तो शुभकर युग आरम्भ होगा। अन्यथा स्त्री इसी तरह पीछे-पीछे गड्ढे खोदकर अधम स्थिति में गिरेगी और अपनी सन्तान को भी अधम बनाकर उसकी भी दुर्गति कर देगी।

20

ज़िम्मेदारियाँ

समाज कल्याण या समाज हित जैसा धोखा देने वाला शब्द दूसरा नहीं है। इसको लेकर दर्शनशास्त्र की पुस्तकों में ही चर्चा हो सकती है। विशिष्ट व्यक्तियों के आचरण को नियन्त्रित करने के लिए समाज कल्याण की बात करने वाला मानव जाति का विरोधी है।

समाज का मतलब है व्यक्तियों का समुदाय। व्यक्तियों का कल्याण, अभ्युदय और आनन्द ही समाज का कल्याण है। व्यक्ति की स्वतन्त्रता और समाज कल्याण में कोई विरोध नहीं है। एक व्यक्ति की स्वतन्त्रता दूसरों के न्यायसंगत अधिकारों और स्वतन्त्रता में बाधक नहीं होनी चाहिए। बस!

लेकिन बहुत लोग ऐसे अधिकार चाहते हैं, जो न्यायसंगत नहीं होते। एक व्यक्ति पर दूसरे व्यक्ति (पत्नी पर पति) के अधिकार को हम नहीं मानते। इसी तरह वह चाहे, तो पत्नी को जड़, परम्परानुयायी और दुर्नीत बने रहने की, और बच्चों को क्रूर, झूठे और कृतघ्न बने रहने की स्वतन्त्रता है। अच्छे उद्देश्य से भी किसी पर बल प्रयोग नहीं होना चाहिए।

यह बात सच है कि पत्नी पति की सम्पत्ति नहीं है। लेकिन दूसरे लोग (अन्यायपूर्वक ही क्यों न हो) जिसे अपनी सम्पत्ति समझते हैं, उस स्त्री को छेड़ें, इससे पहले उनको अपनी 'सम्पत्ति' पर अधिकार छोड़ने होंगे। अपनी पत्नी पर ही नहीं, वह जिस पर आसक्त है, उस स्त्री पर भी। किसी भी प्रकार से उनकी स्वतन्त्रता में बाधा नहीं डालनी चाहिए। यह किये बिना दूसरों के अधिकार पर सवाल उठाने का अधिकार नहीं मिल सकता।

यह सारा अनर्थ 'स्वतन्त्रता का मतलब दूसरों पर अधिकार' समझने के कारण हुआ है। स्त्री भी ऐसा ही समझ रही है। आज़ाद स्त्रियाँ अपने पतियों और बच्चों पर तानाशाही करना चाहती हैं। जिन परिवारों में शिक्षित पत्नियाँ हैं उन में समंजन या अनुकूलता का अभाव होता जा रहा है।

इस समय advanced or educated or public spiriled तेलुगु स्त्रियों को देखता हूँ, तो लगता है कि प्रगति की दौड़ में वे गुमराह हो गयी हैं। उन लोगों की शिक्षा का दोष है शायद, कि जितना ही पढ़ती जाती हैं, उतना ही कपट नीति में उनका विश्वास बढ़ता जा रहा है। वे समाज में जितना ही प्रवेश करती जा रही हैं, उतना ही झूठे जीवन का रहस्य गहराता जा रहा है। नयी स्त्री पत्नी के रूप में, रसोई सँभालनेवाली के रूप में, माँ के रूप में, आतिथेया के रूप में, और शारीरिक तथा मानसिक रूप में भी असफल हो रही है। वह सच्ची स्वतन्त्रता, प्रतिरोध शक्ति, खुला दिमाग़ या विज्ञान प्राप्त नहीं कर रही है। इस कपटी, स्वार्थी और संकुचित बुद्धिवाली स्त्री से तो चारित्रिक गुणों में, व्यक्तित्व में, सत्यनिष्ठा में, स्वास्थ्य में और मनोबल में पुरानी स्त्री ही बेहतर है। शिक्षा स्वार्थ साधन के, अन्ध उद्देश्यों के, फ़ैशन के, दुरंगेपन के, कुतर्क के और मुक्ति की निरर्थक बातें करने के काम आ रही है। साथ ही वह पतियों के नाम अपने नामों के पीछे जोड़कर प्रतिष्ठा ओढ़ने के काम भी आ रही है। यह नवीना अपना छोड़कर दूसरों का व्यभिचार ज़रा भी सहन नहीं करती। ईर्ष्या और आत्म-वंचना इसमें बहुत है। पुरानी स्त्री किसी पर आसक्त होती है, तो प्रकट रूप से उसे अपनाकर उसके साथ चली जाती है। नयी स्त्री ने उसकी आवश्यकता को ख़त्म कर दिया है। असल में दूसरों को देने के लिए बेचारी के पास हृदय तो रहा नहीं। अपने को छोड़कर वह किसी दूसरे से प्रेम नहीं करती। दिक़्क़तें पैदा करने लायक परिमाण में प्रेम उसके हृदय में आता ही नहीं। पहले पुरुष स्त्री को साधन के रूप में इस्तेमाल करता था, तो अब स्त्री दूसरी ज़रूरतों के लिए पुरुष को उसी प्रकार अपना साधन बना रही है। यह सारा पुरुषों द्वारा अपने ही विवेक से स्त्री पर अपना अधिकार न छोड़ने के कारण हुआ अनर्थ है।

पुरुष भी स्त्री को पुराने तरीक़ों से विधि-निषेधों में बाँधकर रखने में शर्म महसूस कर रहे हैं। स्त्री शिक्षित होनी चाहिए, उसे उसके मित्रों से बात करना आना चाहिए। फ़िल्मी सितारों की तरह उसे सजकर रहना चाहिए। लेकिन उसकी बात माननेवाली भी होना चाहिए। उसे दूसरों पर आसक्त नहीं होना चाहिए। उसे अभिनेत्री जमुना का तो अनुसरण करना चाहिए, लेकिन गायक सहगल पर आसक्त नहीं होना चाहिए, फ़िल्मों में कानन देवी जिस तरह का केश विन्यास करती है, वैसा इसे भी करना चाहिए। लेकिन फ़िल्म में जैसा होता है, उस तरह उसे दूसरे पुरुषों पर आसक्त नहीं होना चाहिए। लेकिन यह भेदभाव स्त्री प्रदर्शित नहीं करना चाहती।

अपनी शिक्षा के कारण और पुरुष द्वारा आरोपित विधि-निषेधों के कारण मुक्ति का सही मार्ग और सहूलियत न पानेवाली स्त्री ने इस साहसिक मार्ग पर क़दम रखा

है। लेकिन स्वतन्त्रता का यह समर रुकने वाला नहीं है। अपनी ग़ुलामी का अहसास होना ही नहीं चाहिए। अगर होता है, तो समर अवश्यम्भावी है। देशों में हो या जातियों में या स्त्रियों में, होता यही है।

लोग पूछ सकते हैं, क्या आर्थिक, राजनीतिक और नौकरी के कारणों से पुरुष भी ग़ुलाम नहीं है? है, लेकिन उस ग़ुलाम की ग़ुलाम है स्त्री। ग़ुलामी हेय नहीं है। लेकिन 'ग़ुलाम हूँ' यह जानकर भी उसी तरह पड़े रहने वाली स्थिति दुःसह होती है। जब तक यह नहीं जाना कि वे ग़ुलाम हैं, तब तक स्त्रियाँ सुख और शान्ति से रहीं। जानने के बाद भी स्वतन्त्रता पाने की ऊर्जा न रखने के कारण ही नयी स्त्रियाँ निरंकुश आचरण वाली और झूठी बन गयी हैं। दूसरों को क्षुब्ध करने और आडम्बरपूर्वक अपने को स्वतन्त्र घोषित करने को ही वे स्वतन्त्रता समझ रही हैं।

ये पुरुष चूँकि वास्तव में दूसरे तरीक़ों से ग़ुलामी के अभ्यस्त होते हैं, इसलिए स्त्री पर दया नहीं करेंगे। उसकी ग़ुलामी पर उनको तरस नहीं आयेगा।

ग़ुलामी मन में अधिक और बाहर कम होती है। हम अपनी देह और अपनी आकांक्षाओं के ग़ुलाम हैं। इस स्थिति से कैसे बचा जा सकता है? इसके लिए चार ही विचार-पद्धतियाँ हैं।

1. देह ही मेरी स्वामिनी है। मुझे उसके अधीन होकर रहना चाहिए।
2. देह का अपना रास्ता है। उसकी चिन्ता मैं क्यों करूँ?
3. देह का त्याग करना चाहिए।
4. देह ही मैं हूँ। मुझ में और मेरी देह में कोई अन्तर नहीं है।

इन चार में से किसी भी विचार-पद्धति को अपनाना यदि अपने बस की न हो, तो पाँचवीं चीज़ जो होगी, वह है, हम में और देह में निरन्तर युद्ध।

स्त्री-पुरुषों का सम्बन्ध भी ऐसा ही है।

पहली पद्धति पुरानी है।

दूसरी आज के सनातनी परिवारों की पद्धति है।

तीसरी असहज है। लगभग असम्भव।

चौथी तो आदर्श है।

अन्तिम आज के नये परिवारों की पद्धति है।

नये पुरुषों में भी स्त्री के प्रति आदर और सम्मान में कमी आयी है। स्त्री को लेकर अनादरपूर्वक बात करना फ़ैशन हो गया है। इन लोगों के लिए शारीरिक सम्बन्ध अत्यन्त हेय है। लेकिन अत्यन्त महत्त्वपूर्ण भी। पति-पत्नी के बीच वह अवाच्य अल्प विषय है। किसी कष्ट से मुक्ति पाना मात्र। लेकिन दूसरों के बीच तो

वह बहुत गम्भीर मामला है–गर्हित और दण्डनीय। स्त्री की नैतिकता और उसकी प्रतिष्ठा उसी एक बात पर निर्भर हैं। यह मानसिक घालमेल ख़त्म होना चाहिए। रति को या तो आम बातचीत की तरह बहुत महत्त्वहीन और चलताऊ (casual) तरीक़े से देखना चाहिए या बहुत गम्भीर और दिव्य के रूप में।

21

व्यक्ति और नैतिकता

यह लिखने के बाद कि नैतिकतावादियों को कभी क्षमा न करना, मैं स्वयं नैतिकता के बारे में लिख रहा हूँ। बहुत से अन्ध नैतिकतावादियों को लोग भले ही क्षमा करें, मुझे नहीं करेंगे। चलिए, यही सही।

इस विषय में विस्तार से लिखे बग़ैर मुझे सन्तोष नहीं होगा। लेकिन पुस्तक से पूरी तरह सम्बद्ध न होने के कारण जहाँ तक स्त्री का सम्बन्ध है, वहीं तक संक्षेप में लिख रहा हूँ। जिनकी रुचि हो, वे सावधानी से विचार करें।

'नैतिकता क्या है?' यह प्रश्न जिस आदमी के मन में अत्यन्त सहज रूप से नहीं उठता, वह संसार द्वारा 'नैतिकता' के रूप में निर्धारित नियमों का अतिक्रमण करने के अयोग्य है। बहुतों के मन में यह प्रश्न उठता ही नहीं। उनको अपने रास्ते को रोकने वाले नियमों का अतिक्रमण करने की तात्कालिक इच्छा-भर होती है। स्वयं अतिक्रमण करना तो अच्छा लगता है, पर दूसरों का अतिक्रमण करना, और विशेषकर उसके अपने विषय में अतिक्रमण करना किसी को अच्छा नहीं लगता।

व्यक्ति पर समाज अपने विधि-निषेधों को न लादे, यह नहीं हो सकता। लेकिन मेरा यही कहना है कि इस तरह लादने का अधिकार उसे नहीं है। यह भी कह रहा हूँ कि जिनमें साहस हो, वे प्रतिरोध करें। लेकिन खुल्लमखुला प्रतिरोध कीजिए। 'स्त्री' में मैंने जो कुछ कहा है, वह यही है।

किसी दूसरे की पत्नी पर आप आसक्त हो जायें और आपको इसका दृढ़ विश्वास हो जाये कि उसके पति का उस पर अधिकार नहीं बनता और वह स्त्री भी आप पर आसक्त हुई है, तो फिर वहाँ रहस्य कुछ नहीं होना चाहिए। आसक्त हो जाइए। उस आसक्ति में समाज या उस स्त्री के सम्बन्धी या सरकार परेशानियाँ पैदा करे, तो उनको सहन कीजिए।

लुके-छिपे और कायरता पूर्ण व्यभिचार से न स्त्री को कोई लाभ होता है, न पुरुष को, न समाज को ही। जहाँ रहस्य होता है, उसी को व्यभिचार कहा जाता है। दुर्नीति भी तभी होती है।

चाहे जितना नैतिकतापूर्ण काम हो, डर या प्रलोभन के साथ जुड़ने पर वह दुर्नीति हो जाता है। स्त्री-पुरुष, चाहत से मिलते हैं, तो वह दुर्नीति नहीं है। लेकिन जब डरते हैं, या जब उन्हीं को उसकी नैतिकता में विश्वास नहीं होता या जब उसे गुप्त रखते हैं, तब वह काम चाहे जितना अच्छा हो, दुर्नीति ही है।

नीति क्या है? और दुर्नीति क्या है? इसके निर्धारण में आपके मन की ही गवाही महत्त्वपूर्ण होती है। अपने मन से बिना दुराव-छिपाव के पूछिये। वह जो कहे, वह कीजिए। जब मन कुछ कहने की स्थिति में न हो, तब पन्थों या धर्मों के पास जाकर पूछिये। वे जो बतायेंगे, वही आपके लिए नीति है।

काम कोई भी हो, करने के बाद उसके परिणाम के कारण नहीं, अपने आप में उस काम के घिनौना और नीच मालूम पड़ने से आप उदास हो जायें तो वह काम पाप है, अनैतिक है।

इस में से हज़ार शंकाएँ उठेंगी। मैं जानता हूँ। उन सब का समाधान करना यहाँ सम्भव नहीं है।

बहुत-से लोग कहेंगे कि मेरी बातें अनेक अनैतिक व्यक्तियों और व्यभिचारियों को प्रोत्साहन दे रही हैं, उनको यह विश्वास दिला रही हैं कि वे लोग कोई ग़लत काम नहीं कर रहे हैं। हाँ, बात ठीक है, मेरा उद्‌देश्य तो डरे बिना करने का साहस देना ही है। वे लोग यदि ग़लत अर्थ निकालें, तो मैं क्या कर सकता हूँ?

सामाजिक विक्षोभ गुप्त कार्यों से होता है। खुली आज़ादी से कभी नहीं होता। अगर होता है, तो वह बहुत स्वास्थ्यकर व्यथा है।

22

कामोत्तेजना

कामेच्छा यौवन के आगमन से पहले दिखाई पड़ती है और बुढ़ापा आने तक सक्रिय रहती है। स्त्री और पुरुष के समागम के बिना वह शान्त नहीं होती। व्यक्ति और उसकी विदग्धता के आधार पर उस कामेच्छा की तुष्टि निरे पेट दर्द जैसे किसी कष्ट से छुटकारा पाने जैसा या एक अद्वितीय आनन्द की प्राप्ति जैसा रूप ले लेती है।

लड़कियों से ज़्यादा लड़कों में यह अधिक तीव्र होती है, क्योंकि पुरुष द्वारा पहली बार जगाए जाने तक सामान्यत: स्त्री में यह इच्छा सुप्त रहती है। नीतिवादियों का कहना है कि युवकों को विवाह तक इस कामेच्छा को खोना नहीं चाहिए उसे नियन्त्रण में रखना चाहिए। युवकों में नियन्त्रण की सहज शक्ति होती भी है। कामशक्ति को कविता में, कला में, खेल-कूद में और साहसिक कार्यों में वे आसानी से तब्दील कर सकते हैं। लेकिन उस नियन्त्रण की भी एक सीमा है। इसके अलावा हमारे यहाँ चुम्बन रहित फ़िल्में, आलिंगन रहित नीति-कथाएँ या पुराण नहीं हैं। ये उनकी उत्तेजना को उभारते रहते हैं। इसलिए उस कामशक्ति को तुरन्त कोई रास्ता नहीं दिखाया गया, तो वह ग़लत रास्तों पर चल देगी। ऐसी स्थिति के निवारण के ये उपाय हो सकते हैं–

1. विवाह करना–कमाने की शक्ति कम होने पर यह उपाय अनेक समस्याओं को खड़ा करेगा।

2. बिना विवाह के इसकी व्यवस्था करना–नैतिकता इसकी अनुमति नहीं देती। गर्भ ठहरने और बीमारियों का भय भी रहता है।

3. उनके अपने भाग्य पर उनको छोड़ देना–डरा-धमकाकर उन पर काबू रखना–आजकल यही काम हो रहा है।

चूँकि बच्चे उस इच्छा को प्रकट नहीं होने देते, इसलिए माता-पिता यही सोचते रहते हैं कि बच्चों में अभी वह इच्छा जगी नहीं है और जगी भी हो, तो कोई परेशानी की बात नहीं है। उस बात को लेकर वे सोचते ही नहीं।

इस कारण से मैस्टरबेशन (हस्तमैथुन) और वीर्य क्षरण (Spermatoria) अधिक हो रहे हैं। कॉलेज के छात्रों में पढ़ाई के मारे यों भी ताक़त कम होती है। वरना समलैंगिकता (सौडमी) और अधिक हो सकती थी।

अप्राकृतिक रीति से या प्रयत्नपूर्वक कामेच्छा को तुष्ट कर लेने को मैस्टरबेशन कहते हैं। सपने में या मूत्र में वीर्य के गिरने को 'पलूशन्ज़' कहते हैं। ये दोनों यौवन के आरम्भ में बच्चों में दिखाई देते हैं। नीतिवादियों और दवाइयों के व्यापारियों ने मिलकर इन दोनों को अत्यन्त भयावह रूप में चित्रित किया है। उनके वर्णन पढ़कर और जो डर वे दिलाते हैं, उसे देखकर दिल दहल जाता है। हस्तमैथुन बहुत छोटे बच्चों में भी दिखाई देता है। बड़ों को चाहिए कि उसे अनदेखा कर दें। वह अपने आप ख़त्म हो जायेगा। दण्डित करना या डराना-धमकाना विष के समान होता है। यौवन में भी इस मामले में सहानुभूति रखते हुए इनको मामूली और सहज बातों की तरह देखना चाहिए। वैसे बच्चे यह बात बड़ों को मालूम होने नहीं देते। मालूम हो जाने पर, जब तक यह बात बहुत ज़्यादा बढ़ नहीं गयी हो, बड़ों को इसे किसी आफ़त के रूप में नहीं देखना चाहिए। ये आदतें कोई संकट पैदा नहीं करतीं। भय, चिन्ता और पछतावा, ये ही बच्चों के लिए हानिकारक होते हैं। हस्तमैथुन अप्राकृतिक तो है, पर बच्चे कामोत्तेजना का क्या करें? लड़कियों के गर्भ का कारण बनने से, भोली-भाली लड़कियों के साथ बलात्कार करने से और बाहर की स्त्रियों से बीमारियाँ ले लेने से यह अच्छा नहीं है क्या? "बच्चों को चाहिए कि इस उत्तेजना को दबा लें। उनमें संयम होना चाहिए।" ऐसी बातें वे बड़े लोग कहते हैं जो रोज़ रात को बीवियों को सताते रहते हैं। बच्चे उसे दबा नहीं सकते। यह उनसे होता नहीं है। लेकिन ऐसा अभिनय करते हैं जैसे दबा रहे हों। बड़े चाहते भी यही हैं। प्रेमभाव न रखने वाली पत्नियों के साथ सहवास करने से तो बड़ों के लिए भी मैस्टरबेशन अधिक सहज और नैतिक है।

बच्चों में मैस्टरबेशन और पल्यूशन जैसी चीज़ों के आ जाने पर बड़ों को चाहिए कि उनमें कामोत्तेजना को संयमित करने वाले उपायों की आदत डालें। ठण्डे पानी से नहाना, चटाई पर सोना, शरीर और मन को ख़ूब काम में व्यस्त रखना, स्त्रियों और चलम् की पुस्तकों से दूर रखना, ये सारे उपाय सहायक हो सकते हैं।

योगासन भी इस मामले में बहुत लाभकारक हैं। मुख्य रूप से सर्वांगासन।

लोग कह सकते हैं कि ये सब तो पुराने तरीक़े ही हैं। हम भूल गये हैं, इसलिए याद दिला रहा हूँ। भूले नहीं हैं, तो बच्चों के लिए इनको उपयोग में लाने का तरीक़ा अवश्य भूल गये हैं।

बीमारियों का निवारण करने के उपाय, गर्भ निरोधक मार्ग, यौवन में दिखाई पड़नेवाली वांछा के रूप, आसक्ति की प्रबलता, प्रेम, स्वतन्त्रता–इनमें से किसी भी समस्या की बात उठायें, तो रोज़ सुख-शय्या पर सन्तुष्टि प्राप्त करनेवाले लोग 'संयम, संयम' चिल्लाते हैं। पत्रिकाओं और समाजसेवियों के लिए यह बात आम हो गयी है। युवाओं के लिए आज हर आदमी उपदेशक है।

यहाँ दो बातों पर विचार करना होगा।

क्या संयम आवश्यक है?

क्या संयम सम्भव है?

अनिवार्य न हो, तो संयम में कोई औदात्य नहीं है। उल्टे इससे हानि ही है। स्त्रियों से बचनेवाला सपनों से बच नहीं सकता। दिन के सपनों से भी और रात के सपनों से भी। सपनों से भी जो बचता है, उसका तन और मन दोनों ही बीमार हो जाते हैं। सुख-त्याग महिमामय है, यह बताना दुनिया को धोखा देना ही है।

कुछ लोग हैं जो 'सेक्स' को सचमुच ही उदात्तीकृत (सब्लिमेट) कर ले सकते हैं। यानी किसी दूसरी शक्ति के रूप में उसका रूपान्तरण कर सकते हैं। ऐसे लोग विरले ही होते हैं। साधारण लोगों और युवाओं को इस संयम का उपदेश देना उतनी ही मूर्खता है जितनी कि किन्हीं ऋषियों को साँस रोके रखते देखकर सबको यह उपदेश देना कि "तुम लोग भी साँस रोककर मर जाओ।"

असल में 'सेक्स' को अवांछनीय बनाया है, उसका दमन करने का उपदेश देनेवाले लोगों के मानसिक कलुष ने। इन अभागों के जीवन में कामासक्ति का अमर सुख विषाक्त हो गया है। सम्भोग के त्याग से शायद इनकी आत्मा को कुछ राहत मिलती है। इसलिए दूसरों को भी अपने जैसा अभागा मानकर उन्हें भी ये संयम का पाठ पढ़ाते हैं। ऐसे उपदेश के पीछे ईर्ष्या भी रहती है। जो सुख इन्हें नहीं मिल पाया, वह दूसरे भी क्यों भोगें!

स्त्री-पुरुष को मिलने से वैसे भी वे रोक नहीं सकते। मिलने से जो समस्याएँ पैदा होती हैं, उनका सामना करने का साहस भी उनमें नहीं है। इसलिए 'संयम, संयम' की तोता रटंत से अपनी अन्तरात्मा को शान्त करते रहते हैं।

संयम जब सहज रूप से सम्भव हो और आवश्यक हो, तब बहुत स्वास्थ्यकर है। लेकिन आज बहुत बार निर्वीर्यता संयम का स्वांग भरती दिखती है। दृष्टिहीन और रसहीन व्यक्ति जिस तरह एकपत्नीव्रतधारी होते हैं, उसी तरह और कुरूप स्त्री जिस तरह पतिव्रता कहलाती है, उसी तरह। संयम का उपदेश देनेवालों को संयम कितना कष्टसाध्य होता है, यह मालूम नहीं होता। क्योंकि उनमें वह संयम बिल्कुल

नहीं होता, इसलिए। ज़बर्दस्ती किये जानेवाले संयम से शरीर और मन को बहुत हानि होती है। इस कपटपूर्ण वैवाहिक प्रतिबन्ध के कारण संयम का उपदेश देने के अलावा कोई चारा नहीं रह गया है, इन धर्मध्वजियों के लिए और नीति के उपदेशकों के लिए।

23

दाम्पत्य सुख

बाक़ी फ़लसफ़ा चाहे जैसा हो, यह बात तो सच है कि व्यक्ति अपनी विशिष्ट शक्तियों का उपयोग करने के लिए जितनी सुविधा प्राप्त कर लेता है, वह उतनी ही उन्नति करता है। उतना आनन्द भी अनुभव करता है। लोग कहते हैं कि ये शक्तियाँ, इच्छाएँ, उद्देश्य, सब ईश्वर-साधना में सफलीकृत हो जाते हैं। यह बात चाहे जैसी हो, ईश्वर के बाद मानव जीवन को सुन्दर, सफलकाम और हर तरह से परिपूर्ण बनाने की शक्ति तो स्त्री-पुरुष के प्रेम में ही है। जिस पुरुष को उत्तम स्त्री के प्रेम में लीन रहने का सौभाग्य मिला है, उसके आनन्द की कल्पना तक प्रेम-वंचितों के परे है! स्त्री के जीवन के साथ भी ऐसा ही है। इसलिए उत्तम व्यक्ति से मिलनेवाला प्रेम हमारे जीवन के लिए परम आवश्यक है। वह जीवनानुभवों में मुकुट के समान है। धर्मग्रन्थों में वर्णित ईश्वर भक्ति को छोड़कर दूसरी कोई भी वस्तु दाम्पत्य-प्रेम से बढ़कर नहीं है। हर व्यक्ति को उसे प्राप्त करने का प्रयत्न करना चाहिए।

हर व्यक्ति में अपने स्वभाव और संस्कारों के अनुसार अपने प्रेमपात्र का एक आदर्श चित्र होता है। सौन्दर्य, चातुर्य और आत्मौदात्य से परिपूर्ण यह मानस-चित्र मानव-पशुओं के अतिरिक्त सब के पास होता है। इसलिए मानसी छवि के अनुरूप व्यक्ति के मिलने तक किसी को भी सन्तुष्ट नहीं होना चाहिए। दूसरे प्रकार के व्यक्ति को पति या पत्नी के रूप में स्वीकार किया, तो जीवन नीरस हो जायेगा। जो मानवातीत सुख पाया जा सकता है, उसके प्रति वे अन्धे हो जायेंगे। बहुत से लोगों में ऐसी कोई छवि नहीं होती। ऐसे लोग खाना अच्छा बनानेवाली पत्नी या ख़ूब पैसा कमाने वाले पति का चुनाव कर सकते हैं। लेकिन लोगों में ज्यों-ज्यों मानसिक विकास हो रहा है और गृहस्थ जीवन में उन्नति हो रही है, लोगों के ध्येय, आशाएँ और अभिरुचियाँ उन्नत होती जा रही हैं। ऐसे लोगों को निचले और क्षुद्र आशय वाले व्यक्तियों से सन्तुष्ट नहीं होना चाहिए। यदि अमित सौन्दर्य की चाह हो, तो उसके

लिए प्रतीक्षा करनी होगी। कुछ कम सुन्दर स्त्री को स्वीकार नहीं करना चाहिए। गुणों के विषय में भी वही बात है। पूरा जीवन यों ही निकल जाये, तो भी चिन्ता नहीं। अपने लक्ष्य से नीचे नहीं उतरना चाहिए। लेकिन यह भी है कि पुस्तकों में पाये जानेवाले वर्णनों या दूसरों से सुनी बातों के आधार पर अपने लक्ष्य का निर्धारण करने का प्रयत्न व्यर्थ है, भूल है।

इसमें भूल हो सकती है। अनुपयुक्त व्यक्ति से विवाह करके ग़लती की है, यह बात मालूम होने पर तुरन्त उस सम्बन्ध को समाप्त कर देना उचित है। कभी-कभी यह भी होता है कि किसी दूसरे व्यक्ति से मिलने पर अपनी भूल का एहसास हो जाये। तब तुरन्त पुराने सम्बन्ध को तोड़ देना चाहिए। आत्मोन्नति के लिए अदम्य साहस से युक्त प्रयोग अत्यन्त आवश्यक होते हैं।

जिस सम्बन्ध में असन्तोष, व्यथा या अन्य किसी प्रकार की दुःखानुभूति नहीं होती, वही सच्चा सम्बन्ध होता है। उपयुक्त सम्बन्ध भी वही होता है। कसौटी यही है। वह सम्बन्ध इतनी आत्म-सन्तुष्टि प्रदान करनेवाला होना चाहिए कि आगे दूसरी किसी कामना के लिए कोई जगह न रह जाये। कभी-कभी दो-तीन सम्बन्धों की एक ही समय में ज़रूरत हो सकती है। तात्कालिक रूप से परिवर्तन की ज़रूरत भी हो सकती है। लेकिन व्यक्ति में उनकी पहचान करने और स्वीकार करने का विवेक होना ज़रूरी है।

प्रेम-धन का अपव्यय नहीं करना चाहिए। उसे बिखेरना नहीं चाहिए। मन की परीक्षा कर लेने के बाद किसे अपना हृदय-पुष्प अर्पित करना है, यह निश्चय कर लेना चाहिए। उस प्रकार के व्यक्ति के मिलने तक कृपण की तरह प्रेम को सँजोकर रखना चाहिए। आशय के पूरा होने से पहले कम स्तर के विकल्प से सन्तुष्ट हो लेने के व्यभिचार में प्रवृत्त नहीं होना चाहिए।

हमारे लक्ष्य को सफल होना हो, तो हमारे स्वभाव को उन्नत होना होगा। जितने हम हीन होते जायेंगे, उतना ही हमारा लक्ष्य भी हीन होता जायेगा। ऐसा होने पर जिस वरदान के लिए हम तपस्या कर रहे होते हैं, वह जब हमारे द्वार पर पहुँचेगा, तब हम उसे पहचान तक नहीं पायेंगे। उस दूसरे व्यक्ति को हमारे प्रति आसक्ति पैदा नहीं होगी। उसे अपना नीच जीवन अर्पित करते हुए हम स्वयं लज्जित होंगे। हमारा लक्ष्य उन्नत हो तो उसे पाने के लिए पूरा जीवन भी लगाना पड़ जाये, तब भी अनुचित नहीं होगा। लेकिन वास्तव में उसे हमारा अपना लक्ष्य होना होगा।

ऐसा उन्नत लक्ष्य हृदय में हो, तो उस लक्ष्य तक न पहुँचनेवाले व्यक्ति का स्पर्श करना नीचता होगी, पाप होगा। चाहे स्त्री हो या पुरुष, उसे अपने शरीर और

मन को निर्मल और अक्षुण्ण रखना होगा। आनेवाले उस दिव्यमूर्ति को आनन्दपूर्वक अर्पित करने के लिए।

ऐसा उन्नत लक्ष्य रखनेवाले लोगों का जन साधारण के लिए बने इन साधारण क़ानूनों, समाज के विधि-निषेधों और आचार-व्यवहारों के सामने झुकना बहुत बड़ा पाप है। उनको उन सब की अवज्ञा करनी होगी। उनके विरुद्ध विद्रोह करना होगा। मुख्य रूप से अपनी अन्त:प्रेरणा (instinct) की परीक्षा करके उसके निर्देश के अनुसार जीवन बिताना होगा। धर्म-अधर्म, नीति-कुनीति ये सब हृदय-सापेक्ष हैं। ये सब जन साधारण को अराजकता से बचाकर व्यवस्था स्थापित करने के उद्देश्य से बने रूढ़ विश्वास हैं। हृदय के आदेश के अनुसार चलने से डरनेवाले व्यक्तियों की उन्नति नहीं होगी। वे कहीं नहीं पहुँचेंगे। अंग-सौष्ठव और परिष्कृत रुचि-सम्पन्न हर व्यक्ति किसी को आकृष्ट करता हो और उस आकर्षण के अतिरिक्त दूसरा कोई आशय उसमें न हो तो ऐसे व्यक्ति के लिए इस तरह आकृष्ट होकर सुविधानुसार, भोग करना ही परम धर्म है। लेकिन जब उसका आदर्श उन्नत हो और अन्त:प्रेरणा विरोध कर रही हो, तब सभी सम्बन्धों का तिरस्कार करना भी धर्म ही है। चाहे जितना प्रेम करनेवाला पति या पत्नी मिली हो, उन्नत लक्ष्य के लिए, अधिकतर आत्मसन्तुष्टि देनेवाले सम्बन्ध के लिए उसे छोड़ देना उत्कृष्ट धर्म है, कर्तव्य है। बुद्ध ने एक उन्नत उद्देश्य के लिए घर-बार छोड़ दिया था, और यह भी उसी प्रकार का उद्देश्य है। साहस करके जीवन को अनुभव समुद्र में जो धीर व्यक्ति डुबो सकते हैं, प्रगति वे ही करते हैं। देखा जाये, तो बीमारी की बात कहकर, अनैतिक करार देकर, नरक बताकर या अप्रतिष्ठा की बात कहकर शुष्क-रिक्त हुए अभागों के लिए यह जीवन ही नरक है। उनका जीना व्यर्थ है। कोई महान अनुभव उनको प्राप्त नहीं होता।

यहाँ आत्मा ही प्रमाण है। जो काम करने के बाद नीचता की अनुभूति होती हो, वह काम पाप है। जो काम स्वस्थ और आनन्ददायक अनुभूति देता हो, वह धर्म है। कहते हैं कि हर हृदय में ईश्वर प्रकाशित हो रहा है। यदि ऐसा है, तो उसी से पूछकर जान लेना चाहिए। जान लेने के बाद साहसपूर्वक आचरण करना चाहिए।

संसार के सभी मनुष्य विकास की एक ही सीढ़ी पर नहीं हैं। आत्मा की उन्नति सब में एक जैसी नहीं है। सबके संस्कार और कर्म अलग-अलग हैं। आनुवंशिकता के कारण या जीवन-स्थितियों के कारण मनुष्य भिन्न-भिन्न दशाओं में हैं। मनुष्य-मनुष्य में गुबरैले और हाथी के बीच का अन्तर भी होता है। सब को मिलाकर मनुष्य कहना ग़लत है। सब के लिए एक ही धर्म और एक ही नैतिकता के मानदण्ड का

निर्धारण करना अविवेक है। इसलिए अपने-अपने स्वभाव का परीक्षण करके लोगों को अपनी-अपनी नैतिकता का निर्धारण कर लेना चाहिए। अपने-अपने लक्ष्य का निर्धारण कर लेना चाहिए। कुछ लोगों को भौतिक सौन्दर्य के अलावा कुछ भी समझ में नहीं आता। उनको चाहिए कि वे उसी का आनन्द लें। कुछ लोगों को आत्मा की सुन्दरता, तो कुछ लोगों को निष्ठा, कुछ को अधिकार और कुछ को मातृप्रेम, इतने प्रकार की कामनाएँ होती हैं। उनको अपनी-अपनी कामना के अनुरूप अनुभव प्राप्त करना होगा। जो ऐसा नहीं करते, दूसरों की देखादेखी या भय के कारण अपनी रुचि से भिन्न लक्ष्यों का प्रकाशन करते हैं, उनके पालन का अभिनय करते हैं, भले बनने के लिए अपनी सहज कामनाओं का दमन करते हैं या उनको तोड़ते-मरोड़ते हैं, वे लोग जीवन में उनको जो सुलभ है, उस सुख को भी स्वेच्छापूर्वक भोग नहीं सकते और हर तरह से व्यर्थ जीवन बिताते हैं। जीवन अनन्त है। आज भौतिक सुख, शारीरिक सुख का भोग करें, तो क्या है? उन्नत आदर्शों की खोज का मार्ग तो यही है। विरक्ति और त्याग द्वारा तो हृदय सूख ही जाता है।

आराम और देहसुख चाहनेवाला व्यक्ति पुराण-पुरुषों की श्रेष्ठता पर विश्वास करके उनके गुणों से प्रेम करने का, एकपत्नीव्रत के पालन का प्रयत्न करे, तो व्यर्थ है। क्योंकि उसकी प्रवृत्ति अलग है। इसके अलावा उसके लिए जो सहज सुलभ है, उस शारीरिक सुख को भी वह व्यर्थ में ख़राब कर लेगा। सौन्दर्य का उपासक चित्रकार वंश या संस्कार का ख़याल करके कुरूप पतिव्रता से विवाह करेगा, तो न उस पातिव्रत्य का सुख भोग सकेगा, न सौन्दर्य की उपासना ही कर सकेगा। व्यभिचारिणी ही क्यों न हो, एक सुन्दर प्रतिमा की आराधना करने में ही उसकी मुक्ति है—वह किसी दूसरे की पत्नी ही क्यों न हो।

अच्छा खाना बनानेवाली, पतिव्रता, कुरूप, स्वार्थी, नौकरीपेशा और शरीफ़, ऐसी ही औरतें जनसाधारण को चाहिए। कवियों को, रसज्ञों को, आध्यात्मिकता-सम्पन्न लोगों को, चित्रकारों को जो लोग चाहिए वे हैं—विशाल हृदय से नैतिकता का विच्छेद करने वाले, अपने सौन्दर्य से संसार को दिग्भ्रमित करनेवाले, हत्याओं और क्रान्तियों को सम्पन्न करने का बूता रखनेवाले, और घण्टे-भर के अनुभव से यह अहसास करानेवाले कि जीवन सफल हो गया है...

किस पर आसक्त होऊँ, यह सोचते हुए ढूँढ़ने निकल पड़ने से सच्ची आसक्ति प्राप्त नहीं होती। स्त्री-पुरुष आज़ादी से मिलते रहें, तो किसी-न-किसी पर आसक्ति पैदा हो जाती है। तब विवाह की इच्छा पैदा होनी चाहिए। जब किसी को लगे, कि वह दूसरा व्यक्ति और मैं एक हो गये हैं, उस व्यक्ति के अलावा दूसरा कोई व्यक्ति इस दुनिया में मेरे लिए नहीं है, तब विवाह की आवश्यकता पैदा होनी चाहिए।

परस्पर आसक्ति पैदा होने से पहले, छोटी उम्र में ही गर्भाधान हो जाने से कई अनर्थ होते हैं।

1. शरीर कोमल होने से अस्वस्थता।

2. दुर्बल सन्तान।

3. सुन्दरता का उभार दब जाना। मुख्यत: स्त्री की सुन्दरता का।

4. स्त्री का मन कोमल होने से उसमें स्वतन्त्र रूप से सोचने की शक्ति नहीं होती और वह पति के विचारों को ही अपनाकर मानसिक दासता करने लगती है।

5. परिवार की ज़िम्मेदारी, पति और उसके सम्बन्धियों की हुकूमत, प्रसव, घर की चाकरी, झिड़कियाँ ये सब खेलने-कूदने की उम्र में ही भुगतना पड़ जाने से, जीवन में ख़ुशी ही ख़त्म हो जाती है और शरीर का उठान रुक जाता है। विकास पाती बुद्धि मन्द पड़ जाती है। अकाल वृद्धा होकर वह ज़िन्दगी में जो कुछ भोगना है–विवाह, पति, बच्चे, मौतें, सब बायोस्कोप में मिनटों में दिखकर ओझल हो जानेवाले चित्रों की तरह जल्दी-जल्दी अपनी आँखों के सामने देख लेती है, तो जैसे उसके सौ साल पूरे हो जाते हैं। फिर आशा, सुन्दरता, सुकुमारता सब कुछ खोकर वह जीवित शव ही बन जाती है।

6. स्त्री में बच्चों को पालने और उनको सुशिक्षित करने के लिए आवश्यक जानकारी और धैर्य न रहना। इससे बच्चों को बहुत हानि और यातना होती है।

पत्नी और बच्चों को पालने लायक कमाई जब तक न हो, तब तक पुरुष को विवाह नहीं करना चाहिए। यदि करता है, तो वह स्वयं अपने को ही नहीं, पत्नी और बच्चों को भी आर्थिक दृष्टि से माता-पिता, सास-ससुर आदि पर निर्भर रहकर अत्यन्त हीन स्थिति में पहुँच जाता है, और गृहस्थी की चक्की के लिए अपने आदर्श, ऊँचाई, और उन्नति खोकर पथभ्रष्ट हो जाता है।

ऐसे बहुत लोग हैं, जिनमें विवाह करने की और सन्तान उत्पन्न करने की योग्यता नहीं होती–

1. ऐसे लोग जिनके द्वारा सन्तान को बीमारियाँ संक्रमित होती हैं। उदाहरण के लिए पागल, और यौन रोगग्रस्त।

2. पीने आदि की बुरी आदतें जिनको हों।

3. दुर्बल और दीर्घकालिक रोगी।

ऐसे लोग संस्कारवान हों, तब भी उनका विवाह करना और सन्तान उत्पन्न करना ग़लत होगा, समाज के प्रति बहुत बड़ा अपराध होगा। स्त्री-पुरुषों के लिए विवाह की सही आयु तीस और चालीस के बीच की आयु है। इस बीच स्त्रियाँ और

पुरुष एक-दूसरे के बारे में अच्छी तरह जान लेते हैं। चंचल मन स्थिर हो जाता है। जीवन को समझ चुकने के कारण अभिरुचियों में बदलाव, उत्तेजना, आदि में कमी आती है। धन और अनुभव-सम्पन्न होकर जीवन में स्थिरता प्राप्त कर लेते हैं। अब शान्ति, बच्चे और गृहस्थी की इच्छा होने लगती है। लेकिन कुछ वैज्ञानिकों का कहना है कि ज़्यादा उम्र हो जाने के बाद जो सन्तान होती है, वह बहुत उत्तम नहीं होती। इस बात को जो लोग मानते हों, उनको–

अठारह साल की उम्र के बाद विवाह करके दस साल तक साहचर्य करें, बच्चों को जन्म दें, उनको पाठशाला में दाखिल कराकर गृहस्थी के बन्धन से बहुत कुछ मुक्त हों और फिर दोनों अपना-अपना काम देखें या चाहें तो अलग हो जायें।

पति-पत्नी को चाहिए कि विवाह से पहले डॉक्टर से जाँच करवा लें कि वे विवाह के योग्य हैं या नहीं। सरकार यदि यह नियम बनाये कि बिना डॉक्टर के प्रमाणपत्र के कोई विवाह नहीं कर सकता, तो अच्छा होगा।

भविष्य में विवाद पैदा न हों, इसलिए विवाह से पहले ही दम्पती को चाहिए कि वे एक-दूसरे को अपनी अभिरुचियों और जीवनोद्देश्यों से अवश्य अवगत कराएँ। शुरू में जब प्रेम के प्रवाह में बहते रहते हैं, तब यही लगता है कि हमारे बीच में मतभेद कभी नहीं होंगे। लेकिन होंगे अवश्य।

1. बच्चों को जन्म देना है या नहीं, यदि जन्म देना है, तो कब और कितनों को?

2. बच्चों की कौन कितनी ज़िम्मेदारी उठायेगा, आदि।

3. अब जीवन-भर के सम्बन्ध-निर्वाह की अपेक्षा करके विवाह करना ग़लत है। इसलिए विवाह के ये क़ानून बदलने चाहिए। उनके बदलने तक विवाह की एक दूसरी विधि का प्रबन्ध कर लेना चाहिए। उसमें यह व्यवस्था होनी चाहिए कि दोनों में से कोई अलग होना चाहे, तो उसे बिना कारण बताए अलग होने की स्वतन्त्रता हो। जीवन-भर के लिए या एक ही घण्टे के लिए ही सही, वादा करना या वादा करने के लिए कहना मूर्खता है।

इसके अलावा, गृहस्थी के लिए कौन कितना व्यय करेगा, इसके बारे में, कुछ गुप्त बातें हों, तो उनके बारे में, किसी को किसी दूसरे के प्रति आसक्ति या लगाव हो तो उसके बारे में, सब के बारे में खुलकर बात कर लेनी चाहिए। अपने अतीत जीवन के रहस्यों के बारे में दूसरे को बताने की ज़रूरत नहीं है। लेकिन बिना बताये यह झूठ नहीं बोलना चाहिए कि बताया है।

इसके बाद जब दोनों विवाह करना चाहें, तब संसार में कुछ भी उनके विवाह में बाधक नहीं होना चाहिए।

विवाह के शुरू-शुरू में चूँकि अपार कामेच्छा रहती है, इसलिए काम-ज्योति के प्रकाश में कुरूप भी सुन्दर, झोंपड़ी भी भव्य भवन और छिछोरापन भी बुद्धि-वैभव के रूप में दिखाई पड़ेगा। लोग अपने हृदय की रसिकता और कविता उड़ेलते हैं और उससे दूसरे को रंगकर मायामय सन्तुष्टि का अनुभव करते हैं। उन्नत प्रेम की बात जब करते हैं तब वे अपनी इस नयी कामेच्छा को ही व्यक्त करते होते हैं। कुछ समय बाद, कामोत्तेजना के कम होने और पति-पत्नी के एक-दूसरे के लिए पुराने पड़ जाते ही सच्चाई सामने आ जाती है। रातों में कभी-कभार ही पत्नी सुन्दर दिखाई पड़ती है। बाक़ी वक्त चटनी के स्वाद में, बच्चों के रुआँसे चेहरों में, और पाँव दबाने में ही पति पत्नी के गुणों, पातिव्रत्य और शील-स्वभाव का स्वाद लेता रहता है। पत्नी गहनों और साड़ियों में पति के प्रेम का साक्षात्कार करती रहती है। लड़ाई-झगड़े शुरू हो जाते हैं। चिढ़, ग़ुस्सा और परस्पर निन्दा सब बढ़ जाते हैं। लेकिन वे एक-दूसरे को नहीं छोड़ते। छोड़ने की शक्ति दोनों में से किसी में भी नहीं होती। इसलिए गृहस्थी की उसी स्थिति को अच्छा मानते हुए यही सोचते हैं कि हमारी परस्पर आसक्ति पहले प्रेम में, फिर आध्यात्मिकता में बदल गयी है, असल में विवाह के लिए तो आसक्ति की नहीं, स्थायी सद्गुणों की ही आवश्यकता होती है, इन लड़ाई-झगड़ों, परस्पर निन्दाओं, मारपीट, चाकरी और गन्दगी की परवाह न करने की स्थिति में पहुँचे हुए हम उन्नत लोग दूसरों के लिए अदृश्य दिव्य आध्यात्मिक प्रेम के बन्धन में बँधकर गृहस्थ जीवन व्यतीत कर रहे हैं। और वे लोग ऊपर से ऐसा कहते भी हैं। रसोई, बच्चे, गहने, समाज में नाम, शरीर और चारपाई की आदत पड़ जाने के बाद, उसी आदत को, एक-दूसरे को छोड़ न सकने की विवशता को, भय को, महान प्रेम मानने लगते हैं। फिर समय पर भोजन करने के तरीक़े से बिना किसी भाव या उल्लास के यथाविधि रात में मिलते हैं और 'निष्काम' भाव से वह कर्मकाण्ड सम्पन्न कर लेते हैं। लोग जाने कब यह समझने की स्थिति में पहुँचेंगे कि ऐसी दुरवस्था से बड़ा व्यभिचार दूसरा नहीं है, एक-दूसरे को देखकर खुश होने वाले दो पशुओं का या वेश्या और विट का परस्पर सम्बन्ध भी इस से कहीं अधिक उन्नत और सहज है।

लोगों का सामान्य विश्वास है कि प्रेम सच्चा हो, तो वह कभी ख़त्म नहीं होता, कोई कुछ भी करे, लोग चाहे जिस तरह के हों, चाहे जितने दिन गुज़र जायें, और चाहे जिस तरह उसका उपयोग किया जाये। यह बहुत बड़ी भूल है। असल में आम तौर पर दम्पती में कामासक्ति के सिवा प्रेम होता ही नहीं है। ये लोग जिसे प्रेम समझते हैं वह सब काम ही है। आसक्ति तक बहुतों में पैदा नहीं होती। प्रेम क्यों

होता है इसके कारण जानना तो मुश्किल है, पर एक बार हो जाने के बाद उसके नष्ट होने के कारण तो बहुत होते हैं।

आदर्श प्रेम शायद कभी ख़त्म नहीं होता हो, पर साधारण मनुष्यों में जो होता है, वह आदर्श प्रेम नहीं होता। यदि सावधानी नहीं बरती गयी, तो लोगों के स्वभाव की कमियों के कारण, संकुचितता के कारण, आसक्ति और काम भावना को ही प्रेम मानने के कारण परस्पर आकर्षण बहुत जल्दी समाप्त हो जायेगा।

1. पति-पत्नी में शुरू में काम भावना अधिक होती है। इसलिए आगे-पीछे न देखते हुए वे चौबीस घण्टे ख़ूब मिलते रहते हैं। वे उस काम के लिए छोड़कर दूसरे काम के लिए एक-दूसरे का उपयोग नहीं करते। उस तरीक़े को छोड़कर दूसरे तरीक़े से एक-दूसरे से आनन्द प्राप्त करने की स्थिति में न होने से उनको दूसरा कोई काम सूझता भी नहीं। लेकिन ऐसी चर्या से प्रेम जल्दी समाप्त हो जाता है। प्रेम को टिके रहना हो तो नयापन मन्द नहीं पड़ना चाहिए। एक का दूसरे के साथ आदत-भर का सम्बन्ध नहीं होना चाहिए। एक से बात करना और उसका चिन्तन करना दूसरे को पुलक से भर देना चाहिए। इसके लिए आवश्यक है कि संयम बरतते हुए आनन्द को थोड़ा-थोड़ा, फूल से सुगन्ध लेने की तरह ग्रहण करते रहें। एक की देह दूसरे को सदा आश्चर्य और आनन्द से भरती रहे। सदा रहस्यमय और अद्‌भुत बनी रहे। धार्मिक लोग चाहे जितना कहते रहें कि प्रेम सौन्दर्य पर आश्रित नहीं होता, अन्धों और सौन्दर्य का अर्थ न समझनेवाले पशुओं को छोड़कर बाक़ी लोगों का प्रेम थोड़ा या बहुत सौन्दर्याश्रित ही होता है। इसलिए दोनों को, विशेषकर स्त्री को अपने सौन्दर्य की रक्षा करनी चाहिए। पुरुष को भी यह सोचकर कि पत्नी का शरीर मेरा ही है, मुझे मिला हुआ है, उसे मसलकर बिगाड़ना नहीं चाहिए। उसके लिए स्त्री को भी अपनी स्वीकृति नहीं देनी चाहिए। स्वीकृति दी, तो पुरुष जल्दी ही दूसरी स्त्रियों को ढूँढ़ने लग जायेगा। आम तौर पर स्त्रियाँ यह सोचकर कि विवाह तो हो ही गया है, अब पति कहीं भाग तो सकता नहीं, अपने सौन्दर्य से, वस्त्रधारण से, शृंगारचेष्टा से पति को आकृष्ट करने का प्रयत्न नहीं करतीं। पुरुष तो और भी नहीं।

पुरुष को स्त्री का शरीर इतना सुन्दर दिखाई देना चाहिए कि उसे लगे कि स्पर्श मात्र से वह अपवित्र हो जायेगा। उस में इतनी रसज्ञता और सौन्दर्याराधना होनी चाहिए कि घुटनों के बल बैठकर भक्तिपूर्वक पूजा करने की इच्छा हो।

स्त्री में अपनी चिर नवीनता और नये-नये तरीक़ों से पति के हृदय को आकृष्ट करके उस पर विजय पा लेने की चतुराई होनी चाहिए। प्रकृति प्रदत्त सौन्दर्य से अधिक व्यक्तित्व की जीवन्तता और कौशल पुरुष के मन को आकृष्ट करने में

महत्त्वपूर्ण होते हैं। वस्त्र धारण की विधि, माँग निकालने का तरीक़ा, दृष्टि विक्षेप की चातुरी, अंगभंगी, बातों की मिठास और गले की मृदुलता सब का अध्ययन करके, उसे उनका उपयोग करना चाहिए। लोग कहेंगे, कि यह सब तो वेश्यापन है। लेकिन बिना प्रेम के यह सब करना वेश्यापन होता है, जिसको हृदय दिया है उसका अनुरंजन करने का प्रयत्न करना तो वेश्यापन बिल्कुल नहीं है। वेश्यापन मानकर इस में प्रवृत्त न होनेवाली अभागिन को छोड़कर पति इन सब का प्रदर्शन करनेवाली वेश्या के पास ही पहुँच जायेगा।

फूल, संगीत, नृत्य, आभूषण सब आकर्षण में सहायक होने चाहिए। पति की आँखों को स्त्री ऐसी लगनी चाहिए जैसे केवल उसी को नहीं, समस्त भुवन को ही वह मुग्ध-मोहित कर रही हो।

प्रेम के आरम्भ में जिन बातों से, दृष्टि विक्षेप से और हास से स्त्री ने पति को वश में कर लिया था, उन चेष्टाओं को उसे जीवन में कभी नहीं भूलना चाहिए।

पति-पत्नी को हर अवस्था में सामने पड़कर एक-दूसरे के लिए अरुचिकर नहीं बनना चाहिए। एक को दूसरे के लिए अपना शरीर ताजा और आकर्षक बनाकर रखना चाहिए। दोनों अपना-अपना दायित्व और ख़र्च वहन करते हुए अलग-अलग मकानों में रहें और यथावसर मिलते रहें, तब भी बहुत अच्छा रहता है।

कभी-कभी पत्नी सहवास के लिए तैयार नहीं हुई होती। वह लजाती है या डर जाती है। घिना भी सकती है। उसकी ऐसी स्थिति को समझते हुए धैर्यपूर्वक, सावधानी से और कोमलता से पुरुष को उससे निकटता बढ़ानी चाहिए । स्वार्थवश पशु की तरह उसने बर्ताव किया, तो उस स्त्री को पति से चाहे जितना प्रेम हो, वह सब भय और द्वेष में बदल जायेगा।

पुरुष से सन्तुष्टि न पानेवाली स्त्री स्नायविक रोगों का शिकार हो जाती है। बुड्ढों की युवा पत्नियों को होनेवाला हिस्टीरिया, पागलपन, भूतावेश या उनकी आत्महत्या आदि के पीछे कारण यही होता है। डॉक्टरों को इस बात का पता नहीं होता। पता होता भी है तो बताते नहीं। बतायें, तब भी लोग अनसुना कर देते हैं। इसलिए पति को चाहिए कि वह पत्नी को सन्तुष्टि देनेवाले कौशल का अभ्यास करे। यह आसान काम नहीं है। स्त्री का भी रतिक्षण (ऑर्गैज़्म) होता है, यह तक न जाननेवाले पुरुष अनगिनत हैं। अपने ऑर्गैज़्म की बात तक न जाननेवाली स्त्रियाँ भी अनेक हैं। पन्द्रह साल सहजीवन करने और दस बच्चों को जन्म देने के बाद भी अनेक स्त्री-पुरुष यही समझते हैं कि पुरुष के आनन्द के लिए ही स्त्री की सृष्टि हुई है। स्त्री के आनन्द से पुरुष का सरोकार नहीं है। सन्तुष्टि उन महाराज को मिल जाये तो काफ़ी है। स्त्री की सन्तुष्टि के बारे में सोचनेवाले पुरुष विरले ही होते हैं।

स्त्री को सन्तुष्ट करने के लिए शक्ति और स्वास्थ्य तो आवश्यक हैं ही, पर शायद उनसे भी अधिक आवश्यक है रति-कौशल। इस में मन की भूमिका बहुत महत्त्वपूर्ण है। पुरुष को मुख्य रूप से चाहिए कि अपनी त्वरा और उतावली को छोड़कर वह धीरे-धीरे अपने मन और शरीर पर काबू पाते हुए अधिक से अधिक समय तक आनन्द भोगे। हिचक या संकोच छोड़कर बहुत बार स्त्री से पता करते रहना चाहिए कि उसे आनन्द मिल रहा है या नहीं और किस तरीक़े से उसे और अधिक आनन्द और सन्तुष्टि प्राप्त होगी। पुरुष की अपेक्षा स्त्री को सन्तुष्टि देर से होती है। कल्पना मात्र से पुरुष सन्नद्ध हो सकता है। पर स्त्री को बहुत समय लगता है। चतुर और विचारशील पुरुष अपनी उत्तेजना को नियन्त्रण में रखता है और तरह-तरह से स्त्री को उत्तेजित करता है। इन तरीक़ों को प्रकृति ही सिखाती है। कोई भी कामशास्त्र उठाकर देखें तो ये विवरण अत्यन्त कुशलता और वैज्ञानिक विश्लेषण के साथ दिये हुए मिलेंगे। इसलिए उनके बारे में अलग से लिखने की आवश्यकता नहीं है।

वीर्यस्तंभन की अनेक दवाइयाँ बेची जा रही हैं। उनके उपयोग के बारे में नहीं जानता, लेकिन यही समझता हूँ कि वे अधिक उपयोगी नहीं होतीं। दुर्बल लोगों को उनकी ज़रूरत भले ही हो, स्वस्थ लोगों को नहीं होती। उस क्षण थोड़ी मदद दे भी दें, स्वास्थ्य के लिए ये अनुकूल नहीं होतीं, बल्कि हानिकारक ही होती हैं। मेरा यह सोच ग़लत हो सकता है। सुनने में आता है कि पुराने समय में योगी लोग साधना द्वारा वीर्यस्तंभन करते थे। इसका एक तरीक़ा है आसन को जकड़ना। इस जकड़न को देर तक बनाये रख सकें, तो वीर्यस्तंभन सम्भव हो जाता है। इतना तो अपने अनुभव में दिखाई पड़ रहा है। वीर्यस्तंभन को साधने के लिए कुछ और उपाय भी बताये गये हैं। लेकिन वे व्यावहारिक नहीं लगते। जिनकी रुचि हो, वे लोग इन चीज़ों के बारे में 'गांबर्स' की पुस्तकों में पढ़ सकते हैं। लेकिन इसके लिए आवश्यक योगसाधना जब तक पूरी होगी, तब तक सम्भव है, यह विषयासक्ति ही पूरी ख़त्म हो जाये और लोग योगमार्ग में ही पूरी तरह लीन हो जायें!

पति-पत्नी इन विषयों को लेकर आपस में साफ़-साफ़ बात नहीं करते। एक की स्थिति दूसरे को समझ में नहीं आती। साथी को कैसे सन्तुष्ट किया जाये, इसको लेकर दोनों ही नहीं सोचते। पुरुष स्त्री को सन्तुष्ट नहीं करता, तो उसको लेकर स्त्री बात नहीं करती। अपनी अतृप्ति को स्वीकारने में स्त्री का अभिमान आड़े आता है। इतना ही नहीं, यह स्वीकारना तक कि उसमें कामेच्छा है और वह स्वाभाविक है, उसे लज्जास्पद लगता है। उसका विचार यह तक होता है कि उसमें इतनी इच्छा का

रहना ही पाप है, नीचता है। वे दोनों ही नहीं जानते कि इस मूर्ख विश्वास का कारण उनको मिली शिक्षा है और कौशल का अभाव है। लेकिन यह कौशल अश्लील माना जाता है। सब तरह की अश्लील गालियाँ मुँह से निकालना तो ठीक है लेकिन इन विषयों पर खुलकर बात करना ठीक नहीं है। इस तरह यातना भोगते हुए, सन्तुष्टि से अनजान बने रहते हुए और प्रेम को मारते हुए सड़ना ही नैतिकता है! इसके अलावा बचपन से इस काम को रहस्यमय और नीचतापूर्ण बताये जाते रहने से स्त्रियाँ न उद्दीप्त होती हैं न कभी बागडोर स्वयं अपने हाथ में लेकर पुरुष को आनन्द देते हुए स्वयं आनन्द भोग पाती हैं। वे यही सोचती हैं कि पुरुष की हर चेष्टा के लिए जड़ पदार्थ की तरह अपने को सौंपना ही हमारा धर्म है। जब इच्छा नहीं होती, तब पति को मना करने की शक्ति और जब इच्छा होती है, तब सुख को स्वीकार करने की आज़ादी स्त्रियों ने खो दी है। यह भी अकसर होता है कि लड़कियों के पूर्णयौवना होने और उनमें इस इच्छा के उभरने से पहले ही वे पति से बलात्कृत होकर इस काम के प्रति उदासीन हो चुकी होती हैं।

इस तरह स्त्री को दबाकर पुरुष न केवल स्त्री के सुख को बिगाड़ रहा है, बल्कि स्त्री स्वतन्त्रतापूर्वक सुख की कामना करके पुरुष को जो महत्तम आनन्द दे सकती है, उसे भी नष्ट कर रहा है। इसीलिए पुरुष को पत्नी से ज़्यादा वेश्या प्रिय लगती है। वेश्या को जानने के बाद फिर से बीवी का मुँह देखनेवाला पुरुष कितना अभागा होगा? वेश्या अपने पेशे के लिए स्वेच्छा से काम रहस्यों को, रसिकता को, रति की रीतियों को थोड़ा या बहुत सीखी हुई होती है। पुरुष को आकृष्ट करना ही उसका लक्ष्य होता है। वहाँ हिचक नहीं है। आकृष्ट करने के ऐसे प्रयत्न न करके और करने में असमर्थ रहकर स्त्रियाँ पतियों को दुराचारी बताकर रोती रहें, तो फ़ायदा ही क्या है? पत्नी को चाहिए कि वह वेश्या को पराभूत करने योग्य सुघड़ता, मधुरता, भाव प्रकाशन और आकर्षण को स्वायत्त कर ले। उसे चाहिए कि रोज़ अपनी नवलता और नयी-नयी विधियों से पुरुष के मन को जीतकर उसे बाँध ले। सबसे पहले माता-पिता को ही घर पर उनको यह चातुरी सिखानी होगी। बाद में पति को उसमें वृद्धि करनी होगी। स्त्री को स्वयं भी सीखना होगा। पुरुष चतुर और प्रौढ़ स्त्रियों से परिचित हो, तो वह आशा करेगा कि उसकी पत्नी भी उसे उतना ही आह्लाद और सन्तुष्टि दे। लेकिन इस दुलहिन को तो ठीक से चूमना भी नहीं आता। शुरू-शुरू में यह मुग्धत्व प्यारा लग सकता है। लेकिन मुग्धावस्था चिरंतन काल तक मुग्ध ही बनी रहे, तो उकताकर पुरुष खाना बनाने के लिए ही उसका उपयोग करेगा।

पति के प्रेम को आकृष्ट करके उस प्रेम को किस तरह सुस्थिर बना लेना है, अपनी सुन्दरता और शरीर की सुघड़ता की किस तरह रक्षा करनी है, यह माँएँ अपनी लड़कियों को सिखायें, यह ज़रूरी है। यों तो पुरुष को आसक्त करने की विधि स्त्री को समय आने पर प्रकृति ही सिखाती है। लेकिन बड़े-बूढ़े गालियों और नैतिकता के उपदेशों से उसे नष्ट करके लड़कियों को अनाथ और अविवेकी बनाते रहते हैं।

"स्त्री को बाँहों में भरकर भोगते समय में भी और अधिक उत्कटता के साथ उस स्त्री की कामना जो पुरुष करता है, वही पुरुष स्त्री देह को केवल कामतुष्टि के उपकरण के रूप में नहीं देखता। वह कवि की तरह, रसज्ञ की तरह स्त्री में, उसके शरीर के सौन्दर्य में, उसके मन के लावण्य में परवशता का अनुभव करता है। इस परवशता की आनन्दानुभूति को जो अपनी आँखों में, बातों में और स्पर्श में अभिव्यक्त कर सकता है, वही स्त्री को दुलार सकता है और उसे प्रसन्न कर सकता है।" (एडवर्ड कार्पेंटर)

स्त्री के प्रेम को स्थायी बना लेने के लिए पुरुष को इतनी सतर्कता बरतनी पड़ती है। स्त्री के प्रेम को आकृष्ट करने वाले गुण कुछ दूसरे ही होते हैं। उसे गहनों और शारीरिक अलंकरणों की ज़रूरत नहीं होती। लेकिन उसे स्वच्छता और चुस्ती-फुर्ती तो चाहिए। पुरुष को चाहिए कि वह कम-से-कम स्त्री के लिए ही सही, वाक्चातुरी, साहस, व्यवहारज्ञान, पाण्डित्य आदि गुणों का अभ्यास करे।

पहले से ही हमारे देश में रतिबन्धों की चर्चा होती रही है। आम तौर पर हर घर में इन रतिबन्धों, स्त्री लक्षणों, दवाइयों, मन्त्रों आदि की जानकारी देनेवाली कोई एक पुस्तक तो होती ही है। इन पुस्तकों में बतायी गयी दवाइयाँ और मन्त्र तो ज़्यादातर अविश्वसनीय और हास्यास्पद ही होते हैं। लेकिन कहीं-कहीं कुछ उपयोगी सूत्र भी मिल सकते हैं। उनकी परीक्षा करने के लिए प्रयत्न तो करना ही चाहिए। इसके अलावा स्त्री-पुरुष लक्षणों को जानना भी आज के ज़माने में उपयोगी होगा। इनके अलावा कुछ पुस्तकों में कतिपय काम-चेष्टाओं को अलग से नाम देकर स्पष्ट करने का प्रयास भी किया गया है। यह सब रसज्ञ लोग सहज ही करने में समर्थ होते हैं। वह बस, एक शास्त्र है। इसके अलावा उस कार्य के अनुष्ठान में वह अधिक सहायक नहीं हो सकता। ऐसे भी मूर्ख होते हैं क्या, जो व्याकरण पहले सीखकर बाद में उसके अनुसार बात करने का प्रयत्न करते हों? लेकिन कुल मिलाकर इन पुस्तकों को पढ़ने से कुछ नयी बातों का स्फुरण अवश्य होगा।

रतिबन्ध उनमें महत्त्वपूर्ण हैं। रसिक-हृदय लोगों को इनके बारे में पढ़कर सीखने की ज़रूरत नहीं होती। स्वतन्त्र रूप से ही वे सब उनके ध्यान में आ जाते हैं।

फिर भी हो सकता है, उनकी सारी विशेषताएँ उनको मालूम न हों। इसके अलावा लज्जा से, आलस्य से, एक ढर्रे में फँस जाने से, परलोक चिन्ता के कारण या निराशा के कारण भी वे इन रतिबन्धों का अभ्यास नहीं करते। इस तरह वे इन बन्धों की जानकारी से प्राप्त होनेवाले सुख से अपने को वंचित ही रखते हैं। ऐसी स्थिति में इन पुस्तकों को पढ़कर कौशल और वैविध्य प्राप्त किये जा सकते हैं।

कुछ रतिबन्धों का अभ्यास बहुत कठिन मालूम पड़ता है। यह भी लगता है कि गुरु की वहाँ आवश्यकता होगी। कुछ तो ऐसे हैं, जिनको जानने की सन्तुष्टि के अलावा किसी प्रकार के वास्तविक सुख की प्राप्ति नहीं होती। लेकिन कुछ तो अपनी भिन्नता के कारण एकरसता को घटाकर आनन्द में वृद्धि करते हैं। इसके अलावा व्यक्ति और शरीर के भेद के कारण किसी-किसी के लिए कोई-कोई बन्ध अधिक उपयोगी सिद्ध हो सकता है। इन विषयों के बारे में पुस्तक छापकर बेचना अच्छा नहीं है, ऐसा कुछ लोग मानते हैं। पर मेरा विश्वास है कि इस ज्ञान का सर्वत्र फैलना ही हितकर है। स्त्री-पुरुषों की एक-दूसरे को आकृष्ट करने की विधियाँ, अनुरंजित करने के तौर-तरीक़े कुछ पुस्तकों में अच्छे दिये हुए हैं। इस मामले में स्वतन्त्र सोच जिनका नहीं है, उनके लिए ये बहुत उपयोगी हैं। आजमाये जाकर इन बन्धों आदि को लोगों के लिए उपयोगी सिद्ध होना हो, तो द्विरागमन से पहले ही वर-वधू को इन मामलों में कुशल बनाना होगा। लोग सिलाई-कढ़ाई, हार्मोनियम तो सिखाते हैं, पर रसज्ञता, स्वादिष्ट भोजन बनाना, रति कौशल और बाँकपन नहीं सिखाते। इन बातों की शिक्षा देनेवाले गुरु होने चाहिए। ऐसे कॉलेजों की स्थापना होनी चाहिए। कम-से-कम समर्थ और अनुभवी लोग या वेश्याएँ ही, इन बातों की शिक्षा देने के लिए 'बोर्ड' क्यों नहीं लगाकर रखतीं? लेकिन हुआ यह है कि शादियाँ करके लोगों ने उनको भी मन्दबुद्धि और रसहीन बना दिया है।

अँधेरा, गन्दगी और जगह की तंगी आसक्ति को मार डालते हैं। इसलिए दम्पती को, विशेषकर स्त्री को, घर में बन्दी नहीं होना चाहिए। कमरों में घुसकर रात-दिन दरवाज़ा बन्द रखने की आदत छोड़ देनी चाहिए। बाक़ी जीवन चाहे जहाँ गुज़ारें, कामजीवन तो उनको सुन्दर प्रदेशों में ही गुज़ारना चाहिए। सुन्दर भावनाओं से उस अवसर को भर लेना चाहिए। लेकिन गृहस्थी इस आनन्द और सौन्दर्य की घातक शत्रु बन गयी है। आम तौर पर लोगों का गृहस्थ जीवन कैसा होता है, जरा देखें–नये दम्पती सहजीवन जब आरम्भ करते हैं, तब हृदयों में रस भरा रहता है। इसलिए आस-पास के परिवेश को सुन्दर बनाकर रखने के लिए श्रम नहीं करते। कुछ लोग श्रम करें भी, तो परिस्थितियाँ अनुकूल नहीं होतीं। कमरे आम तौर पर तंग और

प्रकाशहीन होते हैं। उनमें प्रवेश करने से ही सारा उत्साह मर जाता है। कमरे-भर में सामान, जाले, और एक कोने में भारी-भरकम पलंग। यही बहुत बड़ी बात होती है। पलंग पर चीकट गद्दा, मच्छर, पसीना, पुरानी तस्वीरें। ऐसे भुतहे कमरे होते हैं। खिड़कियाँ सड़क पर खुलती हैं। खोलो, तो ख़तरा! साथ वाले कमरे में किसी दूसरे दम्पती के होने से ज़ोर से बात करने और हँसने में भी डर!

फिर भी बेचारे कुछ प्रयत्न तो करते ही हैं, जीवन को सुन्दर बना लेने के लिए। लेकिन उन प्रयत्नों को देखो, तो हँसी और दया दोनों आती हैं। एक साल में बच्चा पैदा हो जाता है। तब उत्सव मनाये जाते हैं। खुशियाँ मनायी जाती हैं। लेकिन यह समझ नहीं पाते कि उस गर्भ के साथ ही प्रेम और परस्पर आकर्षण मर गए हैं। उस छोटी उम्र में ही यह दुर्बल माँ प्रसव के साथ ही अपनी सुन्दरता खो देती है और उसका सारा शरीर लपसी की तरह लटकता-झूलता ऐसा विकृत दिखने लगता है कि तुच्छ-से-तुच्छ पुरुष भी उसकी तरफ़ आँख उठाकर नहीं देखना चाहेगा। उसके बाद बच्चों के रोने-बिलखने के बीच, पेशाब की सड़ाँध के बीच, पति-पत्नी ने पेट-भर जो खाया है, उस सालन की, पति के दफ़्तर की पुरानी फ़ाइलों की और पत्नी के शरीर से निकलती हींग की गन्ध जहाँ फैली रहती है, वहाँ भोजन में पड़ते नमक-मिर्च की प्रेरणा से, बिना किसी भूमिका-वूमिका या हर्ष-विषाद के आँखें मूँदकर एक ही मिनट में ऐसे, जैसे कोई दवाई निगल रहे हों, वह 'निष्काम' कर्मकाण्ड सम्पन्न कर लेते हैं। एक की देह को देखने में दूसरे को घिन आती है। इसलिए दिया तक बुझा देते हैं। एक-दूसरे से प्यार से बातें करने के लिए उनके पास बातें ही नहीं होतीं। एक को देखना दूसरे को सहन नहीं होता। उससे पहले लड़ते-झगड़ते या झिड़कते-दुत्कारते रह चुके होते हैं। इस बीच बच्चे जग जाते हैं तो उनको मारते हैं। स्वास्थ्य बिगड़ने से देह से दुर्गन्ध निकल रही होती है। वही समय पत्नी के लिए अपना महत्त्व दिखाने के लिए अनुकूल होता है। गहनों या साड़ियों के लिए पहले से ही वादे ले लेने का प्रयत्न वह करती है। लेकिन क्या पति उसके हाथ आता है? यह है गृहस्थी का 'आध्यात्मिक' सुख!

थोड़ा 'रोमान्स' और रसज्ञता रखनेवाले लोग इस ओछेपन से बाहर निकलने का उपाय न पाकर दूसरे स्त्री-पुरुषों को तलाशकर मन की अतृप्ति मिटाने का प्रयत्न करते हैं।

जाने वह समय कब आयेगा जब चाँदनी रातों में, नदी के तटों पर, ठण्डी हवा में, उजली रेत पर, पानी के कलकल के बीच या सुन्दर वन प्रान्त के घास के मैदानों में अपनी सुन्दर देह को छिपाने की आवश्यकता या इच्छा का अनुभव न करते हुए

लोग विचरण करेंगे, निर्मल आकाश के तले गाते-खेलते-हँसते स्वच्छन्दता से फूलों की सुगन्ध के बीच, भूमि को ही शय्या बनाकर विहार करने का भाग्य पायेंगे। ये दवाइयाँ, ये काढ़े, यह पसीना, रहस्य, कुरूपता, जल्दबाज़ी, दुर्बलता, खान-पान और नंगे चित्रों से होने वाली झूठी उत्तेजना, कपट की बातें, सन्देह, क्रोध और थकान जाने कब उनके जीवन से ग़ायब हो जायेंगे? लेकिन ये कभी ग़ायब होंगे भी?

पति-पत्नी को चाहिए कि सुबह और शाम, स्वच्छ शीतल पवन में, चाँदनी में, सैर करें। खेलें। पुस्तकें पढ़ें और क्लबों तथा सोसाइटियों में सदस्य बनकर अपने-अपने काम में निमग्न रहें। अनेक प्रकार की गतिविधियों में व्यस्त लोगों से उनका परिचय होना चाहिए। अनेक स्त्री-पुरुष मित्रों से उनको मिलना चाहिए। यदि वे दोनों यह सोचते हुए कि पूरी दुनिया में हम ही एक-दूसरे के लिए बने हैं और एक-दूसरे को जितना अधिक देखते रहेंगे, उतनी ही जल्दी ऐसी स्थिति पैदा हो जाएगी कि वे एक-दूसरे को देखना तक न चाहेंगे। शुरू में लगता है कि हम एक-दूसरे के लिए काफ़ी नहीं हैं क्या? लेकिन ऐसा विश्वास बहुत बड़ा धोखा है। अनेक प्रकार की गतिविधियों और व्यस्तताओं में कभी-कभी कामेच्छा को भूल भी जाना चाहिए। दूसरों के परिचय से आनन्द प्राप्त करने के तौर-तरीक़ों द्वारा भी आनन्द प्राप्त करना चाहिए। कविता, संगीत, कलाभिरुचि, प्राकृतिक सौन्दर्य, पुस्तक-पठन, इनमें लीन होना भी अच्छा रहता है। एक-दूसरे के दर्शन मात्र से, उँगली के स्पर्श मात्र से परवश हो जायें, मन को इस तरह बनाकर रखना चाहिए। बीच-बीच में कुछ समय के लिए अलग रहकर फिर से मिलना भी अच्छा है।

आधुनिक सभ्यता प्राप्त लोगों को अप्राकृतिक कामरोग ने जकड़ लिया है। स्त्री-पुरुषों का इतना अधिक कमरों में घुसे रहना न सहज है, न स्वास्थ्यकर। स्त्री का विचार आये बिना एक स्वस्थ पुरुष में कितनी बार इच्छा पैदा होगी? बहुत कम। ये लोग भोजन द्वारा, बातों द्वारा, कल्पना द्वारा, कहानियों और नाटकों द्वारा, बायोस्कोप द्वारा असहज रूप से इस इच्छा में वृद्धि करते जा रहे हैं। स्त्री पास में रहने पर भी सहज रूप से जिनमें इच्छा पैदा नहीं होती, वे भी अनेक कृत्रिम उपायों से इसे अपने अन्दर उभार रहे हैं। यह सोचते हैं कि पत्नी है, इसलिए हर रात उसका उपयोग करना हमारा धर्म है, अधिकार है। स्त्री चूँकि अभी पुरुष के समान सभ्यता के प्रवाह में बही नहीं जा रही है, नित्य के इस काम-जीवन को पसन्द नहीं करती। लेकिन विवशता में पुरुष-प्रभु के उपशमन के लिए देह दे देती है। यह बात भी सही है कि असहज इच्छाएँ रखनेवाली स्त्रियाँ भी होती हैं। यों अदम्य कामेच्छा स्वतः जब

होती है, तब उसे शान्त कर ही लेना चाहिए। लेकिन होटल को देखते ही भूख लग आने वाली बात की तरह इस इच्छा को असहज नहीं बना लेना चाहिए।

ऐसी स्थिति का एक और कारण : इन कपड़ों में, ताकने-झाँकने में, लजाने में जो आकर्षण है, वह भी एक कारण है। स्त्री को इस तरह छिपाकर, रंग-बिरंगी साड़ियाँ पहनाकर, केश बढ़ाकर, फूलों से सजाकर न रखा जाता, उसकी ये लजीली आँखें, उसका दुराव-छिपाव, उसकी दुर्बलता और उसका अबलात्व ये सब न हों, तो उसकी इतनी कामना नहीं होगी। सोने के कमरों में प्रेम के समय अपने प्रेमियों के सामने जिस मुक्त सौन्दर्य, हाव-भाव और बाँकपन का प्रदर्शन करना चाहिए, उनको बाहरी दरवाजों पर, पर्दों के पीछे, सड़कों पर ये धर्मपत्नियाँ हर पुरुष को आजकल दिखा रही हैं। पति जब अत्यन्त निकट हो, तब जिस लज्जा का प्रदर्शन करना चाहिए, उसे हर पुरुष के सामने क्यों प्रदर्शित करें? ये ऐसे बर्ताव करती हैं, जैसे कह रहीं हों, "देखो, तुम मेरा बलात्कार करने जा रहे हो, यह मेरा पति बर्दाश्त नहीं करेगा।" पुरुष को देखते ही दरवाज़े के पीछे छिपने का क्या अर्थ है? इस तरह शर्माने वाली हर स्त्री अवचेतन में व्यभिचारिणी है। वरना इस झूठे डर का क्या मतलब? यह सब आकर्षण का प्रथम सोपान है। इन पतिव्रताओं ने अवचेतन में जिस 'रोमान्स' को दबाकर रखा है उसी का यह फल है।

एक और कारण : शिक्षा-दीक्षा में, संस्कारों में, और लोक-व्यवहार के ज्ञान में स्त्री-पुरुष के परस्पर बहुत भिन्न होने से, एक इस सम्बन्ध को छोड़कर दूसरा कोई सम्बन्ध परस्पर न रख पाने के कारण, बुद्धिहीनता के चलते अपने आनन्द और रसज्ञता को ख़त्म कर डालने के कारण, परस्पर निरासक्त दम्पती को समाज ज़बर्दस्ती बाँधकर रखता है, इस कारण, उस कार्य के द्वारा छोड़कर दूसरे किसी तरह से कोई आनन्द प्राप्त करने में उनके असमर्थ होने के कारण, एक प्रकार की विवशता में वे लोग इस इच्छा को बढ़ा लेते हैं। जब इच्छा नहीं होती, तब भी लाचारी में मिलते हैं। जब एक को दूसरे का सामीप्य मात्र, एक-दूसरे को देखना ही, केवल बतियाना ही आनन्द दे, तो यह बीमारी कम होगी। संगीत, संलाप, रसिकता, विवेक, संसारज्ञान के साथ-साथ एक-दूसरे के प्रति स्नेह और प्रेम हो और गृहस्थी में ही नहीं, संसार के अन्यान्य कामों में भी दोनों सहचर हो सकें, तो उस सुख और माधुर्य के सामने सोने के कमरे का तात्कालिक सुख महान दिखाई नहीं देगा।

गहरी मित्रता होने पर दो पुरुष मित्र भी कभी-कभी एक-दूसरे को दुलारते-पुचकारते रहते हैं। यह आशा करते हैं कि किसी तरह उनमें और अधिक आत्मीय सम्बन्ध बने। (बहुत से लोगों के जीवन में शायद यह अनुभव भी नहीं होता होगा।)

इसी तरह स्त्री-पुरुष भी जब अच्छे मित्र बन जाते हैं, सभी मामलों में एक-दूसरे को सलाह देते हैं, एक-दूसरे की मदद करते हैं, अपने-अपने अनुभवों तथा विचारों को बाँटते हैं, तब एक-दूसरे के प्रति जगनेवाले प्रेम के कारण जब कभी आकर्षण घना हो जाता है तब और अधिक आन्तरिक एकत्व पाने की उनकी कामना होती है। वही सहज समय है। बाक़ी सब व्यभिचार है। कोई आनन्द न देनेवाला, नीच और नीतिशास्त्र सम्मत व्यभिचार। वह प्रेम मिलन हठात् वमन की तरह घटित नहीं होता। वह उत्कट प्रेम के आधार पर, उचित भूमिका के बाद दुस्सह आकर्षण का फल होता है। उस मिलन में दोनों के जीवन धन्यता और सन्तुष्टि प्राप्त करते हैं।

इसके अलावा वीर्य ही शक्ति है और वही मेधा है। वह जीवन का उत्साह और स्वास्थ्य भी है। उसका जितना संचय करके शारीरिक और मानसिक विकास के लिए उपयोग किया जायेगा, उतना ही श्रेयस्कर होता है, फलप्रद होता है। इसलिए संयम आवश्यक है। एक बार तुष्ट हो लेने के बाद वीर्य के दुबारा एकत्र होने तक पत्नी के प्रति भी आकर्षण जगता नहीं है। आकर्षण के मिठास को लोग नहीं जानते। इसीलिए इस प्रकार अपनी शक्ति और धन का अपव्यय करते रहते हैं। लोगों को चाहिए कि जहाँ तक हो सके अपने जीवन को इस मिठास से रिक्त होने से बचा लें।

सम्पूर्ण संयम की प्राप्ति होने तक अलग-अलग पलंगों पर या अलग-अलग कमरों या अलग-अलग मकानों में रहें, तो अच्छा रहता है।

पति-पत्नी को चाहिए कि उनके ऊपर अधिकार रखनेवालों और चुगलख़ोरी करनेवालों को दूर रखें। माता-पिता ही क्यों न हों, अनुकूलता रखनेवाले न हों तो पास रहने नहीं देना चाहिए। पुरुष को चाहिए कि अपने माता-पिता के पोषण या सेवा में पत्नी को नियोजित न करे। उनके प्रति बहुत प्रेम हो, तो यह सेवा वह ख़ुद करे, तो अच्छा है। बच्चे जल्दी पैदा न हों, इसके लिए सावधानी बरतनी चाहिए। जब तक दोनों का परस्पर अनुराग सुस्थिर नहीं होता और यह विश्वास नहीं जमता कि हम अब अलग नहीं होंगे, तब तक बच्चों को जन्म नहीं देना चाहिए। ऐसा न होकर बच्चे जल्दी पैदा हो गये, तो पति-पत्नी की स्वेच्छा और आनन्द में बाधा उपस्थित होगी। स्त्री की सुन्दरता बिगड़ जायेगी। इस अल्पायु दम्पती के अपने आनन्द में मस्त रहने से बच्चे भी आवश्यक पोषण के अभाव में संकटग्रस्त हो जाते हैं। विवाह के फ़ौरन बाद स्त्री को अपनी अलग कमाई आरम्भ करनी चाहिए। पुरुष पर निर्भर रहेगी तो चाहे जितना प्रेम हो, नष्ट हो जायेगा। परिवार के लिए कौन कितना ख़र्च करेगा, इसका निर्णय किया जाना चाहिए। एक के साथ दूसरे को सम्मानपूर्ण व्यवहार करना चाहिए। 'आप' कहकर सम्बोधन करना अच्छा होता है। अपना-अपना काम करते

हुए पति-पत्नी का अलग-अलग मकानों में रहना भी अच्छा रहता है। एक ही मकान में रहते हों, तो अलग-अलग हिस्सों में रहना तो निश्चित रूप से अच्छा है। एक को दूसरे पर सम्पूर्ण विश्वास होना चाहिए। शक होने पर फ़ौरन पूछना अच्छा है। आज की तरह पुरुषों को अपने चालचलन को छिपाने की ज़रूरत तब नहीं रहेगी। किसी दूसरे पर आसक्ति पैदा होने पर झूठा व्यवहार करने की नौबत नहीं आयेगी। छिपकर चोरी से दूसरे के भेद का पता लगाकर अन्दर-ही-अन्दर कुढ़ते रहना तो नीचता है। प्रेम के लिए यह विष के समान है। या तो पूछकर शंका की निवृत्ति कर लेनी चाहिए या विश्वास करना चाहिए। विश्वास नहीं कर सकते तो अलग होना चाहिए। लेकिन दूसरे को किसी अन्य व्यक्ति से प्रेम हो जाने मात्र से यह नहीं सोचना चाहिए कि मेरे प्रति इसका प्रेम ख़त्म हो गया है। प्रेम को बाँटना सीखना चाहिए।

परस्पर निष्कपटता और पूरे मन से बात करनी चाहिए और वैसा ही आचरण करना चाहिए। झूठ को पास फटकने नहीं देना चाहिए। सच बोलने से दूसरे को कष्ट होगा, इस विचार को आड़े आने नहीं देना चाहिए। प्रेम को निष्कलंक बनाये रखना चाहिए। अपने पति या पत्नी के प्रति प्रेम समाप्त हो गया हो या किसी दूसरे के प्रति प्रेम हो गया हो या दोनों ही के प्रति प्रेम बना हुआ हो, तो सच-सच बता देना चाहिए।

इस मोहासक्त जीवन में अनेक ग़लतफहमियाँ होती हैं। उलझनें और पेचीदगियाँ पैदा हो जाती हैं। प्रेमालिंगन से सबको सुलझा लेना चाहिए।

इन छोटी-छोटी परेशानियों को देखकर यह नहीं सोचना चाहिए कि प्रेम समाप्त हो गया है। कुछ समय बाद कुछ ऊब होने पर थोड़े से परिवर्तन की इच्छा हो सकती है। ऐसी स्थिति में तात्कालिक रूप से किसी दूसरे के साथ रहने के बाद फिर से मिला जा सकता है। कभी-कभी ऐसा भी हो सकता है कि किसी दूसरे के प्रति आसक्ति पैदा हो। ऐसी स्थिति में आसक्ति को शान्त कर लेने के बाद फिर से यथापूर्व दोनों गृहस्थ जीवन बिता सकते हैं। एक को दूसरे से सन्तान उत्पन्न न हो रही हो, तो साथी के बदलाव से सन्तान शायद हो, इसके लिए प्रयत्न किया जा सकता है। सहज बुद्धि और निश्चल प्रेमभाव के साथ इन सबका समर्थन करना चाहिए।

पति-पत्नी को एक-दूसरे पर अपना नैतिक आदर्श थोपना नहीं चाहिए। यह मानना कि एक ही नैतिकता सभी के स्वभाव के उपयुक्त होगी, ग़लत है। कुछ लोग होते हैं जो पूरे हृदय से जब तक प्रेम नहीं करते, तब तक अपने शरीर का स्पर्श नहीं करने देते। कुछ दूसरे लोग होते हैं, जिन में शरीर और मन का सम्बन्ध नहीं होता, किसी से पूरे मन से प्रेम करते हुए भी शरीर की इच्छाओं को दूसरे तरीक़े से पूरा

कर लेते हैं। इस तरह लोग अनेक प्रकार के होते हैं। इसलिए जिसकी जैसी नैतिकता हो, उसमें हस्तक्षेप न करते हुए एक-दूसरे को समझने का प्रयत्न करना चाहिए। पति जब पास न हो, और वह सम्पूर्ण सन्तुष्टि भी न दे पाता हो, तब शारीरिक आवश्यकता की तुष्टि के लिए वेतन पर नौकर का प्रबन्ध कर लेने पर भी पति में इतनी उदारता होनी चाहिए कि वह पत्नी की स्थिति को समझे और उसकी नैतिकता सम्बन्धी मान्यताओं के प्रति सहानुभूति दिखाये। इस तरह के सूक्ष्म अन्तर बहुत होते हैं। लोगों के चेहरे-मोहरे में, कण्ठस्वर में, और सब में जब इतना अन्तर होता है, तब स्वभाव में कितना अन्तर हो सकता है, इसका अनुमान किया जा सकता है।

इन सभी समस्याओं का समाधान पाने में सबसे महत्त्वपूर्ण है, स्वार्थ का त्याग। लोग सभी मामलों में त्याग का उपदेश देते हैं, पर इस मामले में त्याग को नहीं मानते। सचमुच का प्रेम रखनेवाले हों, तो पति और पत्नी को निश्चित रूप से एक-दूसरे के सुख और आनन्द की चिन्ता तो करनी ही चाहिए। पति को सुख न दे पाने की स्थिति में पत्नी पति से दूसरा विवाह करने के लिए कहे, तो लोग कहेंगे, 'वाह! कितनी बड़ी पतिव्रता है!' लेकिन पति पत्नी को ऐसी सुविधा दे, तो आसमान टूटकर गिर पड़ेगा। निर्द्वन्द्वभाव से दूसरे की सन्तुष्टि और आनन्द के लिए बड़े-से-बड़ा त्याग जो कर सकता है, वही उन्नत प्रेम है। इस तरह सुख के उपाय सुझानेवाली बातों से लोगों को, विशेषकर इस देश के लोगों को ग़ुस्सा आता है। यही कहेंगे कि यह सब स्वार्थ है और भोगासक्ति और भौतिक इच्छाओं को बढ़ावा देना है। लेकिन स्त्री-पुरुष सम्बन्ध में सामान्यत: लोग सुख भोग रहे हैं या नहीं? हम यह नहीं कह रहे हैं कि भौतिक कामनाओं का त्याग करके, घर-गृहस्थी छोड़कर संन्यास लेनेवाले संन्यास न लें। 'निष्काम' भाव से आँखें मूँदे, हरि का ध्यान करते हुए केवल पुत्रोत्पत्ति के उद्‌देश्य से ही सृजनकर्म का यह श्रम स्वीकार करनेवालों को भी हम यह 'श्रम' करने से मना नहीं कर रहे हैं। लेकिन स्त्री-प्रसंग की वांछा रखनेवाले कुछ 'पापात्मा' तो इस संसार में हैं न, इस कलियुग में! ये सारे उपाय उन्हीं के लिए हैं। ज्ञान-वैराग्य की इतनी बातें होते हुए भी अभी कुछ लोगों की तो ऐसी दुरवस्था नहीं हुई है न, कि स्त्री का आलिंगन सुख न देता हो। मैं यही कहता हूँ कि "आख़िर आप सुख ही पाने का प्रयत्न कर रहे हैं न! जो सुख पाते हैं, वह सड़ा-गला सुख न होकर स्वस्थ, स्वच्छ और अधिक अनुमोदन योग्य हो, तो कितना अच्छा होगा!"

तीसरे ही साल शिशुओं को जनमाकर और पाँचवें साल में ही पत्नी को बुढ़िया बनाकर आपको कौन-सा सुख मिल रहा है? बाद में दूसरों की पत्नियों की तलाश

ही तो करेंगे? अपनी पत्नी को ही स्वच्छ और नवीन बनाये रखने के तरीक़ों पर ध्यान दें, तो धर्मात्मा लोगों की इच्छानुरूप व्यभिचार कम हो जायेगा न!

कहते हैं कि विवाह आनन्द के लिए नहीं है! वह एक पवित्र संस्कार है! आनन्द के लिए नहीं, तो क्या आप यह जो विवाह करते हैं, और बच्चों को जन्म देते हैं, वह सब लोकोपकार ही के लिए है? हम यह तो नहीं कह रहे हैं न, कि जन्म देकर उनको छोड़ दो और अपने सुख में मगन रहो! लोग कहते हैं कि ऐसे सुख लोगों को इहलोक के सुखों में डुबोये रखेंगे और परलोक को भुला देंगे। परलोक का चिन्तन करते हुए ही ये लोग विलास करते होंगे शायद! तब वे कमरे, गद्दे, साड़ियाँ, और इत्र किसलिए? परलोक के लिए ही! गर्भाधान के लिए यह जल्दी मचाना, बीवी के मरने के तीसरे दिन फिर से शादी करना यह सब भी परलोक के लिए ही?

चाहे कोई कितना उद्बोधन करे, कि विवाह धर्म है, एक संस्कार है, और पति ही परमेश्वर है, और चाहे कोई कितना समझाये कि प्रेम का आधार गुण होने चाहिए, अन्ततः दाम्पत्य मुख्य रूप से सम्भोग सुख पर ही आधारित रहता है। रात को शय्या पर सन्तुष्टि पाये हुए पति-पत्नी दिन-भर बहुत प्रेमभाव से रहते हैं। उस सुख के कम होते ही नाम, गहने, खाना-पीना, बरतन-भांडे, इन पर प्रेम बढ़ता है। युवतियों को पकड़नेवाले भूत-प्रेत, हिस्टीरिया, कमज़ोरी यह सब पुरुष से उनकी इच्छा पूरी न होने से ही होता है। उनका किसी के साथ भाग जाने का भी कारण यही है। स्त्री के शरीर को ही नहीं, उसकी कल्पना को भी पुरुष को सन्तुष्ट करना होता है। कुछ समय तक रोमान्स की भावना को भी। आज की यह दुरवस्था पुरुष के शरीर में शक्ति कम होने से, स्त्री को 'स्टडी' न करने से और आवश्यक कुशलता प्राप्त न करने से ही हो रही है।

कोई पूछ सकता है कि इस परम सहज इच्छा की तुष्टि के लिए इतनी होशियारी और कुशलता की क्या ज़रूरत है?

पशुओं और पहले के पुरुषों को शरीर का व्यायाम, खाना बनाना और पढ़ना किसी ने सिखाया था क्या? परिस्थितियों के बदलने से इस तरह की प्रवीणता आवश्यक हो गयी है। सभी मामलों में तो लोग शिक्षण और अभ्यास को आवश्यक मानते हैं–एक इस मामले को छोड़कर। सिद्धान्ततः ऐसी आवश्यकता को स्वीकार करनेवाले शिक्षित लोग भी मौका पड़ने पर परम मूढ़ आदमियों से भी अधिक निराश करते हैं।

लोग भूल गये हैं कि स्त्री-पुरुष का सम्बन्ध सन्तान के लिए ही नहीं, सुख के लिए भी है। अपनी अन्तरात्मा में भी वे इस बात को स्वीकार नहीं करते। फिर भी

यह कहकर रोते रहते हैं कि "अब बच्चों की हमें ज़रूरत नहीं है। फिर भी हो रहे हैं। हम क्या करें?" जैसे ज़बर्दस्ती कोई पति-पत्नी को साथ सुला रहा हो। यह दुर्भाग्य इसलिए है कि सृजन कर्म सुखदायक न होकर केवल कष्ट निवारण का उपाय बन गया है।

यह 'कष्ट निवारण' भी होता पुरुषों के साथ ही है। कुछ स्त्रियों के साथ तो सुख की बात दूर, उनका 'कष्ट' भी दूर नहीं होता। पुरुष को इस बात का ध्यान नहीं रहता। वह स्त्री को अपने सुख के लिए बनी मशीन समझता है। जब भी चिढ़ होती है, "ये औरतें..." कहकर कोसता रहता है। उस काम को पापकर्म और घिनौना समझने से मन में अनेक कुण्ठाएँ घर कर गयी हैं। स्त्री को सन्तुष्ट करने में असमर्थ पुरुष जब स्त्री सन्तुष्टि की आशा से आँखें उठाती है, तब उसको और उसके वंश को गालियाँ देता है और उसे विवश और पागल बना देता है।

शरीर को तुष्ट करने का ज्ञान और कौशल सिखाने की पाठशालाएँ होनी चाहिए। हर विश्वविद्यालय में लेक्चरर होने चाहिए। 'सेक्स चेयर' (यौन पीठ) नाम से एक विभाग होना चाहिए। हर बस्ती में इस विषय से सम्बद्ध नयी-पुरानी पुस्तकें और पुस्तकालय होने चाहिए।

पुरुष को चाहिए कि वीर्यशक्ति और स्तम्भन शक्ति के लिए अपने स्वास्थ्य की वृद्धि करे। आवश्यक होने पर कुछ विश्वसनीय दवाइयों को छोड़कर (विश्वसनीय मित्र या डॉक्टर के बताने पर ही) बाज़ार में मिलनेवाली हर दवाई का सेवन करने से अल्प लाभ के लिए (यदि कोई लाभ हो तो) बाद में बहुत हानि भुगतनी पड़ सकती है।

पुरुष को चाहिए कि स्त्री की प्रेरणाओं का, उसके स्वभाव का, उसकी कामेच्छा का और उसकी सन्तुष्टि का सावधानी से अध्ययन करे।

जहाँ तक सम्भव हो, स्त्री-पुरुषों को इस कामशक्ति को अन्य रूपों में बदलकर भोगना चाहिए। चुम्बनों के बीच, हँसी के बीच, सख्यभाव के बीच, कलाओं और सपनों के बीच आवश्यक होने पर ही शरीर का सम्बन्ध वांछनीय होता है। लेकिन आजकल मन में ज़रा सी इच्छा जगी नहीं कि एक-दूसरे को मुफ़्त में मिला हुआ समझकर बिस्तर पर पहुँच जाते हैं। मन में इच्छा न होते हुए भी आदत के अनुसार दूसरे नित्यकर्मों की ही तरह उस कार्य को भी सम्पन्न कर लेते हैं।

किन्हीं पुस्तकों में, कथा-कविता में आदर्श प्रेम के बारे में पढ़कर युवक और युवतियाँ ऐसा प्रेम पाने के सपने देखते हैं और अकारण ही एक-दूसरे की आदर्श रूप में कल्पना करके विवाह करते हैं। कविता में तो क्या, कथा-कहानी तक में यथार्थ

जीवन का चित्रण नहीं होता, इसलिए सिनेमा के प्यार पर विश्वास करते हुए बहुत जल्द ही वे लोग भ्रम से मुक्त हो जाते हैं। जो पढ़े-लिखे नहीं हैं, वे लोग यथातथ्य रूप से यह जानकर कि जीवन क्या है और मनुष्य का स्वभाव कैसा है, एक-दूसरे से किसी असंगत और अलौकिक वस्तु की माँग नहीं करते। लेकिन सपने देखनेवाले ये युवक और युवतियाँ अपनी न्यूनता को भूल जाते हैं और यह सोचकर कुढ़ते रहते हैं कि दूसरे व्यक्ति के कारण ही उनके सारे सपने ध्वस्त हो गये हैं।

कविता में बताये जाने वाले प्रेम की बात करें, तो उसमें झूठ कुछ नहीं है। प्रेम के औदात्य को कोई भी कविता पा नहीं सकती। लेकिन ऐसा प्रेम पाने की योग्यता रखनेवाले पुरुष भी कितने होते हैं? महान कविता की रचना सीखना सम्भव हो सकता है, पर प्रेम सीखना बिल्कुल सम्भव नहीं। तपस्या के लिए योग्य जितने लोग होंगे, प्रेम के योग्य भी उतने ही लोग होंगे। तपस्या के आनन्द का बखान शास्त्र, पुराण, ऋषि, मुनि, योगी करते हैं। बहुत लोग उसकी आशा भी करते हैं। लेकिन कितनों के लिए वह सम्भव है? प्रेम के बारे में भी यही बात है। To be in love means to find one's God (प्रेम करने का मतलब है, अपने ईश्वर को पा लेना।)।

प्रेम का मतलब है, अपने अहं को मार डालना और दूसरे की आराधना करना। मेरी आराधना कोई करे, इस अपेक्षा को छोड़कर मैं किसी की आराधना करूँ, यह बात किसी को अच्छी नहीं लगती। पर यह स्त्री के लिए सहज है, सरल है। लेकिन सहजता का हनन करने वाली इस नयी स्त्री के बस की यह बात नहीं है।

24

गर्भ-निरोधक उपाय

सम्भोगरत पति-पत्नी को उत्तेजना में इस बात का ध्यान नहीं रहता कि बच्चे हो सकते हैं। लेकिन जब बच्चों की कामना न हो, तब बच्चों के पैदा होने से बहुत कठिनाइयाँ आती हैं। बच्चों के पैदा होकर उनके सिर पर सवार हो जाने तक दम्पती को इन कठिनाइयों का अन्दाज़ा नहीं होता। जिनको पता होता है, वे बताते नहीं हैं। वे यही सोचते हैं कि बीमारी, ग़रीबी, सर्दी-गर्मी जैसी जीवन की अनेकानेक सहज कठिनाइयों में बच्चे भी शामिल हैं। गर्भ-निरोधक उपायों की आवश्यकता इन कारणों से होती है–

1. अवयस्क लड़की के बच्चे होने से उसके स्वास्थ्य की हानि होगी।

2. छोटी उम्र में दम्पती के आज़ाद ज़िन्दगी जीने में बच्चे रुकावट होते हैं।

3. स्त्री-पुरुष के पूरी तरह कमाऊ होने से पहले बच्चे हो जायें, तो आर्थिक कठिनाइयाँ होंगी।

4. स्त्री की सुन्दरता जल्दी ख़त्म हो जायेगी। पति में उसके प्रति विरक्ति पैदा होगी। नीतिविद् तो कहते हैं कि विरक्ति पैदा नहीं होनी चाहिए। बात सही भी हो सकती है। पर विरक्ति होती है, यह हज़ारों उदाहरणों से सिद्ध है।

5. माँ छोटी और अनुभवहीन हो, तो बच्चे का लालन-पालन और अनुशासन वह नहीं कर सकती।

6. हर साल के प्रसव से स्त्री दुर्बल हो जाती है।

7. बहुत सारे बच्चे हों, तो परिवार का भार बहुत बढ़ जायेगा। उनको पालने के लिए धन चाहिए और सेवा चाहिए। इनकी कमी होने से बच्चे बिगड़ सकते हैं। ऐसी स्थिति में माता-पिता को दूसरे कामों के लिए अवकाश नहीं रहेगा।

8. बीमारी के कारण या शरीर की किसी कमी के कारण कुछ स्त्रियाँ गर्भधारण करके भी बच्चे को जन्म देने की स्थिति में नहीं होतीं।

9. यौन रोगियों, कोढ़ियों, पागलों, दुर्बलों और शराबियों में बच्चों को जन्म देने की योग्यता नहीं होती। उनकी बीमारियाँ बच्चों को हो सकती हैं।

10. कुछ लोगों को बच्चों की चाह होती ही नहीं।

11. विधवाओं और अविवाहितों को बच्चे हो जायें तो समाज में परेशानियाँ पैदा हो जायेंगी। इस तरह पैदा हुए बच्चों को भी जीवन-भर हीनता भोगनी पड़ेगी।

12. बाद में गर्भपात कराने से या शिशु को मारने से यह उत्तम है।

लोग कहते हैं कि इस तरह अप्राकृतिक तरीक़े से बच्चों को पैदा होने से रोकना ग़लत है। तब क्या अवांछित बच्चों को जन्म देकर माता-पिता का अपना सुख और अपनी उन्नति खो देना, बच्चों को आवश्यक प्रेम और सुविधाओं से वंचित करके उनके विकास को नष्ट करना उचित है? स्त्री की ग़ुलामी, ग़रीबी, हर नौ महीने बाद उसका एक बच्चे को जन्म देना, बीमारियाँ, ये सब क्या सहज हैं? असहज समझकर बीमारी में लोगों ने दवाइयाँ खाना बन्द कर दिया है क्या? सवेरे उठने के बाद से कितने असहज काम लोग करते हैं? यह अकेला काम ही असहज हो गया है? कहते हैं कि ईश्वर जो बच्चे दे रहा है, उनको इस तरह रोकना नहीं चाहिए। बच्चों को जन्म ईश्वर दे रहा है या मनुष्य? फिर ईश्वर जो फोड़े देता है, उन पर दवाई क्यों लगाते हैं? ईश्वर जो बाल देता है, उनको कटवाते क्यों हैं? ईश्वर जो भूकम्प देता है, उससे बचने की कोशिश क्यों करते हैं?

कुछ लोग कहते हैं कि पुरुष के रेतस को व्यर्थ नहीं करना चाहिए। रेतस में एक अणु गर्भधारण कराता है और बाक़ी सब व्यर्थ हो जाता है न! रेतस को व्यर्थ कर देने में सृष्टि को भय नहीं लगता। मनुष्य भी नहीं डरते। लेकिन ये नीतिविद् लोग तो ऐसी छिछली आपत्तियों का प्रचार करते हुए घूमते रहते हैं। हर तरह से सड़ा-गला जीवन जो लोग जीते हैं, जिनका रेतस निःशेष रूप से सूख गया है, सड़ गया है, वे ही नैतिकता के ऐसे सिद्धान्त बघारते हैं। अगर यह बात है, तो ये लोग व्यर्थ होने से बचाकर उस सारे रेतस को छिपाकर उपयोग में क्यों नहीं लाते? जितने हो सकें, उतने बच्चों को सुअरों की तरह जन्म देना ही है, ऐसा कहीं लिखा है क्या?

गर्भ-निरोध के इन उपायों का तिरस्कार करना एक फ़ैशन ही हो गया है। यह आशा भी रहती है कि उन पर आपत्ति उठाते ही लोग सोचेंगे, "वाह! कितने नैतिक आदमी हैं!" इसके अलावा इन उपायों का अनुसरण करने का धैर्य, शक्ति और साहस न रखनेवाले लोग और पत्नियों को सहमत न कर सकनेवाले लोग, असल बात को छिपाकर यह सब कहते रहते हैं–"अरे, हमें सब मालूम है इनके बारे में। इनसे कोई फ़ायदा नहीं। झूठ है सब। इनसे बीमारियाँ होती हैं, यह बात फलाँ डॉक्टर ने कही है, फलाँ सर्वज्ञ ने कही है।" इस तरह मज़ाक़ उड़ाकर हँसते रहते हैं। निश्चय ही उन लोगों ने इन उपायों को आजमाया नहीं होगा। आजमाया होगा, तो ठीक से नहीं आजमाया होगा।

गर्भ निरोध के उपाय–रेतस को स्त्री के अण्ड से मिलने से रोकनेवाला कोई भी उपाय इसमें काम आता है। कुछ महात्मा लोग कहते रहते हैं कि स्त्री प्रसंग को बिल्कुल छोड़कर इन्द्रियों पर संयम रखना ही उत्तम है। यह बात ऐसे ही है जैसे कोई कहे कि बीमारी से बचने के लिए खाना छोड़ दो। यह छोड़ना तब सम्भव होगा जब सभी ऋषि हो जायेंगे। इस बीच इस अभागे संसार को कोई-न-कोई उपाय बताना तो है न! इसके अनेक उपाय हैं। इनको लेकर अंग्रेज़ी में बहुत पुस्तकें हैं। अपने देश में भी दो-तीन पुस्तकें हैं। कुछ अच्छे उपायों के बारे में मैं आगे लिखूँगा।

स्त्रियों के लिए उपाय–इस काम के लिए उपयोगी 'चेक पेसरी' (Pessary) हर दवाई की दुकान में मिलती है। नहीं मिलती है तो मद्रास में किसी भी दवाई की दुकान को लिखें, तो भेज देंगे। वह भी आप से नहीं होता, तो मुझे लिखिए।

आमतौर पर दो प्रकार की पेसरियाँ आजकल उपयोग में हैं। एक है–Diaphram Vaginal Rubber Pessary. छोटी आयुवाली के लिए छोटी और जिस महिला के प्रसव हो चुके हैं, उसके लिए बड़ी, सही साइज की पेसरी लेना बहुत ज़रूरी है। इस मामले में डॉक्टर से सलाह लेना अच्छा रहता है। लेकिन नब्बे फ़ीसदी डॉक्टरों को इसके बारे में मालूम नहीं होता। जिनको मालूम नहीं है, वे यह नहीं कहेंगे कि हमें मालूम नहीं है। यही कहेंगे कि हमको सब मालूम है, लेकिन इनसे कोई लाभ नहीं है, ये स्वास्थ्य के लिए हानिकारक हैं और अनैतिक हैं। अगर आपके बूते की बात हो, तो बिना कुछ जाने-बूझे वह डॉक्टर ऐसी झूठी बातें न कहता फिरे, इसके लिए आप उसे कोई कड़ा दण्ड दे दें, तो संसार का बहुत बड़ा उपकार होगा। सहानुभूति दिखानेवाला डॉक्टर न मिले, या शंकाएँ हों, या उसका उपयोग करना न आये, तो मुझे लिखिए।

इन पेसरियों को धोकर और सुखाकर साफ़ रखना चाहिए। पहले साबुन से हाथ धो लेने चाहिए। नाखून चुभे नहीं, इसलिए उनको काट लेना चाहिए। तर्जनी को सृजनांग में तानने पर उस मार्ग के सामने गोले जैसी एक चीज़ का स्पर्श होगा। वही गर्भाशय के अन्दर का मार्ग है। उसका नाम है 'सर्विक्स' (cervix, गर्भाशय ग्रीवा) उस मार्ग को ढककर रेतस को उसका स्पर्श न करने देना ही यहाँ हमारा उद्देश्य है।

उपयोग करने से पहले पेसरी को कांट्रासेप्टालिन (contraceptaline) नामक दवाई लगाना अच्छा रहता है। वह दवाई न हो, तो–

1. क्वाइना मिक्स्चर या
2. नींबू का रस या
3. खट्टा मट्ठा या

4. पानी मिला हुआ विनिगर या

5. वैसलीन

लगाकर उस मार्ग में जितना अन्दर हो सके, उतने अन्दर तक सर्विक्स को ढकते हुए उस पेसरी को स्थापित करना चाहिए।

कुछ लोगों को भय है कि वह पेसरी कहीं पेट के अन्दर या दिल के अन्दर चली जायेगी। डरने की कोई बात नहीं है। जाने का कोई रास्ता नहीं है।

सवेरे उँगली से आसानी से उसे निकाला जा सकता है। निकालने से पहले गरम पानी से और निकालने के बाद साबुन के पानी से 'डूश' (douche) कर लेना (पिचकारी से धोना) अच्छा रहता है।

'डूश' करना यदि सम्भव न हो, या 'डूश' के उपकरण ख़रीदने की स्थिति में न हों, तो नीचे बताये हुए दो में से कोई एक काम कर सकते हैं–

1. आधा चम्मच कांट्रसेप्टालिन (contraceptaline) को अन्दर रख लेना चाहिए।

या थोड़ी-सी साफ़ रुई को नींबू के रस में भिगोकर उससे पेसरी को निकालने से पहले और निकालने के बाद उस मार्ग को सफाई से पोंछना चाहिए।

2. दूसरी तरह की 'चेक पेसरी' रबर सर्विकल कैप (Rubber cervical cap) है। यह पेसरी सर्विक्स को ढकती है।

यह भी तीन साइजों में मिलती है। डॉक्टर की सलाह से सही साइज का चुनाव कर लेना चाहिए।

इसका भी ऊपर बतायी हुई डायफ्रैम पेसरी की ही तरह उपयोग कर सकते हैं।

3. यह तीसरा तरीक़ा बहुत सस्ता है। उपकरण भी कम। नीचे बतायी हुई चीज़ों को स्त्री अंग के द्वार में से सर्विक्स के पास जितना अन्दर हो सके उतने अन्दर तक सरकाना चाहिए। काफ़ी अन्दर तक और ये चीज़ें बहुत साफ़ होनी चाहिए–

1. डॉक्टर द्वारा इस्तेमाल की जाने वाली रुई। वह न हो, तो कोई भी साफ़ रुई।

2. रूमाल।

3. पतले काग़ज़ों का गोला।

4. स्पंज (रबर का हो, तब भी चलेगा) यह दवाइयों की दुकान में मिलता है। बड़ा टुकड़ा हो, तो उसे छोटे टुकड़ों में काट लेना चाहिए।

उपर्युक्त चीज़ों को निम्नलिखित द्रवों में भिगोकर इस्तेमाल करें, तो और भी अच्छा रहेगा।

1. लैक्टिक एसिड (Lactic Acid) (एक प्रतिशत के हिसाब से पानी में मिलाकर।)

2. खट्टा मट्ठा

3. कांट्रासेप्टालिन लगा सकते हैं।

4. Olive oil (आलिव का तेल)

5. नींबू का रस

6. पानी मिला विनिगर।

7. वैसलीन।

हर बार पुरानी चीज़ें फेंककर नयी चीज़ों को उपयोग में लाना चाहिए। सवेरा होने तक इनको बाहर निकालना नहीं चाहिए। निकालने से पहले 'डूश' कर लेना अच्छा रहता है।

मान लीजिए कि इनमें से कोई भी उपाय किये बिना ही समागम हो गया है, तब उस आपाधापी के ख़त्म होने के बाद ही सही, स्वस्थ चित्त से नीचे बताये उपाय करें तो बहुत लाभ हो सकता है–

पतला काग़ज़, रुई या साफ़ कपड़े की धज्जी को नींबू के रस में या खट्टे मट्ठे में डुबोकर दायें हाथ के अँगूठे के साथ वाली दो उँगलियों पर लपेट लेना चाहिए। फिर उससे उस मार्ग को सफाई से पोंछकर भर देना चाहिए। अन्त में साबुन के पानी से या सादा पानी से साफ़ करना चाहिए।

पुरुषों के लिए उपाय : जब स्त्रियाँ गर्भ निवारण के उपायों का अनुसरण नहीं करतीं, तब पुरुष कांडम या फ्रेंच लेदर का उपयोग कर सकते हैं। यह रबड़ की नली है। एक का दाम चार आने से शुरू होता है। इसमें आसानी से छेद हो जाते हैं। या बीच में फट जाता है। इसलिए एक बार से ज़्यादा इस्तेमाल करना ठीक नहीं है। एक ही समय में एक के ऊपर एक दो का भी इस्तेमाल किया जा सकता है। कुछ ऐसे भी हैं, जिनको धोकर सुरक्षित रखा जा सकता है।

उपर्युक्त उपायों के अलावा और भी अनेक उपायों के बारे में लोग विश्वासपूर्वक बताते रहते हैं। लेकिन उन पर शंका होती है।

इनमें पहला है, संयम। लोग पुण्यप्रद, सर्वथा उचित, सम्भव आदि बताकर संयम को महिमान्वित करते हैं। जो अभागे इस पर भरोसा करते हैं, वे बहुत दिन तक अत्यन्त प्रयत्नपूर्वक अपने को रोकते हैं, फिर अन्य तरीक़ों से, असहज कर्मों द्वारा तुष्टि पाते हैं। समाज में तरह-तरह के लोग निकल पड़े हैं। छः महीने तक अपने को रोक रखने के बाद किसी शुभ मुहुर्त में अपने ऊपर काबू खोकर फिसलते हैं,

तो फिर देखिए, वे स्त्री-पुरुष क्या कहते हैं! संयम खोने पर एक को दूसरे से घृणा! अपने से ही घृणा, उस काम से ही घृणा। निन्दाएँ, गालियाँ, यह आरोप कि दूसरे ने ही उसे गड्ढे में उतारा है! भविष्य में पैदा होने वाले बच्चे की अभी से राक्षस के रूप में कल्पना करना!

संयम बरतने को कहना अनेक कारणों से अत्याचार है। सन्तान होने के भय से पति-पत्नी को अलग कर देना धाँधली है। इससे संयम में चूक के कारण जो बच्चे पैदा हो जाते हैं, उनके प्रति, स्त्री-पुरुषों को एक-दूसरे के प्रति प्रतिकूलता हो जाती है। लोग कहते हैं कि गर्भ-निरोध के उपाय असहज हैं। लेकिन इस संयम जैसी असहज, दारुण और उत्पीड़क दूसरी कोई चीज़ नहीं है। इस सूत्र का पालन करने वालों से तो वे खादीधारी वृद्ध अधिक होते हैं जो युवकों को इसका उपदेश देते रहते हैं। रेलों में, घरों में और सभाओं में। सावधान! नैतिकता के इन उपदेशकों को यह डर सताता रहता है कि बचपन में ही गरदन झुकाकर घर-गृहस्थी की चक्की में फँसा नहीं दिया, तो ये युवा लोग और लड़के-लड़कियाँ बाद में आज़ाद हो उनके अधिकारों, उनकी सम्पत्तियों, उनकी मान-मर्यादा, उनकी सड़ी-गली देशभक्ति और उनके झूठे देवी-देवता, सब को कहीं ध्वस्त न कर दें।

डॉक्टरों और उनकी दवाइयों से अधिक जनता को धोखा देने वाले जनद्रोही, क्षुद्र और झूठे हैं, ये पत्रकार! ये लोग स्वयं अनाम रहते हुए अपनी सलाह और अपने अभिमत लोगों के ऊपर फेंकते रहते हैं। छपे हुए को देखकर आप धोखा मत खाइए। वे लोग कहीं दूर मद्रास में बैठे होते हैं। इसलिए लोग उनको देवता समझते हैं। असल में वे लोग पत्रिकाओं के मालिकों के तलुवे चाटनेवाले और पन्द्रह रुपये में अपनी आत्मा बेचे हुए व्यर्थ जीव हैं। धेले-भर की विचारशक्ति या साहस की आग इनमें नहीं होती। 'व्याख्या और विमर्श' जैसे बड़े-बड़े नामों से लेख लिखकर लोगों को ठगते हैं।

जितना संस्कार और दिमाग़ इनके पास होता है, इसी से ये लोग आलोचना करने बैठ जाते हैं। बड़े शहरों में सड़क किनारे के नालों की बगल में अपने दस-दस बच्चों के साथ सड़ते हुए ये लोग सन्तान निरोध के इन नये उपायों की खिल्ली उड़ाते हैं। कहते हैं कि ये अनैतिक हैं! इसके अलावा धर्म-अधर्म का उपदेश देने वाले इनके दिल खोलकर देखें, तो अन्दर सब ईर्ष्या, रोना और गन्दगी ही दिखेगी। संसार को बन्धनों से, यातनाओं से और दरिद्रता से मुक्त करने की दिशा में किये जाने वाले हर प्रयत्न पर इनको क्रोध आता है। पराये काग़ज़ों को ख़राब करनेवाले इन गुमनाम कीड़ों का जीवन में न तो कोई बड़ा उद्देश्य होता है, न उन्नति की कोई सम्भावना। इसलिए अपने अन्धकार में डूबे ये लोग उन्नति करनेवाले लोगों को

देखकर ईर्ष्यावश उनको छलना चाहते हैं और उनको भी किसी तरह अपनी ही तरह सूखी हुई विधवाओं में तब्दील करना चाहते हैं। उन पर विश्वास न करना!

दूसरा उपाय है, वीर्य का स्खलन होने से पहले ही रोक देना। लेकिन यह बड़ा ही क्रूर उपाय है। सम्भोग के समय जिन रसों का नि:सरण होता है, उनके द्वारा परस्पर स्वास्थ्य में वृद्धि होती है, ऐसा एक नया सिद्धान्त कहता है। इसीलिए 'कांडम' भी स्वास्थ्य के लिए अच्छा नहीं है।

माहवारी के दिनों में, महीने के बीच के दिनों में गर्भ नहीं ठहरता, ऐसा भी लोग कहते हैं। लेकिन इस पर विश्वास नहीं किया जा सकता।

यह बात कि शिशु जितने दिन तक दूध पीता रहता है, उतने दिन गर्भ नहीं ठहरता, कुछ ही हद तक सत्य है। शिशुओं के मर जाने पर या दूध छोड़ देने पर बच्चों के बदले यह काम ख़ुद करने वाले पुरुष भी होते हैं।

ऐसे विश्वासों के आधार पर अपने को बुद्धिमान मानते हुए नैतिकता का उपदेश देने वाला हर आदमी चोर है। धर्म, ईश्वर, पुण्य, कर्तव्य, अनुभव, इन सब की बात करने वाला कपटी है। युवाओं को नये उपायों पर भरोसा करके उनका अनुसरण करना चाहिए। देश में बहुत साहस रखने वालों, चिन्तनशीलों और विद्रोहियों की संख्या क्रमशः बढ़ती जा रही है। लेकिन इस तरह की गलत शिक्षा देने वाले स्कूलों के विरुद्ध, ऐसे विवाहों के विरुद्ध और बच्चों के इस तरह पैदा होने के विरुद्ध विद्रोह करने वाले तो विरले ही हैं। आम लोगों में न पत्नी और बच्चों को छोड़ने की निठुरता होती है, न कामशक्ति पर नियन्त्रण रखने की क्षमता। इससे उनका साहस और उनके दूसरे अभीष्ट मन्द पड़ जाते हैं और बहुत जल्द घर-गृहस्थी और नौकरी उनकी ऊर्जा को सोख लेती है। दूसरे फिर आँखें मिचमिचाते हुए, असहाय अवस्था में ये पड़े रहते हैं और स्वयं अपने पूर्व कार्य कलाप के विरोधी बनते जाते हैं। कुछ अपवादों को छोड़कर तीस साल की उम्र के बाद जीवित कहलाने योग्य मनुष्यों को इस देश में देख पाना बहुत कठिन है। यह निश्चय कर लेना चाहिए कि माता-पिता तथा पैदा होने वाले बच्चों के लिए उपयुक्त परिस्थितियाँ बनने तक बच्चों को जन्म नहीं देना चाहिए। आज की तरह सृष्टिक्रम के सामने सिर झुकाकर शावक-समूह को ब्याना छोड़ देना चाहिए। बड़े लोग तो इस कोशिश में हैं कि होश सँभालने से पहले ही बीवी और घर-गृहस्थी की चक्की से बाँधकर तुम लोगों पर अंकुश लगाया जाए।

कामेच्छा और सृष्टिक्रम की प्रबलता के वश में आकर बच्चों को जन्म देने की विवशता के घोर संकट से मानवजाति को जनसंख्या निमन्त्रण के हिमायतियों ने ही बचाया है। हमें प्राप्त इन उपायों के इस महान वरदान का उपयोग न करके आप भ्रष्ट न हों। ये उपाय भी सरल होते जा रहे हैं। रुई और कपड़े की धज्जी ही काफ़ी है। ये साफ़ न मिलें, तो गन्दी भी चलेंगी। गन्दगी से कोई बीमारी हो जाये, तो बाद में इलाज हो सकता है। वह बीमारी अवांछित बच्चा होने से तो बेहतर हैं!

अन्त में एक सरल उपाय और–

सूत कातने के बाद बची हुई रुई की पूनियों को धागे में बाँधकर (उसे हथेली-भर चौड़ा और हथेली-भर ही मोटा होना चाहिए) और पानी में भिगोकर स्त्री के सृजनांग के ख़ूब भीतर तक खिसका दें, तब भी गर्भ-निरोध हो जायेगा। सवेरे उसे बाहर फेंक देना चाहिए।

इन उपायों के अलावा स्त्रियों और पुरुषों के लिए ऑपरेशन भी हैं–सरल भी और कष्टकर भी। उनके बारे में जानना चाहने वाले मुझे लिखें।

25

यौन रोग

यौन रोग होते हैं, यह हम जानते हैं। जो नहीं जानते, उनको इन बीमारियों के लक्षण और इनसे बचने के उपायों की जानकारी देना बहुत आवश्यक है। खुली हवा, रोशनी, सही जानकारी और स्वच्छ विचार जहाँ होंगे, वहाँ बीमारियों के कीटाणु पनप नहीं सकते। संकोच या लज्जा से या नैतिकता के नाम पर उस पर परदा डाल दिया, तो बीमारी और अधिक भयंकर हो जायेगी। युवावस्था में पहुँचते ही ये बातें सब को बतानी चाहिए। यह मानकर इन बीमारियों की उपेक्षा नहीं करनी चाहिए कि ये तो व्यभिचारी स्त्री-पुरुषों को मिलने वाले न्यायसंगत दण्ड हैं।

ये बीमारियाँ भी दूसरी बीमारियों जैसी ही हैं। दुर्भाग्य और बुद्धिहीनता के कारण ये लोगों की ताक़त से अधिक फैली हैं। ज़्यादा खाने से जो बदहजमी का शिकार हो गया हो उसे हम दवाई नहीं देते क्या? भूख की तरह कामासक्ति भी एक सहज प्रेरणा है। इन बीमारियों को इस कारण मिला उचित दण्ड मानना क्रूरता है। ये भी अन्य संक्रामक रोगों जैसी ही हैं। चेचक और टी.बी. पाप करने पर ही हो रहे हैं क्या? किसी पाप के ये दण्ड हैं, तो भुगतने क्यों नहीं देते? दवा क्यों देते हैं? इन यौन रोगियों पर ही इतना क्रोध क्यों?

यह सोचना ग़लत है कि उच्छृंखल सहवास से ही ये बीमारियाँ होती हैं। जिनको ये बीमारियाँ नहीं हैं, उनसे तो ये नहीं होतीं। लेकिन जिनको हैं, उनमें से किसी एक से भी हो सकती हैं। इन बीमारियों के अनुभव के बाद जो सतर्क व्यक्ति उनको पहचान लेता है और उनसे बचता है, वह चाहे जितना व्यभिचार करे, उसे बीमारी नहीं लगती। इन बीमारियों की जानकारी न रखनेवाले मूर्ख को एक ही अनुभव के बाद ये लग सकती हैं। पुराने चोरों और इन बीमारियों को हज़म कर चुके लोगों के पास तक ये नहीं फटकतीं। वे ही लोग गड्ढे में गिरते हैं, जिनको नैतिक बनाने के चक्कर में हम तथाकथित अश्लील विषयों को उनसे छिपाते हैं और उन पर घिसी-

पिटी नैतिकता लादकर उनके साथ छल करते हैं। बचपन से ही आवारागर्दों की सोहबत में रहने वाले उच्छृंखल युवक ऐसी बातें और गालियाँ सुनते हुए दुनिया के रंग-ढंग को पहचान लेते हैं और बचे रहते हैं।

इसलिए नैतिकता-अनैतिकता के साथ इन बीमारियों का कोई सम्बन्ध नहीं है। सारी दुनिया के लोग नैतिक हो जायें, तब भी ये बीमारियाँ ग़ायब नहीं होंगी—जब तक सभी जानकार न हो जायें! आम तौर पर ये बीमारियाँ परम नीतिवादी माने जाने वाले लोगों के साथ ही चिपकी रहती हैं। जाना-माना बदमाश बिना संकोच के डॉक्टर के पास जाकर बीमारी का इलाज करवा लेगा। लेकिन ये नीतिवादी लोग अनासक्ति का चाहे जितना ढोल पीटते रहें, चूँकि ये भी मनुष्य हैं, मनुष्य के अंग इनके भी होते हैं, और इनके झूठे हृदयों में भी रसिकेश्वर ईश्वर ने प्रकाशित होना छोड़ा नहीं है, ये लोग यह सहज कर्म करके बीमारियाँ मोल ले लेते हैं। नैतिक हैं, इसलिए डॉक्टर के पास नहीं जाते। बीमारियाँ छिपाकर स्थायी रूप से उनको शरण देते हैं और प्रकट रूप से नैतिकता के भाषण देते हुए सभी लोग इन बीमारियों के शिकार हो जायें, यह कामना करते हुए घूमते रहते हैं। सहज भाव से व्यभिचार करके सुख भोगने वाले रसिकों को देखकर जलने वाले कायर, अनाथ, मौका न पाने वाली स्त्रियाँ और जिनको कोई नहीं मिलता, ऐसे कुरूप लोग यह सोचकर ख़ुश होते रहते हैं कि बेधड़क पाप करने वालों को सताने के लिए ये बीमारियाँ तो हैं! इसलिए ये नीतिमान लोग, धर्माचार्य और समाज सुधारक इन बीमारियों के उपशमन के उपायों की जानकारी को फैलने नहीं देते।

लोग कहेंगे, कि इन बीमारियों को लगा लेने वाले जिस तरह का पापकर्म करते हैं, उस तरह का पापकर्म दूसरी बीमारियों वाले नहीं करते। बीमारी का कारण अज्ञान है, न कि पाप। किसी की जान बचाने के लिए पानी में कूदने पर भी जुकाम हो सकता है। इसी तरह यह 'पाप' करने वाले हर आदमी को यह बीमारी लगती है क्या? अनाड़ीपन जो करता है, उसे लगती है। इसके अलावा मिनट-भर के लिए जो एक सहज कर्म किया था, उसके लिए ज़िन्दगी भर भयंकर पीड़ा भोगने के लिए कहना नरक में भी नहीं होता। उस व्यक्ति के अलावा उसका परिवार, उसकी सन्तान सब को ही यातना भोगनी होगी न!

यह मान भी लें, कि इन बीमारियों को लगा लेने के बाद यह कष्ट झेलना न्याय संगत ही है, तब भी जानकर ये बीमारियाँ लेने वालों की संख्या से उन लोगों की संख्या ज़्यादा होती है, जो बिना कुछ जाने, बिना कोई ग़लती किये इन संक्रामक रोगों के शिकार हो जाते हैं। धर्म और नैतिक आदर्श के अनुसार पत्नी को बीमार पति

की भी वशवर्तिनी होना है या नहीं? पति से बीमारी लेने वाली पत्नी भी तो यातना झेल ही रही है! माँ-बाप से यह बीमारी लेकर पैदा होने वाले बच्चों ने कौन-सा पाप किया है? कम-से-कम उनका तो इलाज करना है न! इन 'पुण्यात्माओं' के उपदेश के कारण बीमारी की चिकित्सा न कराकर लोग लज्जावश उसे और विकट बनने दें, एक से दूसरे को यह बीमारी लगने दें, और फिर नैतिक लोग, अनैतिक लोग, बच्चे, बूढ़े सब कई पीढ़ियों तक सड़ जायें, तो समाज में नैतिकता की वृद्धि होगी? ये 'पुण्यात्मा' लोग इस बीमारी के शिकार लोगों को इतनी हेय दृष्टि से न देखें, तो वे लोग लज्जा से उसे नहीं छिपायेंगे और अपना इलाज कराकर सुखी रहेंगे। समाज भी स्वस्थ रहेगा।

इसलिए सब से पहले करना यह है कि इन बीमारियों को भी दूसरी बीमारियों की ही तरह देखकर लोगों की लज्जा और भय दूर करें। दूसरे, छोटी आयु के सभी लोगों को यह बताकर सचेत करना है कि आदमी को ऐसी बीमारियाँ होती हैं और उनसे सावधान रहना चाहिए। फिर इन बीमारियों से बचने के जो उपाय हैं, उनका देश-भर में प्रचार करना चाहिए। प्रचार ही नहीं करना है, लोग उन उपायों को अपनायें, इसके लिए उनसे आग्रह करना है और उनको प्रेरित करना है। इन बीमारियों के शिकार लोगों की विधिवत चिकित्सा करने वाले अस्पतालों की देश-भर में स्थापना होनी चाहिए। इन बीमारियों की चिकित्सा अन्य बीमारियों की चिकित्सा से अधिक सावधानी से करनी चाहिए, क्योंकि एक से दूसरे तक, एक पीढ़ी से दूसरी पीढ़ी तक फैलकर ये बीमारियाँ मनुष्यों को खोखला कर देती हैं। सावधानी बरती जाये, तो हम इनका नामो-निशान मिटा सकें, यह सम्भव है। लेकिन इस सम्बन्ध में अनेक 'नीतिवादियों' की राय इस प्रकार है–

1. यौन रोगों से बचने का एक ही उपाय है और वह है, ब्रह्मचर्य का पालन और ऋषि-मुनियों जैसा जीवन।

2. इन बीमारियों के डर से दुराचार कम होगा। इसलिए इन का होना बहुत ज़रूरी है। ये बीमारियाँ और अधिक भयावह रूप में फैलें, तो और अच्छा।

3. व्यभिचार का नाश करने के लिए ईश्वर ने इनकी सृष्टि करके संसार का भला किया है।

यह बात सभी डॉक्टरों को मालूम है कि इन बीमारियों की बात जानते हुए भी लोग उनके शिकार होकर नरक भोगते हैं और इलाज हो जाने के अगले दिन फिर उनके शिकार बन जाते हैं। इसलिए यह कहना कि इन बीमारियों के भय से व्यभिचार कम हो जायेगा, सही नहीं है। डराकर या सताकर, इस सहज कामना को कोई रोक

नहीं सकता—चाहे 'सत्पुरुष' हों चाहे ये बीमारियाँ। समाज में नैतिकता की स्थापना क्या इस तरह डर पैदा करके ही होगी? इन लोगों का क्या आशय है? यही कि स्त्री की डॉक्टरी जाँच के बाद बीमारी का न होना प्रमाणित होने के बाद ही उस से सम्बन्ध रखा जाये? या केवल कन्याओं का संसर्ग ही उचित है?

पुराने ज़माने में चोरी करने पर हाथ-पाँव काट डालते थे। इस डर से चोरियाँ क्या कम हुईं? उन्हीं दिनों में आज से अधिक होती थीं। चोरी का कारण ग़रीबी है। ग़रीबी कम हो जाये, तो चोरी भी कम हो जायेगी। यह सभी जानते हैं कि अकाल के दिनों में चोरियाँ ज़्यादा होती हैं। दण्ड के कारण अपराध कम नहीं होते। यह पक्का मालूम होने पर भी कि हर बार पेट में दर्द होगा, अधिक मात्रा में भोजन करना लोग छोड़ सकते हैं क्या?

स्त्री-पुरुषों के आकर्षण पर रोक लगाना ऐसे ही है जैसे समुद्र को बाँधना। इसलिए स्त्री-पुरुष मिलते हुए थोड़ी सावधानी बरतें और कुछ दवाइयाँ इस्तेमाल करें, तो इन बीमारियों का फैलना कम हो सकता है। इस भयंकर विपत्ति से बचा जा सकता है। लेकिन 'पुण्यात्मा' लोग इस जानकारी का प्रसार नहीं होने देते। इसलिए कम-से-कम 'पापात्माओं' को चाहिए कि युवावस्था में प्रवेश कर रहे लोगों तक निष्ठापूर्वक यह जानकारी पहुँचायें।

'निर्मल आत्माओं' को इस बात की आशंका रहती है कि इन बीमारियों का भय न हो, तो लोग निरन्तर दुराचार करना आरम्भ कर देंगे। इन 'पवित्र चेताओं' को सृष्टि-कार्य से घिन आती है। ये स्वयं यह कार्य करते रहते हैं। लेकिन झूठे वैराग्य और पश्चात्ताप का अभिनय करते हुए। इनको भय रहता है कि दूसरे लोग इनकी गृहस्थी को ख़राब न कर दें। इनमें हिम्मत होती तो 'सावधान! इस घर मे यौन रोग हैं।' यह बात लिखी तख्ती टाँगकर लंपटों को दूर रखने का प्रयत्न करते!

लेकिन वे जानते हैं कि लोग इन बीमारियों से नहीं डरते। डरते तो ये 'पुण्यात्मा' लोग ही हैं। क्यों? कायर हैं, इसलिए। यदि उनको इन बीमारियों से मुक्ति पाने के उपाय बताने वाली किसी किताब का पता चल जाये, तो दाम दस रुपये भी हो, वी.पी.पी. द्वारा मँगवा लेंगे, आधी रात में छिपाकर पढ़ेंगे और लोहे की तिज़ोरी में उसे हिफ़ाजत से रखकर ताला जड़ देंगे। इन उपायों को जानने वाले आदमी का पता चल जाये, तो उसके घर के चक्कर काटेंगे, यह बहाना करके कि यह जानकारी उनके किसी मित्र को चाहिए, चोरी-छिपे उनके पैर पकड़ लेंगे। लेकिन कहेंगे तो यही कि "किसी को भी इन उपायों की जानकारी नहीं देनी चाहिए। क्योंकि लोग मूर्ख हैं, दुराचारी हैं। वे इस जानकारी का दुरुपयोग करेंगे।" दुरुपयोग से इनका मतलब होता है—बीमारियों से बचने के उपाय करना और उनकी गृहस्थियों से छेड़-छाड़ करना।

ये 'पुण्यात्मा' लोग यही समझते हैं कि समाज में जो मल है, उसके अस्तित्व को नकारकर उस पर मिट्टी डाल दें, तो वह ग़ायब हो जायेगा। लेकिन उसके अस्तित्व को नकारने मात्र से कोई बीमारी ग़ायब हो जाती है क्या? कष्ट को नकारने मात्र से उससे बचाव हो जायेगा क्या? ऐसी बीमारियाँ समाज के शरीर को खोखला बना रही हैं। कोई पूछे कि इनसे कैसे निबटा जाये, तो कहेंगे–'दुराचार कम होना चाहिए। ऐसे काम छोड़कर संयम बरतें, तो ठीक रहेगा।' लेकिन ये बातें कहने वाले ख़ुद संयम बरत नहीं सकते। ये काम वे न छोड़ते हैं, न छोड़ सकते हैं। लेकिन यह चाहते ज़रूर हैं कि दूसरे लोग उनके आदेश का पालन करते रहें।

स्त्री पुरुषों का परस्पर आकर्षण, चाहे उसे नैतिक कहें या अनैतिक, संसार में होता ही है। कोई चाहे जितनी बहस करे या दर्शन बघारे कि वह होता नहीं है या उसे नहीं होना चाहिए या उस रूप में होना चाहिए जिस रूप को वे उचित समझते हैं, यह गायब नहीं होगा। इसलिए धर्म की थोथी शिक्षाओं को छोड़कर शरीर की इस सहज प्रेरणा से होने वाली बीमारियों से कैसे बचा जाय, इस बात को लेकर हमें सोचना चाहिए। इतने युगों से नैतिकता का उपदेश देते आए हैं, फिर भी ये बीमारियाँ बढ़ रही हैं और समाज अधिकाधिक दुर्बल होता जा रहा है। नैतिकता का चाहे जितना उपदेश दिया गया हो, शरीर की उसके सहज-धर्म से मुक्ति सम्भव नहीं हुई है।

बहुत लोगों का विश्वास है कि ये बीमारियाँ वेश्याओं के पास ही होती हैं। पारिवारिक स्त्रियों की तुलना में वेश्याओं के पास ये बीमारियाँ बहुत कम होती हैं। पहले पलंग की तरफ़ इशारा करने वाली स्त्री और 'तुम्हारे प्रति मुझे सहज अनुरक्ति हो रही है।' यह कहते हुए अपने को पुरुष की बाँहों में देने वाली स्त्री, इन पर विश्वास नहीं करना चाहिए। बेचारे बावले युवक! यही सोचकर धोखा खा जाते हैं कि उनके रूप के दुर्निवार आकर्षण से विवश होकर स्त्री आयी है और अपने प्रभाव पर गर्व करते रहते हैं। इन बीमारियों से बचने के उपाय अच्छे हैं या नहीं, यह प्रश्न डॉक्टरों से पूछना व्यर्थ है। ये बीमारियाँ और अवांछित गर्भ न हों, तो इन डॉक्टरों की आमदनी शून्य हो जायेगी। इसलिए वे कहेंगे कि इन उपायों से कोई लाभ नहीं होता। इसके अलावा ये उपाय न उनको कॉलेज में बताये जाते हैं न वे ख़ुद जानने की कोशिश ही करते हैं।

यह बीमारी लगते ही डॉक्टर के पास अवश्य जाना चाहिए। सूची पत्रों या पत्र-पत्रिकाओं में देखकर दवाइयाँ मँगवाना और उनका उपयोग करना बहुत ख़तरनाक सिद्ध हो सकता है।

मुख्य यौन रोग दो हैं।

(1) सिफिलिस या 'आतशक' : यह मुख्य रूप से रतिकर्म द्वारा ही एक से दूसरे तक फैलता है। यह रोग जब तक किसी एक को न हो, तब तक दूसरे को नहीं लगता। अपने आप यह पैदा नहीं होता। चाहे कोई कुछ भी करे और चाहे जितने स्वस्थ लोगों से मिलता रहे।

इसके अलावा माँ-बाप को यह बीमारी हो, तो वह बच्चों को जन्म से ही लग जाती है। बच्चे गर्भ में ही मर जाते है या विकृत रूप में पैदा हो जाते हैं।

चुम्बन-आलिंगनों द्वारा या थूक द्वारा भी यह बीमारी लग सकती है। दूध पिलाने वाली दाई से बच्चे को और बच्चे से दूध पिलाने वाली दाई को भी यह लग सकती है।

यह एक भयंकर बीमारी है। आदमी को नहीं छोड़ती। ज़िन्दगी-भर किसी-न-किसी रूप में सताती ही रहती है और कई पीढ़ियों तक लोगों को लगातार यातना देकर उनको खोखला बना डालती है।

जब तक यह बहुत बढ़ नहीं जाती, तब तक यह पता लगाना मुश्किल होता है कि यह बीमारी लगी है। विशेषकर स्त्रियों में इस बीमारी की चार दशाएँ होती हैं।

पहली दशा : यह बीमारी गुप्तांगों से आरम्भ होती है। बीमारी लग जाने के महीने-भर के अन्दर गुप्तांगों पर एक छोटी-सी फुँसी निकल आती है। उससे कोई दर्द नहीं होता। अन्य यौन रोगों की फुँसियों में और इसमें फ़र्क़ यही है। दूसरीवाली फुँसियाँ शुरू से ही बहुत दर्द करने लगती हैं। स्त्रियों में इस फुँसी का पता लगाना मुश्किल है। उसके फ़ौरन बाद उरुमूलों में सूजन आ जाती है।

दूसरी दशा : बाद के छह हफ़्तों में बुखार, बदन दर्द, सिर दर्द, जोड़ों का दर्द, गालों के भीतर, होंठों पर और गुप्तांगों पर धब्बे होना, बालों का झड़ना, यह सब होता है। हल्का-हल्का बुखार, चेहरे का पीला पड़ना, रात में सिर दर्द, जोड़ों का दर्द और नेत्ररोग भी इस से होते हैं।

तीसरी दशा : यह दूसरी दशा के करीब डेढ़ साल बाद आती है। शरीर पर गड्ढ़े, उन गड्ढों के बीच त्वचा का गल जाना, पैरों पर रिसती फुँसियाँ, हड्डियों का गल जाना, रात में हड्डियों में दर्द, नाक के पास हड्डी का गल जाना, शरीर पर कहीं भी गड्ढों का पड़ना, जोड़ों का सूजकर बेकार हो जाना, आँखों की बीमारी–ये सब या इनमें से कुछ हो सकती हैं।

चौथी दशा : छह साल बाद बुद्धि का कुण्ठित हो जाना, ऐसे लगना जैसे पागलपन हावी हो रहा हो, आँखों की बीमारी, स्मृतिभ्रंश, पक्षाघात, अन्त में पागलपन और उसके बाद मौत।

चिकित्सा : एक बार यह बीमारी लगी, तो कई साल तक दवाइयाँ खाने के बाद भी निश्चित रूप से यह बताना मुश्किल होता है कि बीमारी छूट गयी है। लेकिन जितनी जल्दी चिकित्सा आरम्भ की जाये, उतना अच्छा है। कम-से-कम तीन महीने तक चिकित्सा न करायी जाये, तो लाभ नहीं होगा। लेकिन आरम्भिक अवस्था में चिकित्सा कराने से बीमारी निश्चित रूप से ठीक हो जायेगी।

सिफिलिस से मिलती-जुलती एक दूसरी बीमारी है। उस में भी उसी जगह दाने निकल आते हैं। लेकिन उन से दर्द होता है। कुछ दिन तक 'कार्बोलिक ऐसिड' लगाने से दाने ठीक हो जाते हैं। उन से ज़्यादा ख़तरा नहीं है। कुछ लोग इसी को सिफिलिस समझकर घबरा जाते हैं, तो कुछ दूसरे लोग 'ये दाने ही सिफिलिस हैं। अब वे ठीक हो गये,' यह सोचकर धोखा खा जाते हैं।

(2) गॅनरिया या सूज़ाक : यह बीमारी बहुत फैली हुई है। इससे नपुन्सकता और बाँझपन होता है। जिस स्त्री को यह बीमारी हो, उसे अन्धे बच्चे पैदा होने की आशंका रहती है।

यह पुरुषों को बहुत सताती है। इसलिए वे इसका इलाज करा लेते हैं। स्त्रियों को इतना नहीं सताती। इसलिए वे उपेक्षा करती हैं। असल में इस बीमारी का स्त्री को पता भी नहीं चलता। इसलिए बेवकूफ़ी से दूसरों को अपने 'प्रसाद' के रूप में इसे प्रदान करती रहती हैं। वेश्याओं से अधिक पारिवारिक स्त्रियाँ इसको फैला रही हैं।

पुरुषों के विषय में : बीमारी के लगने के दो-तीन दिन में ही उस अंग के पास खुजली और सूजन होने लगती हैं। उस अंग का मुँह लाल हो जाता है और पीब की बूँद दिखाई पड़ती है। उसके बाद और ज़्यादा लाल होकर पीला पदार्थ बाहर निकलने लगता है। मूत्र-विसर्जन करते समय जलन होना, मूत्र का अधिक गन्दा रहना, मूत्र का ठीक से न निकलना, उसका पेट में ही रह जाना, यह सब होता है।

उसके बाद अंग टेढ़ा हो जाता है। हल्का-हल्का बुख़ार और कमज़ोरी, दस-पन्द्रह दिन में जकड़ लेते हैं। उसके बाद कई अन्य प्रकार की बीमारियाँ होने लगती हैं।

स्त्रियों के विषय में : बहुत जल्दी, एक ही दिन में लक्षण दिखाई पड़ने लगते हैं। लेकिन दर्द कम रहता है। यह भी हो सकता है कि लक्षण दृष्टि में आयें ही नहीं। उस अंग का सूजना, लाल होना, दर्द करना, मूत्र-विसर्जन करते समय जलन होना, फिर पीले मवाद का निकलना यह सब होता है।

चिकित्सा : यह बीमारी लगने के दो दिन के अन्दर इसे बढ़ने से रोकने के लिए चिकित्सा की जा सकती है। उसके बाद तो डॉक्टर को ही धीरे-धीरे इसे ठीक करना होगा।

इन दो के अलावा छोटे-छोटे और भी अनेक यौन रोग हैं। लेकिन वे प्रायः फुँसियों और दानों के रूप में होते हैं। कोई 'पोटैशियम परमैंगनेट' या 'कार्बालिक ऐसिड मलां' मलने से ठीक हो जाते हैं। उस जगह को साफ़ रखें, तो काफ़ी है।

लेकिन ये दो बीमारियाँ जब लग जायें, तब तो शर्म छोड़कर फ़ौरन डॉक्टर के पास जाना ही चाहिए और जब तक पूरी तरह ठीक न हों, लगन के साथ चिकित्सा करानी चाहिए। लोगों को फुसलाकर पैसा ऐंठने के लिए प्रचारित की जाने वाली दवाइयों का इस्तेमाल नहीं करना चाहिए। बीमारी ठीक होने से पहले इसे दूसरों को लगा देना बहुत बड़ा पाप है। दण्डनीय अपराध है। लक्षणों के ग़ायब हो जाने के बाद भी बीमारी निर्मूल नहीं होती। इसलिए लम्बे समय तक जाँच करने के बाद जब तक डॉक्टर यह न कहे, कि बीमारी पूरी तरह ठीक हो गयी है, तब तक दुबारा सहवास आरम्भ नहीं करना चाहिए। अबोध शिशुओं को इन बीमारियों के साथ पैदा करना भयानक है। उनको बीमारों के रूप में, विकलांगों के रूप में जन्म देने जैसा राक्षसी कृत्य दूसरा कोई नहीं है।

विश्वास करके पास आयी स्त्री को पुरुष या पुरुष को स्त्री ये बीमारियाँ कभी चिपकानी नहीं चाहिए। वह बहुत बड़ा दुष्कर्म होगा।

पुरुषों के उपयोग की दवाइयाँ :

1. पोटैशियम परमैंगनेट (Potassium permanganate)

2. कोलोमेल आइंटमेंट (Calomel Ointment, Special strength calomel 3 parts, Lomoline Hydros 4 parts, White Vaseline 2 parts)

ये दोनों दवाइयाँ सभी अंग्रेज़ी दवाइयों की दुकानों में मिलती हैं। कहने पर कोई भी डॉक्टर तैयार करके भी दे देगा। क़ीमत भी बहुत कम है।

मद्रास की किसी भी दवाइयों की दुकान को लिखें, तो वे भेज देते हैं।

पहले से ये दवाइयाँ मँगवाकर पास में रख लेनी चाहिए। हर व्यक्ति के पास ये होनी चाहिए। पता नहीं, बुद्धि किस क्षण किस जगह ले जाये!

सन्देहास्पद जगह पर जाने के फ़ौरन बाद आगे बताये हुए काम करने चाहिए। जितनी जल्दी हो सके, उतना अच्छा।

1. मूत्र विसर्जन करना चाहिए।

2. साबुन के पानी से उस जगह को अच्छी तरह धोना चाहिए।

3. पोटैशियम परमैंगनेट को एक बड़े गिलास-भर पानी में मिला लेने के बाद उसमें साफ़ रुई डुबोकर, उस अंग के आगे की चमड़ी को पीछे ख़ींचकर रुई से ज़ोर से रगड़ना चाहिए। ख़ासकर छेद के पास और चमड़ी के नीचे।

4. उसके बाद कोलोमेल आइंटमेंट चमड़ी के नीचे इस तरह अच्छी तरह रगड़ना चाहिए जिस से वह सोख लिया जाये।

यह सब फ़ौरन एक घण्टे के भीतर करना सम्भव न होने पर उसके बाद बारह घण्टे के भीतर जैसे नीचे बताया गया है, वैसे करना चाहिए। (बारह घण्टे बीत गये, तो कोई लाभ नहीं होगा)

ऊपर बताये गये चारों काम पहले करने चाहिए। उसके बाद यह भी करना चाहिए–

दो चुटकी पोटैशियम परमैंगनेट दो गिलास पानी में घुलाकर छोटी पिचकारी से वह पानी तीन बार छेद में छोड़ना चाहिए। (केतट्रल सिरिंज (Cathetral syringe) नाम से दवाइयों की दुकानों में यह छोटी पिचकारी बिकती है)

5. उस पानी से तीसरी बार वह छेद भर जाने के बाद उँगलियों से उस अंग का मुँह बन्द करके दो मिनट रोककर फिर छोड़ देना चाहिए।

स्त्रियों के लिए : पुरुषों के लिए बतायी गई दवाइयों के अलावा उनको डूश के डब्बे की भी ज़रूरत होगी। (डूश का डब्बा, रबड़ की नली और डूश का नाज़िल दवाइयों की दुकान में मिलते हैं।)

सम्भोग से पहले : 1. कालोमेल आइंटमेंट दो उँगलियों पर लगाकर उस अंग के द्वार के चारों ओर ख़ूब अच्छी तरह मलना चाहिए। ख़ासकर दोनों पलकों पर और अन्दर की तरफ।

2. वही थोड़ा और उँगलियों पर लेकर और उकड़ूँ बैठ कर जितने अन्दर तक हो सके, उँगलियाँ ले जाकर वह दवाई चारों तरफ लगानी चाहिए।

(दवाई लगाने से पहले उन अंगों को पानी से धोना नहीं चाहिए)

संम्भोग के बाद

1. मूत्र विसर्जन करना चाहिए।

2. साबुन के पानी से पूरे अंग को साफ़ करना चाहिए।

3. दस चुटकी पोटैशियम परमैंगनेट लेकर तीन गिलास पानी में घुलाना चाहिए। फिर डूश के डब्बे में उसे डालकर डूश की नली को ख़ूब अन्दर ले जाकर पानी छोड़ना चाहिए।

4. गीलापन छूटने तक उस अंग को भीतर-बाहर पोंछकर कोलोमेल आइंटमेंट पहले की तरह लगाना चाहिए।

गर्भ और बीमारियों की रोकथाम से सम्बद्ध उपायों के बारे में डॉक्टरों से पूछना व्यर्थ है। बहुतों को ये उपाय मालूम नहीं होते। मालूम हों, तब भी बहुत से मूर्खों को इन पर विश्वास नहीं है। विश्वास हो, तब भी कहेंगे कि कोई लाभ नहीं होता। आवांछित गर्भ और ये बीमारियाँ न हों, तो इनकी जीविका कैसे चलेगी?

ये उपाय सम्भव न होने पर ये काम कर सकते हैं–

1. पहले उस अंग पर वैसेलीन लगाने से कुछ बचाव हो जाता है।
2. मूत्र में उन बीमारियों का निरोध करने का गुण है।

इसलिए सम्भोग के फ़ौरन बाद मूत्र-विसर्जन करना चाहिए। सूची-पत्रों वाली दवाइयों पर भरोसा न करें।

26

बच्चों को यौन शिक्षा

कामेच्छा से सम्बद्ध जानकारी बच्चों को सहज ही नहीं होती। युवा होकर ख़ुद जानकारी प्राप्त कर लेने तक उनको इस विषय में अनजान रखना बहुत अनुचित है। ऐसी जानकारी की ज़रूरत छोटे बच्चों को भी बहुत बार पड़ जाती है। सही जानकारी न होने से ग़लतियाँ करके वे दिक़्क़त में पड़ जाते हैं। सभी मामलों में बड़े लोग अपने अनुभवों से छोटे बच्चों की सहायता करते हैं। आग जलाती है, पानी में डूबने से मर जाते हैं, ये बातें बड़े लोग बताते हैं या बच्चों को अपने आप मालूम हो जायेगा, यह सोचकर चुप रहते हैं? लेकिन इस अदम्य इच्छा को लेकर बच्चों से कोई बात नहीं करता। जो मुँह में आयें, वे गालियाँ लोग बकते रहते हैं। बच्चे भी ऐसी बातें करते हैं, यह बात बड़ों को भी मालूम होती है। लेकिन बच्चों और बड़ों का मिलकर इसकी बात करना तो अनुचित है! अज्ञान के कारण यदि बच्चे अपना नुकसान कर बैठें, तब उनको मारते हैं। कहेंगे, "जो किया है उसका फल भोग!" या " इतना भी नहीं मालूम, इतनी उम्र हो गयी है," कहकर झिड़क देंगे।

आँखें बन्द करके यह सोचते हुए बड़ों के ख़ुश होते रहने पर भी कि बच्चों को यह कुछ मालूम नहीं है, क्या बच्चे अनजान बने रहते हैं? किसी-न-किसी से कुछ बातें सीख ही लेते हैं। यह जानकर कि ये बातें सब के सामने नहीं की जानी चाहिए, गुप्त रूप से, ग़लत तरीक़े से और गालियों के रूप में बात करते रहते हैं। वे एक-दूसरे को अपनी कच्ची-पक्की गुप्त जानकारी देते हैं। यह सारी उत्सुकता और रहस्यमयता बचपन में ही उनके मन में घर कर लेती है।

बहुत से माँ-बाप यह नहीं जानते कि ये शंकाएँ और इस मामले में कुछ-कुछ जानकारी न रखने वाले बच्चे नहीं होते। यह बात जानने की कोशिश भी नहीं करते। उनका यही विश्वास होता है कि उनके बच्चे ऐसी बातें न सोचने वाले ऋषिश्रेष्ठ हैं। यह मालूम होने पर भी कि बच्चों ने यह जानकारी कहीं से प्राप्त कर ली है, उनसे

ऐसा बर्ताव करते हैं जैसे उनको यह जानकारी अभी नहीं है। वे लोग बच्चों से सहज भाव से कभी बात नहीं करते।

बच्चों के मन में छुटपन से ही इस मामले में तरह-तरह के विचार और सन्देह उठते रहते हैं। संसार में, मनुष्यों में, पशुओं में वे कुछ भी न देख पायें, इस तरह उनकी आँखें बन्द नहीं की जा सकतीं। बच्चे सहज रूप से इस विषय में प्रश्न पूछते हैं। लेकिन बड़े लोग सुनकर या तो हँसकर चुप रह जाते हैं या झूठ बोलते हैं या उसे ग़लत बात कहकर डाँट देते हैं। इससे बच्चे यह जान जाते हैं कि इस विषय में कुछ रहस्य है और बड़े लोग कुछ बतायेंगे नहीं। फिर वे उस 'ज्ञान' के लिए दूसरों की शरण में जाते हैं। ख़ासकर अपने मित्रों की शरण में। इस मामले में उनकी सहज उत्कण्ठा यह जानने तक उनको चैन से बैठने नहीं देती।

बच्चे प्रायः दूसरों की बतायी बातों पर विश्वास करते हैं। ये दूसरे लोग इन बच्चों को सही जानकारी देकर उनका भला करने के उद्देश्य से बात नहीं करते। आम तौर पर यह जानकारी देने वाले इन बच्चों से थोड़े ही बड़े होते हैं। इसलिए उनको जो थोड़ी बहुत जानकारी होती है, उस में अनेक झूठी बातें मिलाकर वे लोग अपने इन नन्हे शिष्यों को 'ज्ञानदान' करते रहते हैं।

बुरी आदतों और उनके कारण आ सकनेवाली विपदाओं के बारे में बच्चों को पहले से ही बताकर रखें, तो वे लोग सावधान रहेंगे। इसके बाद भी बुरी आदतों में फँसने वालों की बात अलग है। लेकिन अज्ञानवश उनमें फँसने के बाद उनसे बचने का उपाय न जानने के कारण, किसी को बताने में डरने के कारण जीवन को व्यर्थ कर लेने वाले अनेक हैं। उन ख़तरों के बारे में पहले से मालूम होने से बच्चे ज़रूर सावधान हो जायेंगे। मित्रों से उनके भयावह परिणामों के बारे में न जानने से बच्चे कुतूहलवश भी बहुत से काम करते हैं। बच्चों को जिन व्यक्तियों के प्रति भक्तिभाव होता है, वे लोग भी लड़के-लड़कियों के साथ कई बार अनाचार करते हैं। सही जानकारी द्वारा ही इन विपत्तियों से उनका बचना सम्भव होगा।

बहुत लोगों को इस बात का भय रहता है कि इस तरह की बुरी आदतें, ऐसे अप्राकृतिक कार्य दुनिया में हैं, यह बात बच्चों को बतायें, तो वे उनका अभ्यास करने की कोशिश करेंगे। लेकिन बड़े लोगों के न बताने से क्या बच्चे इन से अनजान रहकर चुप बैठे रहते हैं? वे कुछ जान न सकें, इस तरह उनको ताले में बन्द रखा जा सकता है क्या? बड़े लोग प्रेमपूर्वक जिन ग़लत कामों को करने से मना करेंगे, वे काम बच्चे जानबूझकर करते हैं क्या? माता-पिता के प्रति ज़रा भी आदरभाव रखने वाला हो, तो कोई बच्चा ऐसा नहीं करेगा। सिगरेट पीना स्वास्थ्य के लिए हानिकर

है, यह बताते ही कोई बच्चा सिगरेट पीने लगता है क्या? ये आदतें ऐसे नहीं पड़तीं। सामान्यत: यहाँ मित्रों का प्रोत्साहन बहुत बड़ा कारण होता है। उनकी बातों में आ जाने से और ऐसे कामों से होनेवाली हानि को न समझने से बच्चे ये काम करते हैं और बड़ों के डर से छिपकर करते हैं।

इस कामासक्ति के विषय में बड़ों को अत्यधिक सावधानी बरतनी होगी।

1. बड़ों को चाहिए कि दूसरे लोग जानकारी दें, इससे पहले स्वयं बच्चों को प्रेम से यह जानकारी दें।

2. इस से सम्भावित विपत्तियों की जानकारी बच्चों को पहले ही हो जायेगी।

3. झूठी पवित्रता के प्रभाव से बाहर निकलकर कामासक्ति को गोपनीय या अश्लील न मानते हुए उसके बारे में स्पष्टता और सहजता के साथ और स्वस्थ तरीक़े से सोचने की पद्धति बच्चों को सिखानी चाहिए।

4. स्त्री को और स्त्री के संसर्ग को नीच, हेय या अपवित्र न समझकर उसको उचित सम्मान की दृष्टि से देखने की बात बच्चों को सिखानी चाहिए।

5. बच्चों में क्रमश: विकसित होने वाली शक्तियों और प्रवृत्तियों का उपयोग कैसे करना चाहिए, कौन-सी बात स्वास्थ्यकर है और कौन-सी हानिकर, यह समझने का विवेक बच्चों को देना चाहिए।

इस विषय को लेकर समग्रता से चर्चा करने का यह स्थान नहीं है। लेकिन आलोच्य विषय से सम्बद्ध कुछ बातें लिखना तो आवश्यक है ही।

कामासक्ति से सम्बद्ध बातों को गोपनीय, अश्लील, आपराधिक या घिनौनी न मानते हुए आवश्यक होने पर उनके सम्बन्ध में बेझिझक बात करनी चाहिए। बड़े लोग जब पूरी तरह विश्वसनीय लगेंगे, तब बच्चे प्रश्न ज़रूर करेंगे। पूछने पर, वह चाहे जैसा प्रश्न हो, बिना रत्ती-भर दुराव-छिपाव और कपट के बात करनी चाहिए। इस विषय में बच्चों के पाने योग्य जानकारी दो प्रकार की है।

1. छुटपन में आवश्यक होने वाली जानकारी–सृष्टि कैसे होती है, कुछ बच्चे लड़के-लड़कियों को बुरी आदतें कैसे सिखाते हैं, उनसे मिलकर ग़लत काम कैसे करते हैं, ये आदतें हानिकर और घिनौनी क्यों हैं, बच्चों को ख़राब करनेवाले कुछ बड़े लोग भी होते हैं, ऐसे लोगों की बातों में नहीं आना चाहिए,...आदि बातों की जानकारी। बच्चों को यह पक्के तौर पर बताना चाहिए कि उनके साथ किसी के दुराचार करने पर बड़ों को यह बात बताई जायेगी, तो उस अपराधी को दण्डित किया जायेगा। बच्चे ग़लती करें तब भी बिना डरे बड़ों को बताकर वैसी ग़लती से बचने का उपाय सोच सकें, यह तरीक़ा भी उनको सिखाना चाहिए। ग़लती करने

पर बड़ों ने दण्डित किया, तो बच्चा आगे कुछ भी नहीं बतायेगा। छिपकर करता रहेगा। इसलिए प्रेम से उसकी बातें सुनकर और सोचकर आवश्यक सहायता उसे देनी चाहिए। बड़े लोग हमारी सहायता करेंगे, यह विश्वास बच्चे में पैदा हो, इसके लिए प्रयत्न करना चाहिए।

इन विषयों को लेकर बच्चा प्रश्न न करे, तो भी बड़े लोगों को चाहिए कि वे ही पहल करके इन विपत्तियों की बात करें और एक ज़रूरी पाठ की तरह सृष्टि से सम्बद्ध ये विषय उनको सिखायें।

2. यौवन में आवश्यक होने वाली जानकारी–बच्चे में यौवन का पदार्पण होने से पहले उसे इन विषयों का ज्ञान देना चाहिए–यौवन के लक्षण, यौवन के कारण होने वाले शारीरिक परिवर्तन, उन परिवर्तनों से होने वाले भय, शंकाएँ, स्त्री-पुरुषों का सम्पर्क, पवित्रता, लोगों के विश्वास, नैतिकता के क़ायदे-क़ानून, उनका वास्तविक मूल्य, ब्रह्मचर्य, गर्भ निरोधक उपाय, यौन रोग, उनसे मुक्त होने के उपाय, विवाह, उसका अर्थ, सामाजिक आचार-विचार आदि।

इन विषयों के सम्बन्ध में और अधिक जानकारी चाहें, तो मेरी लिखी पुस्तक 'बच्चों की शिक्षा' पढ़ें।

27

गर्भधारण

नौ महीने तक गर्भधारण करने वाली बात ने स्त्री के जीवन में बड़े-बड़े परिवर्तन ला दिये हैं। उसने स्त्री को पुरुष से अधिक सृष्टि चक्र के, भावावेगों के और रहस्य के निकट कर दिया है। गर्भ के कारण वह जो कष्ट झेलती है और प्रसव के समय जो यातना सहती है, उसे अलग रखें, तो गर्भ के बढ़ते समय, भ्रूण के हिलते समय, दूध उतरते समय, शिशु के छूते समय, और उसके दूध पीते समय जो आनन्द उसे प्राप्त होता है, उसे पुरुष कभी समझ नहीं सकता। लेकिन ज्यों-ज्यों समय बदल रहा है और स्त्री-प्रकृति क्षीण हो रही है, आनन्द की ऐसी अनुभूतियाँ कम हो रही हैं और जीवन में कठिनाइयाँ बढ़ रही हैं। इस गर्भधारण ने स्त्री को ग़ुलाम बना दिया है, अबला बना दिया है और पराधीन बना दिया है। उसे ऐसी बहुत बड़ी समस्या में उलझा दिया है, जिसकी पेचीदगियाँ कभी ख़त्म नहीं होतीं।

इस नये ज़माने में आये आर्थिक, राजनीतिक और नैतिक परिवर्तनों के कारण अनेक स्त्रियों के लिए गृहस्थियाँ डरावने भूत बन गयी हैं। वे किसी-न-किसी तरह से पुरुष के अधिकार से बचने की कोशिश कर रही हैं। आगे और ज़्यादा स्त्रियाँ कोशिश करेंगी। कुछ समय पहले तक बिना पुरुष-सम्पर्क के गर्भधारण सम्भव ही नहीं था। अब भी वह मामला कुछ-कुछ प्रयोगावस्था में ही है (टेस्ट ट्यूब बेबीज)। पुरुषों से अधिक स्त्रियों के जीवन के साथ गर्भधारण और बच्चे गुँथे हुए हैं। उसके जीवन में चाहे जितनी चीज़ें हों, बच्चे न हों, तो स्त्री के जीवन में सन्तुष्टि नहीं होती। सन्तान के अभाव में उसे निरर्थकता की पीड़ा में छीजना पड़ता है या सन्तान पाने के लिए विवाह करके पुरुष के अधिकार को झेलना पड़ता है। या फिर तात्कालिक रूप से ही सही, पुरुष के साहचर्य की कामना करनी पड़ती है। लेकिन समाज इसकी अनुमति नहीं देता।

पुरुष की श्रेष्ठता को स्वीकारे बिना और उसके साहचर्य के बिना ही स्त्रियों को माँ बनने का अवसर देने वाले इस वैज्ञानिक युग में स्त्री को चाहिए कि वह चाहने

पर गर्भधारण करने के लिए और न चाहने पर न करने के लिए और गर्भधारण के बाद शिशु को जन्म देने के लिए और न देने के लिए स्वतन्त्रता हासिल करे।

स्त्रियाँ मताधिकार, शिक्षा और विवाह इनमें तो परिवर्तन की माँग कर रही हैं, लेकिन नैतिकता के मामले में परिवर्तन की माँग करने का कलेजा इन में नहीं है। हमारी मान-मर्यादा में कहीं बट्टा न लग जाये, इसका डर उनको रहता है। अपने को सुरक्षित रखते हुए "दूसरे देशों में स्त्रियों ने ऐसी माँगें रखी हैं क्या? पुरुष अनुमोदन करेंगे क्या? यह हमारी मान-मर्यादा के प्रतिकूल तो नहीं है?" ऐसे अनेक प्रश्नों पर विचार करके, तब 'क्रान्तिपथ' पर अग्रसर होती हैं। हमें स्वतन्त्रता चाहिए, इस माँग को आगे रखने से अधिक 'पुरुषों को स्वतन्त्रता' है, इस बात को लेकर उनका रोना ज़्यादा है। इसलिए ये लोग क़ानून द्वारा पुरुष को बाँधने की कोशिश कर रही हैं। जब तक पुरुष के द्वारा एक-दूसरे प्राणी को अपने अन्दर प्रवेश कराकर स्त्रियाँ अशक्त होती रहेंगी, और इस कारण पुरुषों और समाज पर निर्भर होती रहेंगी, तब तक उनको आज़ादी नहीं मिलेगी। गर्भवती कमा नहीं सकती। विरोध करके कहीं जा नहीं सकती। बच्चे के जन्म के बाद उसके लालन-पालन के कारण वह हिल नहीं सकती। कितनी ही ऐसी स्वतन्त्रता-प्रेमी स्त्रियों को हम देखते हैं जो बच्चों के प्रति प्रेम के कारण पिंजड़ों में पड़ी हुई हैं–हमेशा के लिए अपने जीवनोद्देश्यों, कामनाओं, सपनों, सब को मारकर। बच्चों को छोड़कर गयी, तो स्त्री को उसका हृदय क्षण-भर भी चैन से रहने नहीं देगा। बच्चों पर क़ानून द्वारा प्राप्त अधिकार का लाभ उठाये हुए कितने ही दुष्टों ने स्त्री को ग़ुलाम बनाकर रखा है।

सन्तान को जन्म न देनेवाली स्त्री का जीवन अपूर्ण है। असफल मातृत्व उसके जीवन को शून्य बना देगा। इसलिए माँ के काम को महत्त्वपूर्ण काम के रूप में मान्यता देकर सरकार जब तक–स्त्री चाहे पति के साथ नहीं भी रहती हो–वह बच्चों का लालन-पालन करती रहती है, तब तक पिता से अधिक माँ को बच्चों पर अधिकार प्रदान नहीं करती, तब तक स्त्रियों को आन्दोलन करना चाहिए। उनके हृदय के निकट पड़नेवाले और उनके जीवन को गहराई से प्रभावित करनेवाले इन परिवर्तनों को छोड़कर स्त्रियाँ वोटों और सीटों के लिए छीना-झपटी कर रही हैं। ये वोट और सीट मिलते ही सम्मान-सत्कार, चाय पार्टियाँ, अलंकरण, अपने बच्चों के लिए नौकरियाँ, दहेज, बड़े-बड़े समधी आदि इनकी चिन्ता के विषय बन जाते हैं।

स्त्री-पुरुषों की दुर्निवार कामेच्छा सृष्टि के आत्म-विस्तार का माध्यम है। पहले जो सन्तान-दान ईश्वर के हाथ में था, वह गर्भ-निरोध के उपायों का पता लगने के

बाद अब मनुष्य के हाथ में आ गया है। स्त्रियों को कुछ ज़्यादा ही अपने वश में करके सृष्टि नौ महीने एक-दूसरे प्राणी का भरण-पोषण करने के लिए उसे स्त्री के शरीर में चिपका रही है। यह गर्भधारण स्त्री की ग़ुलामी का प्रबल कारण बन गया है। आज भी ऐसे पति हैं, जो स्वतन्त्रता की इच्छुक पत्नियों को दबाकर रखने के लिए हर साल उनसे गर्भधारण कराकर समझते रहते हैं कि इससे उनका मान बढ़ता है।

बच्चों को जन्म देकर स्त्री देश की और सरकार की मूल्यवान सेवा कर रही है।

अध्यापकों, डॉक्टरों और क्लर्कों को वेतन देनेवाली सरकार माँओं को वेतन नहीं दे रही है। कहते हैं कि उनके पतियों द्वारा वेतन दे रही है। अगर यह बात है तो पति के बिना बच्चों को जन्म देनेवाली स्त्रियों को बिना वेतन के देश सेवा करने वालों में शामिल करना पड़ेगा। न्याय तो यही है कि अलग से उनके वेतन की व्यवस्था की जाये।

कामतुष्टि से वंचित होकर शुष्क बनी हुई स्त्री-जैसी कर्कशा दूसरी कोई नहीं होती। उस कामशक्ति को ऊर्ध्वाभिमुख करने में समर्थ पुराने ज़माने की विधवाओं और थोड़ी-सी मिशनरी स्त्रियों को छोड़कर! उनमें प्रज्वलित धर्मावेश उनके चेहरे और हृदय को आलोकित करता था। जिन में किसी प्रकार की धार्मिक-आध्यात्मिक चेतना या विश्वास नहीं है, जो केवल प्रतिष्ठा की देवी की ही उपासना करती हैं, ऐसी नव-शिक्षित स्त्रियों को अधिकार का पद दिया जाये, तो वे विवाह नहीं करेंगी। विवाह यदि करती हैं तो अधिकार जताकर पति को घर से निकाल देंगी। किसी दूसरे पुरुष की निकटता पाने में उनका दर्प आड़े आता है। इस तरह सूखी हुई स्त्री अपने अधिकार के द्वारा जितने लोग उसके प्रभाव में आते हैं, उन सब के क्षोभ का कारण बनती है। बहुत-सी लड़कियाँ जिनकी अधीनता में रहती हैं, वे हाईस्कूलों की अध्यापिकाएँ, महिला इंस्पेक्टर इसके बहुत बड़े उदाहरण हैं।

ऐसी स्त्रियों को स्कूलों में नहीं रखना चाहिए, जिनके बारे में निश्चित रूप से कहा नहीं जा सकता कि वे पुरुष का सहज सुख पाती हैं और उनकी सन्तान है। नपुंसक और आत्मविद्या-सम्पन्न, इन दो प्रकार के लोगों को छोड़कर बाकी लोगों में से जिन लोगों ने शरीर का यथेष्ट सुख नहीं भोगा है, वे लोग समाज में स्थान पाने के अधिकारी नहीं हैं।

जब तक देश और समाज ऐसी व्यवस्था नहीं करता कि गर्भधारण के कारण और बच्चों को जन्म देने के कारण स्त्री के मान-सम्मान, आर्थिक स्वतन्त्रता और शारीरिक स्वास्थ्य, इनको किसी प्रकार की भी हानि न पहुँचे, तब तक स्त्रियों को अपना आन्दोलन जारी रखना चाहिए।

28

गर्भपात : पक्ष-विपक्ष

सृष्टि अपनी निरन्तरता के लिए स्त्री और पुरुष का उपयोग करती है। लेकिन पुरुष का दायित्व उस सन्तुष्टि के साथ पूरा हो जाता है जबकि स्त्री का दायित्व अगले नौ महीने तक पूरा नहीं होता। अस्वस्थता, बोझ, प्रसव की पीड़ा, ये सब स्त्री के ही जिम्मे हैं। शिशु के उदय के लिए अपने सुख का त्याग करनेवाली स्त्री का आदर समाज को करना चाहिए था, उसकी पूजा करनी चाहिए थी। लेकिन सृष्टि उसका इस प्रकार उपयोग कर रही है, इस कटु सत्य का सहारा लेकर समाज ने स्त्री के प्रति कठोरता और निर्दयता प्रदर्शित करने का बहाना प्राप्त कर लिया है।

सृष्टि के लिए तो स्त्री का शिशु को जन्म देना ही महत्त्वपूर्ण है। इस जन्म के पीछे नैतिकता है या अनैतिकता, यह पति की ही सन्तान है या किसी और की, उसी जाति के आदमी की सन्तान है या किसी दूसरी जाति के आदमी की, इसमें गम्या-अगम्या का विचार किया गया है या नहीं, ये प्रश्न उसके सामने नहीं होते। माँ-बेटा या बाप-बेटी के सम्बन्ध से भी यह सृजन हुआ हो, तब भी सृष्टि को आपत्ति नहीं होती। ये नैतिकता के विचार, ये सामाजिक विधि-विधान सब मनुष्यों द्वारा तात्कालिक रूप से बनाये हुए हैं। लेकिन समाज द्वारा निर्दिष्ट पति द्वारा या समाज की आँख बचाकर पति के नाम पर किसी और के द्वारा बच्चे को जन्म न दिया, तो स्त्री को बहुत सारे कष्ट झेलने पड़ेंगे। कामसम्बन्धों में पुरुष आसानी से बच जाता है। लेकिन जिसका पति नहीं है, वह स्त्री हमेशा गर्भ नामक भयंकर भूत से डरती ही रहती है।

सृष्टि-कार्य से आरम्भ करके प्रसव होने तक आनन्द, सन्तुष्टि और गर्व से जिस मातृ-हृदय को फूलते रहना चाहिए, उस बेचारी को हर दिन, हर घड़ी डरते हुए, द्वेष करते हुए, मृत्यु को ही एकमात्र शरण मानकर रह जाना पड़ता है। उस

गर्भ को छिपाने के लिए, और अपने प्रिय शिशु को नष्ट करने के लिए गुप्त रूप से उसे अनेक प्रयत्न करने पड़ते हैं। स्त्री के प्रति कठोर व्यवहार करके भी समाज के भावी सदस्य, उस शिशु को ही लोग स्वस्थ दृष्टि से देखते और उसे एक योग्य और विवेकशील व्यक्ति के रूप में तैयार करने का संकल्प लेते, तो भी कोई बात थी। लेकिन उनमें इस बात पर क्रोध के अलावा और कुछ नहीं होता कि उनकी स्वीकृति के बग़ैर, उनके निर्देश का उल्लंघन कर यह शिशु आ धमका है।

हर शास्त्र रटाता रहता है कि गर्भधारण करने वाली स्त्री को स्वस्थ और सानन्द होना चाहिए। लेकिन उसके विधान का उल्लंघन करके शिशु को जन्म देनेवाली स्त्री को समाज जितनी यातनाएँ देता है, उतनी यातनाएँ कोई भी राज्य, किसी भी अपराधी को नहीं देता। ये स्त्रियाँ, ये गर्भवतियाँ असह्य वेदना झेलती हैं, अपने सन्तान-प्रेम और सामाजिक प्रतिष्ठा के बीच पिस जाती हैं और अन्ततः अनेक विपदाओं में फँसकर ख़ुद अपने को और अपनी सन्तान को नष्ट कर लेती हैं।

इस प्रकार सृष्टि और समाज दोनों से सहयोग करनेवाली स्त्री को यातनाएँ देना क्रूरता है, अन्याय है, अनधिकार चेष्टा है और मूर्खता है। अब गर्भ निरोधक उपाय स्त्री की बहुत सहायता कर रहे हैं। उन उपायों को ख़ूब प्रचारित होना चाहिए।

गर्भधारण कराकर पुरुष स्त्री को मँझधार में छोड़ जाता है, तो स्त्री गर्भ विच्छेद के उपायों की खोज करने लगती है। सही जानकारी न होने से अनेक असुरक्षित उपायों द्वारा प्रयत्न करके मृत्यु के मुँह में जानेवाली स्त्रियों की संख्या का पता लगा सकें, तो वह जाने कितने लाखों में होगी! अपने गर्भ का विच्छेद करने का प्रयत्न करनेवाली स्त्री को सरकारी क़ानून भी सात साल की कैद देकर दण्डित करता है!

उस गर्भ के ज़िम्मेदार पुरुष को कोई दण्ड नहीं दिया जाता। लेकिन गर्भधारण करनेवाली स्त्री पर तो नाना प्रकार के अत्याचार किये जाते हैं। यहाँ तक कि उस अबोध शिशु के प्रति भी शत्रुता ही बरती जाती है और उस शिशु रूपी विपत्ति से बचने की कोशिश स्त्री करे, तो दण्ड दिया जाता है। कैसी बुद्धि है! कैसा न्याय है!

इस भ्रूणहत्या के अनेक उपाय हैं। देशी और अंग्रेज़ी। कोई भी हो, स्वास्थ्य के लिए अच्छा नहीं है। लेकिन जब मुसीबत सिर पर आ गयी हो, मर जाना ही उत्तम मालूम पड़ता हो, और सभी मित्रों और सम्बन्धियों के छोड़ जाने की घड़ी उपस्थित हुई हो, तब स्वास्थ्य को कौन देखता है?

कम-से-कम अब, देश-भर में उदारमना लोगों की ऐसी संस्थाएँ बननी चाहिए, जो इस तरह गर्भ के कारण विपत्सागर में डूबती स्त्रियों को सहारा दें, उनको अपना सद्भाव दें, उनका पोषण करें, और उनके बच्चों के लालन-पालन की व्यवस्था करें।

गर्भपात तीन प्रकार का होता है–

1. अपने आप होनेवाला। इसके अनेक कारण होते हैं। मुख्य रूप से स्त्री की शारीरिक दुर्बलता, गर्भाशय की दुर्बलता, बीमारी और सिफिलिस जैसे यौन रोग। स्त्री का गिर पड़ना, भय, घबराहट, ये कारण भी हो सकते हैं।

2. स्त्री के हित में डॉक्टरों द्वारा प्रकट रूप से किया जानेवाला। भ्रूण बढ़ने के बाद स्त्री शिशु को जन्म दे, तो स्त्री के प्राण संकट में पड़ जायेंगे, ऐसा भय जब हो, तभी यह करने का न्यायसिद्ध अधिकार डॉक्टर को होता है। स्त्री के शरीर की दुर्बलता, रक्तहीनता, या प्रसव के मार्ग में कोई बाधा इसके मुख्य कारण होते हैं।

3. गुप्त रूप से किया जानेवाला। इसमें बलात् भ्रूण का विच्छेद किया जाता है। इसके तीन प्रकार हैं–

1. स्वयं स्त्री द्वारा किया जानेवाला।

2. जो डॉक्टर नहीं हैं, उनके द्वारा किया जानेवाला। यानी दाइयों, देशी वैद्यों आदि लोगों द्वारा किया जानेवाला।

3. योग्यता प्राप्त डॉक्टरों द्वारा किया जानेवाला।

ये तीनों ही तरीक़े अवैध हैं। इसलिए गुप्त रूप से होते हैं।

कारण :

1. सामाजिक बहिष्कार का भय–कन्याओं और विधवाओं के लिए।

2. जिन स्त्रियों के पति पास में नहीं हैं। पति बच्चे को स्वीकार नहीं करेगा, इस भय से।

3. बच्चे को जन्म देने का, या उसकी परवरिश करने का कष्ट उठाने में असमर्थ होना।

4. सम्पत्ति के बहुत हिस्से न हों, इसलिए बच्चों की संख्या कम करने का उद्‌देश्य।

5. बच्चों को पालने के लिए आवश्यक धन न होना।

6. लड़कियों की चाह न होना।

जितने बच्चे हों, उतनी ताक़त बढ़ती है, वे ही सम्पत्ति हैं, सब पूर्व जन्म के कर्मों का फल है, इस तरह सोचने के दिन लद गये हैं। मुख्य रूप से आबादी, बेकारी और ग़रीबी के बढ़ने से गृहस्थ लोग भी (वे ही लोग अधिकतर) गर्भपात चाहने लगे हैं। गर्भ निरोध के उपायों का व्यापक प्रचार होने पर इसकी आवश्यकता बहुत-कुछ कम हो जायेगी। तब भी आलस के कारण, भाग्य में विश्वास के कारण 'अरे, एक

बार में कुछ नहीं होता', ऐसी लापरवाही के कारण अवांछित रूप से गर्भ ठहर जाता है। जब तक यह होता नहीं, तब तक इसके कारण होनेवाले अनर्थ की तरफ़ ध्यान नहीं जाता। पति की अनुपस्थिति में जिन स्त्रियों का गर्भ ठहर जाता है, उन के लिए यह अति परिचित अनुभव है। पिता के बिना जन्म लेनेवाले बच्चों के प्रति और उनकी माँओं के प्रति समाज जब तक क्रूर बना रहेगा, तब तक, चाहे जितनी पाबन्दियाँ लगायी जायें, ये गर्भपात रुकेंगे नहीं। सयानी लड़कियों की ही शादी करनी चाहिए, ऐसा क़ानून बन गया है न, अब क्रमशः डॉक्टरों की ऐसे गर्भपातों वाली प्रैक्टिस बढ़ेगी। बहुत बड़े परम्परावादी और बड़े-बड़े समाज सुधारक, और प्राणिमात्र के प्रति करुणा का प्रचार करनेवाले लोगों ने भी ऐसी स्थिति उपस्थित होने पर अपनी बेटियों का प्रसव होने नहीं दिया। सम्मानित व्यक्ति का मुखौटा लगाकर लोग बेटियों का गुप्त गर्भपात कराकर चुपचाप उनकी शादी कर देते हैं। चाहे जितने बड़े समाज सुधारक हों, अपनी बेटियों की शादी के मामले में उनकी दुश्चिन्ता का कारण इस गर्भ का भय ही है। हमारे समाज में कितने ही दकियानूस हैं, जो अपनी विधवा बेटियों के व्यभिचार की अनदेखी तो कर सकते हैं, पर उनका दुबारा विवाह करना पसन्द नहीं करते। ये नये सुधारक भी उसी कोटि के हैं। इसके अलावा अपने भाषणों में डींग हाँकते हैं, हिन्दू स्त्री की निष्ठा और पातिव्रत्य को लेकर प्रशंसा की झड़ी लगाते हैं और फिर घर में बैठी बेटियों की शादी को लेकर दुख में चारपाई पकड़ लेते हैं। फिर बेटियों का गर्भ ठहर गया तो फ़ौरन चोरी-चोरी डॉक्टरों के पास भेज देते हैं।

बलात किये जानेवाले गर्भपात को 'पुण्यात्मा' लोग भ्रूणहत्या कहते हैं। ख़ासकर दूसरे परिवारों में हुए गर्भपात को। इसे पाप कहा जाता है। लोकनीति या क़ानून भी इसे स्वीकृति नहीं देता। क्या कारण है?

क़ानून पर सवाल उठाकर कुछ लाभ नहीं होगा। इस तरह के अर्थहीन पुराने क़ानून बहुत हैं। परम्परा का भी अपना एक क़ानून है। नैतिकतावादियों पर सवाल उठाना तो और भी फ़िज़ूल है। वे लोग हमारे विरुद्ध भगवान को उकसा देंगे। प्रत्युत्तर और प्रत्युत्तरों के भी प्रत्युत्तर सब हमें ही देने होंगे।

जिस कारण से मनुष्य को नहीं मारना चाहिए, उसी कारण से भ्रूण को नष्ट नहीं करना चाहिए, एक तर्क यह है। लेकिन असल में प्राण का मतलब क्या है? आत्मा क्या है? वास्तव में आत्मा का अस्तित्व है क्या? अगर है, तो प्राण और आत्मा भ्रूण में कब प्रवेश करते हैं? किस मार्ग से? माँ-बाप के संयोग की घड़ी पर नज़र रखकर प्रवेश करने के लिए ये हवा में या कमरे में प्रतीक्षा करते रहते हैं क्या? ये ऐसी बातें हैं, जिनकी जानकारी किसी को नहीं है।

वैद्यशास्त्र के अनुसार तीसरे महीने के बाद ही भ्रूण को एक विशिष्ट रूप प्राप्त होता है। इसलिए कुछ लोग यह मानते हैं कि तीन महीने से पहले गर्भपात कराने को हत्या नहीं मान सकते। यदि भ्रूण बच्चे के ही समान है, तो आदमी के मरने पर जिस तरह सूतक मानते हैं और श्राद्धादि करते हैं, उस तरह भ्रूण के करने पर क्यों नहीं करते? इसका मतलब है, भ्रूण का न प्राण होता है न उसकी आत्मा ही होती है और जन्म लेने तक वह माँ के गर्भ में फोड़े-फुँसी की तरह बढ़ता रहता है।

कुछ लोग कहते हैं कि चूँकि भ्रूणहत्या से देश में एक प्राणी नष्ट हो जाता है, इसलिए आत्महत्या को लेकर जो आपत्ति है, वही आपत्ति इसको लेकर भी है। लेकिन चिन्ता इस बात को लेकर भी तो कर रहे हैं न कि आबादी बढ़ रही है और खाद्य पदार्थों की कमी हो रही है! यदि जनसंख्या का बढ़ना अच्छा है तो इन विधवाओं और बिना पति की स्त्रियों को बच्चों को जन्म देने के लिए बाध्य करना चाहिए। बच्चों को जन्म देकर उनका पालन-पोषण करने के लिए आवश्यक सभी सुविधाएँ उनको देनी चाहिए! ऐसी स्थिति में पति है या नहीं, इसकी चिन्ता किये बिना देश को एक बच्चा प्रदान करनेवाली स्त्री कितनी महान वीरमाता होगी! कितनी बड़ी देशसेविका होगी!

एक आपत्ति यह है कि गर्भस्राव से माँ का स्वास्थ्य बिगड़ जाता है। चोरी-छिपे यह काम करने पर तो मृत्यु तक हो सकती है। इस आपत्ति का उत्तर यह है कि खुले में योग्य डॉक्टरों द्वारा कराएँ तो कोई हानि नहीं होती।

गर्भस्राव से स्त्री के स्वास्थ्य के बिगड़ने की बात को ऐसे ही लोग ज़ोर-शोर से प्रचारित करते रहते हैं, जो डॉक्टर की इस चेतावनी के बाद भी, कि यह स्त्री और प्रसव झेल नहीं सकती, प्रसव में मौत भी हो सकती है, गर्भधारण कराते हैं और पत्नी के मर जाने के बाद उसकी ज़िम्मेदारी भगवान के मत्थे मढ़ देते हैं।

भ्रूणहत्या न करे, तो बिना पति की स्त्री के लिए विकल्प क्या हैं? बच्चे को कहीं फेंक देना चाहिए, उसकी हत्या कर देनी चाहिए या उसका पालन-पोषण करना चाहिए?

इन तीनों कामों से होनेवाली यातनाएँ भ्रूणहत्या से होनेवाली यातना से ज़्यादा ही हैं, कम नहीं।

थोड़ी देर के लिए यह मान भी लें कि माँ ने कोई पाप किया है, तो उस शिशु ने ऐसा कौन-सा पाप किया है, कि समाज के क्रोध का शिकार बन रहा है? यह बात कर्मवादी दार्शनिकों को ही मालूम होगी।

योरप की कई सरकारों ने कुछ परिस्थितियों में डॉक्टरों को गर्भपात कराने का अधिकार दिया है–

1. बलात्कार के कारण गर्भ ठहर गया हो।

2. यह सिद्ध होने पर कि रुग्ण या विकलांग शिशु पैदा होगा।

3. यह मालूम होने पर कि स्त्री का शारीरिक या मानसिक स्वास्थ्य हमेशा के लिए बिगड़ जायेगा।

इसी तरह की कुछ दूसरी परिस्थितियाँ उत्पन्न होने की स्थिति में।

गर्भपात कराने की अनुमति के लिए ऐसी शर्तें लगानेवाला क़ानून कुछ सख़्त होने पर भी स्त्रियों के जीवन की कठिनाइयों को देखते हुए जज लोग दयाभाव से हल्का दण्ड देकर उनको वहाँ छोड़ देते हैं। लेकिन पातिव्रत्य-गन्ध से अभी मुक्त न हो पाया हुआ यह देश ऐसा काम करने पर डॉक्टरों और पति की सुरक्षा प्राप्त स्त्रियों को तो छोड़ देता है, पर ऐसी स्त्रियों को कड़ा दण्ड देता है जो कहती हैं कि 'हम पतिव्रता नहीं हैं।' वे यदि कहें कि 'चूँकि हमारे पति नहीं हैं, इसलिए बहुत मुश्किल से तात्कालिक रूप से जिन पतियों को हमने हासिल किया है, उनके साथ पातिव्रत्य निभाकर पाया हुआ फल है यह!' तब भी उन पर दया नहीं दिखाते।

यहाँ लागू शासन तो यही चाहता है कि जो संयम और इन्द्रिय निग्रह पतियोंवाली स्त्रियों में भी नहीं होते, वे बिना पतिवाली स्त्रियों में अवश्य होने चाहिए।

इतनी पाबन्दियों के बाद भी ये गर्भपात बढ़ते ही जा रहे हैं। ठीक से माहवारी हो नहीं रही है, पेट में रसौली/गिलटी है, ऐसे अनेक बहाने करके जिनके पति हैं, वे भी और जिनके पति नहीं हैं, वे भी डॉक्टरों से दवाइयाँ लेकर जा रही हैं, इस बावली आशा से कि किन्हीं दो गोलियों से आसानी से उनका काम निबट जायेगा। जिनके पास पैसा है, उनके लिए यह काम आसानी से हो भी जाता है। नैतिकता की सीमा को लाँघनेवाले ऐसे लोग नरक में जायेंगे और केवल हम जैसे लोगों को, जो इस पाप के ख़िलाफ़ चीख़-पुकार मचा रहे हैं और ऐसे पापियों को दण्ड दे रहे हैं, प्रसन्न भाव से देखकर ईश्वर स्वर्ग देगा, ऐसे निरर्थक विश्वासों के सिवा इन 'पुण्यात्माओं' और इन वंध्या और रूक्ष-शुष्क मास्टरनियों के लिए जीवन में कुछ नहीं बचा रहेगा।

किसी नीम हकीम द्वारा गर्भपात कराने के बाद जब वे अंग सूज जाते हैं, सड़ जाते हैं, फुँसियाँ हो जाती हैं और शरीर में रक्त की कमी हो जाती है, तब भोले बनते हुए "कोई बीमारी है, ज़रा देखिए" कहते हुए दवाई के लिए डॉक्टर के पास जानेवाले क्या कम हैं? वे लोग सोचते हैं कि डॉक्टरों को कुछ पता नहीं चलेगा। डॉक्टर लोग भी अनजान बनकर दवाई देकर भेज देते हैं। ऐसे कपटाचरण के लिए स्त्रियों को दोष देने से क्या लाभ? गर्भवती है, यह सब को मालूम होने पर भी दबदबा और पैसा रखनेवाली स्त्री जहाँ पेट में रसौली की बात कहकर कहीं दूर

चली जाती है और प्रसव के बाद लौटकर समाज में ठाठ से रहती है, वहीं चातुरी, कपट और छल से शून्य अनाथ स्त्री निन्दा और भर्त्सना का शिकार होकर भाग जाती है और बरबाद हो जाती है। नैतिकता के नाम पर समाज ऐसा 'विवेकी' आचरण कर रहा है! पैसेवाली स्त्री अच्छे-डॉक्टरों से बिना किसी खतरे या कष्ट के अपना ऑपरेशन करा लेती है। ग़रीब स्त्री बच्चे को जन्म देकर समाज की कोपभाजन बनती है और बच्चे की परवरिश ठीक से न कर पाने से यातना भोगती है, या गर्भपात का कोई देशी तरीक़ा अपनाकर नरक भोगकर मर जाती है। आजकल सारी नैतिकता धन के पीछे छिप गयी है!

देश में गर्भपात की घटनाएँ बहुत बढ़ती जा रही हैं। इस तरह के केस ज़्यादातर डॉक्टरों के पास आते ही नहीं। अनादिकाल से चली आ रही देशी दवाइयाँ और देशी पद्धतियाँ ही बहुत चल रही हैं। प्राणवान 'डिम्ब' (Ovum) गर्भाशय की दीवार के साथ चिपक जाता है। ये सारे प्रयत्न उसे बाहर निकालने के लिए किये जाते हैं।

गर्भाशय का मार्ग सूज जाता है। घाव हो जाते हैं, गर्भाशय चिर जाता है, रक्त की धाराएँ बह निकलती हैं। तब भी बहुत बार प्रयोजन सिद्ध नहीं होता।

आधा काम करके बात खुल जाने के डर से दाई भाग खड़ी होती है। किसी दूसरे की मदद लेने में डर लगता है।

लाखों स्त्रियाँ इस तरह की भयानक पीड़ा भोग रही हैं। पतिव्रताएँ, पढ़ी-लिखी स्त्रियाँ या तीसरी शादी की हुई विधवाएँ और रक्तहीन जीर्ण शरीर कह रहे हैं-"भुगतना ही पड़ेगा, किये का अच्छा ही फल मिला है! किसने कहा था कि यह काम करो?"

ठीक है, आप में से कुछ लोगों का काम बड़े मज़े से हो जाता है। कुछ दूसरे लोगों को यह सोचकर ईर्ष्या होती है, कि "हाय, हमारे साथ तो यह होने की सुविधा है ही नहीं! कोई मर्द हमारी तरफ़ आँख उठाकर देखता ही नहीं।" नैतिकता के नाम पर अपनी गलन-सड़न दूसरों पर वमन करके पतिव्रता होने का यश लूटते हुए घूमने के दिन अब लद गये हैं। आपका रहस्य सब के सामने खुल गया है। अब कम-से-कम 'पॉलिसी' के तौर पर ही सही, सहानुभूति दिखाइए। वे दिन अब नहीं रहे, जब कर्मफल के नाम पर, नैतिकता के नाम पर, समाज के हित के नाम पर, अनाथों और निर्धनों को क्रूरता से पैरों तले कुचलते थे। अब लोग चुप नहीं रहेंगे। सावधान! अब यह रहस्य खुल गया है कि जाति के पीछे, धन के पीछे, बनारसी साड़ियों के पीछे और प्रतिष्ठा के पीछे क्या छिपा है। अब जागो! बोर्डिंग स्कूलों में और सरकारी स्कूलों में बिन ब्याही अध्यापिकाएँ सयानी लड़कियों को जो यातनाएँ

देती हैं वे परिवारों में अनेक विधवाओं को दी जानेवाली यातनाओं से अधिक होती हैं। हँसते-खेलते इन छोटे-छोटे बच्चों को भी अपनी तरह ही शुष्क और रुग्णमानस क्यों बनाना चाहती हो?

आजकल आमतौर पर हो रहे गर्भपातों के मामले में आँख मूँदकर यह कहने से काम नहीं चलेगा कि वे हो नहीं रहे हैं या नहीं होने चाहिए। लोगों के जीवन में इतनी चोरी और इतनी व्यथा न हो, इसके लिए उचित उपायों पर विचार करना विवेकशील व्यक्तियों का काम है। बिन ब्याही माँओं और उनके बच्चों के प्रति समाज में द्वेष न रहे, यह जल्द होनेवाला काम नहीं है। गर्भनिरोधक उपायों का प्रचार और स्त्रियों का उन उपायों को अपनाना भी जल्द नहीं हो पायेगा। इस बीच स्त्रियों को यन्त्रणा से बचाना हो, तो गर्भपात को अवैध करार देने वाले क़ानून में सुधार करना होगा।

29

योग

हम स्त्री की स्वतन्त्रता चाहें या गृहस्थियों में बदलाव या पुरुषों की आत्मा में उन्नति, यह सब इसलिए चाहते हैं कि व्यक्ति का सुख और आनन्द बढ़े। जीवन का जितना भी संघर्ष है, वह आनन्द ही के लिए है। उदासी से, चिन्ता से, चिढ़ से और कष्ट से बचने के लिए है। उसी आनन्द पर आस्था रखकर और उसी को लक्ष्य बनाते हुए प्रतिष्ठा, सम्पन्नता, नैतिकता और धर्म जैसी आनन्द की परछाइयों को ही आनन्द मान लेने के भ्रम से मुक्त होना विवेकशील व्यक्तियों का लक्षण है। महान आनन्द आनन्द दायक वस्तुओं पर निर्भर नहीं होता। वह आनन्द प्राप्त करने में समर्थ गुण पर निर्भर होता है। आनन्ददायक वस्तुओं और परिस्थितियों को अर्जित करने से अधिक, आनन्द प्राप्त करने में समर्थ गुण की वृद्धि कर लेना अधिक महत्त्वपूर्ण होता है। उस तरह का गुण यदि प्राप्त हो, तो आनन्द देनेवाली वस्तुओं की खोज करके सायास उनको अर्जित करने की आवश्यकता नहीं होती। जो कुछ उपलब्ध है, उसी से वह आनन्द प्राप्त किया जा सकता है। जिन में वह शक्ति नहीं होती, वे ही लोग आनन्द देनेवाली परिस्थितियों के लिए, वस्तुओं के लिए एड़ियाँ रगड़ते रहते हैं।

हम जो आनन्द पाते हैं, उसके प्रकारों और विभेदों के अलावा उसकी गुणवत्ता में भी अन्तर होता है। व्यक्तियों के सामर्थ्य में निहित अन्तर ही इसका कारण है।

स्त्री-पुरुष एक-दूसरे से जो आनन्द प्राप्त करते हैं, वह अनेक तत्वों का सम्मिश्रण होता है। जो लोग महान आनन्द प्राप्त करते हैं, उनको वह प्रेम के कारण प्राप्त होता है। उस प्रेम के कारण जो आनन्द प्राप्त होता है, वह सौन्दर्य, गुण, चतुराई, रति आदि में से कोई भी चीज़ नहीं दे सकती। यहाँ प्रेम को स्वीकार करने की शक्ति और उसे दे पाने की क्षमता महत्त्वपूर्ण हैं।

महान प्रेम घटित होने की (भाग्य की बात अलग रखें, तो) महत्त्वपूर्ण स्थिति होती है–उस प्रेम के लिए योग्यता होना। यदि न हो, तो उसे अर्जित करना। यह

योग्यता अनेक स्त्रियों का पीछा करने से नहीं आती। यों ही पूरा संसार ही प्रेममय है, यह चिल्लाते हुए दौड़ने से भी नहीं आती। रोज़ एक स्त्री को भोगकर भी किसी प्रकार के आनन्द से अपरिचित रहना सम्भव है। एक ही स्त्री के निरन्तर साथ से जिस तरह वह पुराना पड़कर आदत-सा बन जाता है, उसी तरह निरन्तर नयी-नयी स्त्रियों का भोग करने से भी वह अनुभव पुराना पड़ जाता है और आदत-सी बन जाने से लगता है, 'बस, इतना ही!' स्त्री को घृणा से देखने वाले, प्रेम को तुच्छ समझनेवाले, स्त्री से सम्बन्ध को जुगुप्साकर माननेवाले और स्त्री का अवमूल्यन करते हुए कहानियाँ लिखनेवाले, ये सब या तो स्त्री को पाने में असमर्थ रहे होंगे या एक उसी लक्ष्य से भकोसते हुए अरुचि होने तक स्त्री का भोग करते रहे होंगे।

यहाँ महत्त्वपूर्ण है स्त्रीत्व के प्रति सम्मान भावना, प्रेम पर विश्वास और उस सम्बन्ध की 'मिस्टरी' और नूतनता को अक्षुण्ण रखना।

प्रश्न यह नहीं है कि हम कितने लोगों के प्रति आसक्त हुए हैं। प्रश्न यह है कि कितनी महानता से, कितनी अद्भुत रीति से हम प्रेम कर सके हैं।

इसीलिए जब तक चलता रहा, तब तक पति को परमेश्वर मानने की साधना अद्भुत रीति से स्त्री के हृदय को भरती रही। वह कमियाँ न देख पाने वाला अन्धत्व ही क्यों न हो, या जड़ता का लक्षण भले हो, पति में त्रुटि देखने न देकर स्त्री को वह साधन सन्तुष्टि और आनन्द से परिपूरित करती रही है।

इस तरह साधना द्वारा प्रेम की आराधना करने के गुण को बढ़ा लेना चाहिए। महत्त्वपूर्ण है अपने मन को बदल लेना, स्वभाव को उन्नत बना लेना और हमें वह क्या देगी, इसका विचार न करते हुए स्त्री से केवल उसके लिए, उसे एक वरदान मानकर प्रेम करना।

इसके अलावा आनन्द देनेवाली एक-दो पद्धतियाँ और हैं–

पहली–

निम्नलिखित तीन बातें पहले बता चुका हूँ–

1. स्त्री-पुरुष एक-दूसरे के लिए आदत नहीं बन जाना चाहिए।

2. एक-दूसरे को भोजन के लिए, पैसे के लिए, सुख के लिए या मोक्ष के लिए, यहाँ तक कि आनन्द के लिए भी साधन के रूप में नहीं देखना चाहिए।

3. दूसरे से प्रेम कर सकने को ही अपने जीवन के सब से बड़े आदर्श के रूप में मानना चाहिए।

नयी पद्धति–संयोग। संयोग और योग में कोई बहुत दूरी नहीं है। योग का मतलब है, मन को किसी एक वस्तु से संलग्न करना। योगियों का कहना है कि मन

को चाहे जिस वस्तु पर एकाग्र कर दो, आनन्द की प्राप्ति होगी। आराधना के साथ 'इमोशन' के मिल जाने पर साधारण लोगों का मन आसानी से संलग्न हो जाता है। स्त्री-पुरुष सम्बन्ध में जो 'इमोशनल इंटेन्सिटी' होती है, वह चूँकि किसी भी अन्य विषय में नहीं आ पाती, इसलिए यहाँ मन को केन्द्रित करना आसान हो जाता है। यहाँ सख्यभाव, कला, सेक्स, आवेग, सब एक जगह एकत्र होते हैं। सभी कलाओं में उन्नत और सहज साध्य तो रति की यह कला है, प्रेम की यह कला है।

स्त्री-पुरुष को चाहिए कि अपनी पूरी प्रकृति के साथ वे एक-दूसरे की आराधना करें। ईश्वर के साक्षात दर्शन किये लोग कहीं हों, तो होने दीजिए, बाक़ी सब लोगों के लिए समस्त विश्व में उन्नत तो वे ही लोग हैं, जो उनके प्रेमपात्र हैं। केवल वे ही लोग उनके अपने हैं।

'श्रेष्ठों में श्रेष्ठ तो यही है!' इस भाव से आराधना करना यदि सम्भव न हो तो उसे सम्भव बनाने के लिए हृदय को परिवर्तित कर लेना चाहिए। नये व्यक्तियों का वरण करने से इसमें सहायता मिलती हो, तो वैसा ही करना चाहिए। हृदय को बदलना चाहिए। हृदय की अनेकानेक अनुरक्तियों को स्वीकार करने का साहस प्राप्त करना चाहिए।

पहले कहते थे, कि पति को उस तरह के देवता के रूप में देखो। उसी सूत्र को बदलकर मैं आज केवल स्त्रियों से नहीं, स्त्री-पुरुष दोनों से कह रहा हूँ–

"देवता समान लोगों का ही चुनाव कीजिए, उनको बदलिए, स्वयं बदलिए।"

"उनको देवता से अधिक मान दीजिए।"

ये बातें मैं स्त्री और पुरुष दोनों से कह रहा हूँ। केवल स्त्रियों से नहीं।

दूसरी–

निम्नलिखित बातें पहले कह चुका हूँ–

1. सृष्टिकर्म को सस्ता मत बना लीजिए। इस में घिन की कोई बात है, ऐसा कभी मत सोचिए। किसी के साथ भाग जाना, गुप्त सम्बन्ध, इन पर हँसिए मत। अपवादी मत बनिये।

2. जब तक उत्कट इच्छा न हो, महान मित्रभाव न हो, प्रबल आकर्षण न हो, तब तक न मिलें।

3. जब तक उपयुक्त परिस्थितियाँ, स्वास्थ्य, स्वच्छ स्थान, वातावरण, शान्त-सुन्दर समय–ये सब न जुटें, तब तक शय्या पर न पहुँचें।

4. हमारा मिलन होगा, इस कामना से, इस प्रत्याशा से कुछ समय तक खेलना चाहिए। तत्काल कामना के वशीभूत न होकर, चौकस रहते हुए और धैर्य का परिचय देते हुए आनन्द प्राप्त करना चाहिए। अतृप्त कामना जब हमारी स्वामिनी बन जाती है, तब हमें पीड़ा होती है। जब हम स्वामी होते हैं, तब आनन्द प्राप्त होता है।

नया

समागम के समय एकाग्रता का अभ्यास करना चाहिए। एक को दूसरे पर या दोनों को उस कार्य पर मन केन्द्रित करना चाहिए।

यह सृष्टि-कार्य ईश्वर का कार्य है। यानी, यह विश्वास कीजिए कि यदि ईश्वर हो, तो उसे सृष्टि करने में जो आनन्द मिला होगा, वैसा आनन्द देनेवाला कार्य। यह मानिए कि उस कार्य के द्वारा प्राप्त हो सकने वाले आनन्दोद्रेक की कोई सीमा नहीं है और आप जो प्राप्त कर रहे हैं, वह अत्यल्प है। इधर-उधर की बातें सोचिए मत। यज्ञ के लिए जिस तरह तैयार हुआ जाता है, उस तरह तैयार होइए। पहले से प्रबन्ध कर लीजिए। स्थल, शरीर और मन की स्वच्छता आवश्यक है। सुख पाते हुए इस भाव को मन से निकल मत जाने दीजिए कि हम सुख भोग रहे हैं।

तब 'संसार में इतना आनन्द होता है क्या?' यह सोचकर आपको संभ्रम और आश्चर्य होने लगेगा।

इस तरीक़े से इस योग की सिद्धि हो, इसके लिए आवश्यक है–

1. परस्पर तीव्र आकर्षण।

2. स्वास्थ्य, मनोबल, सुन्दर परिस्थितियाँ और विघ्न की शंका का सर्वथा अभाव।

30

बाँझपन

मनुष्य के लिए स्वेच्छा, कला, मित्रभाव, रोमान्स यह सब चाहे जितने महत्त्वपूर्ण हों, इन सब सुखों का आधार है–भोजन और यौन सुख। इन दोनों की तुष्टि के बाद ही बाक़ी सब की शोभा है। दो दिन के भूखे को मलय पवन, चमेलियाँ और मदालसाएँ ज़रा भी आह्लाद नहीं दे सकतीं। जिसकी कामेच्छा सन्तुष्ट नहीं हुई है, उसे यह सब चीज़ें और अधिक दुख देंगी। इन दोनों कामनाओं के अत्यधिक निकट पड़ने वाली कामना है, सन्तान की कामना। विशेषकर स्त्रियों की।

स्त्री के लिए सन्तान शरीर सम्बन्धी आवश्यकता है। उसके मन और हृदय के लिए और उसकी समस्त शक्तियों के लिए भावावेग अत्यन्त आवश्यक हैं। जिस क्षण पुरुष उसकी तरफ देखता है, उस क्षण से लेकर पुरुष के आलिंगन, उसके शक्तिद्रव का उसके गर्भ में प्रवेश, नौ महीने तक उसके अन्दर भ्रूण का विकास, शिशु का दर्शन, उसका स्पर्श और स्तन्यदान सभी उसे एक अनिर्वचनीय आनन्द से भर देते हैं। शिशु का रोना, मुस्कुराना, उछलना, प्यारी-प्यारी बातें करना, उसके प्रति गहरा लगाव, ये सब स्त्री के भावावेगों के बहुत बड़े निर्गम–मार्ग हैं। मातृप्रेम मनुष्य की समस्त शक्तियों में प्रबल शक्ति है। उसने स्त्रियों और पशुओं से ऐसे-ऐसे साहसिक कार्य कराये हैं जो योद्धाओं के लिए भी सम्भव नहीं हैं और यह आँखों को चौंधिया देने वाले त्यागों का कारण भी बना है।

ऐसे महान मातृप्रेम को बहुत-सी स्त्रियाँ नहीं जानतीं। जिन्होंने बच्चों को गर्भ में धारण करके जन्म दिया है, वे भी। ऐसी स्त्रियाँ हज़ारों की संख्या में हैं, जो पति के न रहने से गर्भपात कराती हैं, बच्चों को मार डालती हैं या दूसरों को दे देती हैं। इतने बड़े आकर्षण को तोड़कर गर्भशोक में जलने के लिए स्त्रियों को विवश करने वाले समाज की यह क्रूरता कितनी अमानवीय है, इसको लेकर सोचने वाले विरले ही होते हैं। इस देश में बहुत-सी स्त्रियाँ बच्चों को पालने में असमर्थ होने के कारण

उनको बेच देती हैं। ऐसी दारुण दरिद्रता को अपनी आँखों देखते हुए भी सम्पन्न वर्ग उपेक्षा भाव से चुप बैठा रहता है।

मातृत्व की दिव्यानुभूति के अभाव में स्त्री का जीवन वीरान हो जाता है। जो स्त्री इस आनन्द को नहीं जानती, वह जीवन में आधे आनन्द से अपरिचित रह जाती है। स्त्री जब यथासमय बच्चे को जन्म नहीं देती, तब अशान्ति, चिढ़, क्रोध, ईर्ष्या, स्नायु रोग, व्यर्थताबोध जैसी अनेक यातनाओं का शिकार हो जाती है, जिनको वह ख़ुद समझ नहीं पाती। जीवन में दूसरे सुख चाहे जितने हों, सन्तान के बिना सब उसे निरर्थक लगने लगते हैं। पुराणों में राज-दम्पती द्वारा सन्तान के लिए उठाये जाने वाले अनेक कष्टों का जो चित्रण हम पढ़ते हैं, उसमें अतिशयोक्ति नहीं है। लेकिन आधुनिक स्त्रियाँ यह न समझने के कारण कि सन्तान का न होना ही उनकी यातनाओं की जड़ है, पतियों को, समाज को, सरकार को, भगवान को और नौकर-चाकरों को दोष देती रहती हैं। सन्तान न होने से कुछ स्त्रियों का मानसिक सन्तुलन तक बिगड़ जाता है। भूतावेश की स्थिति पैदा हो जाती है। इसलिए गर्भ का भार, असहायता, पराधीनता, उल्टियाँ, दर्द, बीमारियाँ, मृत्युभय—इन सबको हर बार सहन करती हुई, काँखती-कराहती, कोसती और अभिशाप देती हुई भी स्त्रियाँ बार-बार सन्तान को जन्म देती हैं।

नयी परिस्थितियों में बच्चे स्त्रियों के लिए बहुत बड़ा झंझट और समस्या बन रहे हैं। अकालमृत बच्चे विशेषतः दुखदायी होते हैं। गर्भशोक से बड़ा शोक दुनिया में नहीं है। ये परिस्थितियाँ अधिकांशतः शहरी जीवन और उस जीवन के अनुरूप लोगों की आदतें न बदलने से उत्पन्न हो गयी हैं। स्त्रियों को स्कूलों में या सरकार की ओर से नया ज्ञान-विज्ञान प्राप्त न होना भी इसका एक कारण है। स्त्रियों की दृष्टि में भी पारम्परिक विश्वास अन्ध विश्वास बन गया है, तो नया विश्वास पश्चिमी हो गया है। घर का काम-काज और बच्चों की परवरिश के अलावा सार्वजनिक क्षेत्र में भी स्त्रियाँ अब काम करने लगी हैं। वे बच्चों की तरफ़ यथोचित ध्यान नहीं दे पातीं। इस स्थिति के अन्य कारण भी हैं—इस बात को न समझना कि बच्चों का लालन-पालन दूसरे सब कामों से ज़्यादा महत्त्वपूर्ण है, बच्चों के काम के बाद जो बचता है, केवल वही समय दूसरे कामों में लगाना चाहिए, बच्चों के लिए उचित भोजन, खुली हवा, और उल्लासमय वातावरण का अभाव, अपर्याप्त कमाई, पति को फ़ुरसत न होना, आदि।

बच्चे को जन्म देते ही स्त्री को समझ लेना चाहिए कि अब बच्चे के लालन-पोषण के लिए उसे सृष्टि के उपकरण के रूप में बदलना होगा। नयी स्त्री को फ़ैशन,

क़ीमती साड़ियाँ, फ़िल्में, सभाएँ, बैठकें और चाय पार्टियाँ ये सब चाहिए। बच्चों के जन्म को अपने वश में रखने, जो पैदा हुए हैं, उनकी शारीरिक और मानसिक उन्नति के लिए त्याग करने और इन कामों के लिए आवश्यक मनोबल प्राप्त करने का प्रयत्न वे नहीं करतीं। उन लोगों ने जो शिक्षा पायी है, वह इस विषय में उनकी सहायता नहीं करती। इसलिए नगरों में स्त्रियाँ अत्यन्त कष्टकर स्थिति में जी रही हैं।

गर्भ-निरोधक उपाय, अपनी निजी कमाई, मताधिकार, जैसे अधिकार, ये सब तो स्त्री की स्वतन्त्रता के लिए आवश्यक हैं। स्वतन्त्रता बहुत आवश्यक वस्तु है। वह होनी ही चाहिए। पर उसका उपयोग करने की आवश्यकता बहुत कम होनी चाहिए। आत्महत्या करने की, पति और बच्चों को छोड़ने की स्वतन्त्रता का उपयोग करने की आवश्यकता होना न कोई महान विषय है, न कोई अभिलषणीय सन्दर्भ। स्वतन्त्रता किसलिए? किस चीज़ से? यह प्रश्न लोगों को अपने आप से पूछना चाहिए।

आहार से, प्रेम से और बच्चों से स्वतन्त्रता की कामना करना न स्वाभाविक है, न स्वास्थ्यकर ही। कुछ लोग हैं, जो यह स्वतन्त्रता चाहते हैं। ऐसे लोगों की स्वतन्त्रता के विषय में भी कोई आपत्ति नहीं होनी चाहिए। उसे चाहना चाहे ग़लत हो चाहे सही। सम्भव है कि कुछ परिस्थितियों में वह स्वतन्त्रता हर व्यक्ति के लिए आवश्यक हो जाये।

सभी स्त्रियों को एक ही अवस्था में बच्चों की ज़रूरत अनुभव नहीं होती। हमारे देश में तीन चौथाई स्त्रियों को पुरुष की ज़रूरत अनुभव होने से पहले ही, पुरुष के लिए उनका शरीर और मन तैयार होने से पहले ही जिस तरह पतियों की प्राप्ति हो रही है, उसी तरह बच्चों के लिए शरीर, हृदय और स्तन तैयार होने से पहले ही बच्चे पैदा हो जाते हैं। जब बच्चे पैदा हो ही जाते हैं, तब आवश्यकता के अनुसार सृष्टि स्त्री के शरीर में आवश्यक परिवर्तन और उसके मन में आवश्यक सहज प्रेरणाएँ जैसे-तैसे ला देती है।

कुछ लोगों को तो मातृत्व के जाग्रत होने पर भी बच्चे नहीं होते। सन्तान के प्रति ममत्व पैदा होने से पहले ही उसे जन्म देने की कोई आवश्यकता नहीं है। बच्चों को जन्म देना कोई धर्मकार्य या मोक्षप्राप्ति का उपाय जैसी चीज़ नहीं है। जब पति को बच्चों की चाह हो ओर पत्नी को न हो, तब पत्नी को चाहिए कि केवल पति की इच्छा के कारण बच्चों को जन्म न दे। लेकिन यदि स्त्री को बच्चों की इच्छा होती है, तब उसके लिए उसे हर तरह का प्रयत्न करना चाहिए।

यह कहना कि बच्चे पूर्व जन्म के पुण्य का फल हैं, वे नहीं होते हैं, तो इसके पीछे कोई शाप या पाप होता है या जन्मकुण्डली ही इसका कारण होती है, इसलिए

प्रयत्न करके कोई लाभ नहीं होता, मूर्खता है। संसार कुछ नियमों के आधार पर चल रहा है। ताड़ के सूखे पत्तों में जब भी आग लगाओगे, वे जलेंगे ज़रूर। पुरुष का वीर्य स्त्री के डिम्ब के साथ मिलने पर भ्रूण बनता है। मिलने में और सही तरीक़े से मिलने में बाधा उपस्थित होने पर ही यह कर्मवाद काम आता है। इसलिए बच्चों की कामना रखने वाली स्त्री को चाहिए कि हतोत्साहित न होकर परिस्थितियों को अनुकूल बना लेने का प्रयत्न करे। बच्चों के जन्म का पाप-पुण्य से, या नैतिकता-अनैतिकता से कोई सम्बन्ध नहीं है। बच्चा स्त्री का जन्मसिद्ध अधिकार है, जिसका पति हो, उसका भी और जिसका पति न हो, उसका भी। वह बच्चे को जन्म न दे, यह समादेश देने का न किसी धर्म को अधिकार है, न किसी समाज को, न किसी सरकार को ही। जन्म लेने वाले बच्चे के बीमार या मनोरोगी होने वाली बात नहीं होनी चाहिए, बस!

बच्चे न होने के पीछे या तो स्त्री की कोई कमी होती है या पुरुष की। पहले यही सोचा जाता था कि कमियाँ स्त्रियों में ही अधिक होती हैं। अब पुरुष में ही वे अधिक साबित हो रही हैं। स्त्री में कमी हो, तो उसका पता लगाना आसान है। पुरुष इस परीक्षा के लिए अपने को प्रस्तुत नहीं करता। इसलिए उसकी कमी का पता लगाना कठिन है। पुरुष की कमी को स्वीकार करने से समाज के सामने अनेक समस्याएँ खड़ी हो जायेंगी। इसलिए स्त्री को ज़िम्मेदार ठहराना आम बात हो गयी है।

पुरुष में ज़रा भी पुंसत्व हो, तो वह गर्भधारण करा सकता है। लेकिन कुछ पुरुषों में वह ज़रा भी नहीं होता। जन्म से ही नहीं होता। कुछ आदतों के कारण वह न रहे, यह भी सम्भव है। यौन रोगों के कारण भी यह हो सकता है। अपनी कमी को जानते हुए भी लोग विवाह करते हैं। स्त्रियों से छिपाकर रखते हैं। नाम और प्रतिष्ठा के लिए। चिकित्सा कराने का प्रयत्न नहीं करते। बड़े सदाचारी होने का यश लूटते हैं। दर्शनशास्त्र के पण्डित बन जाते हैं। ऐसी पतिपरायणाएँ भी हैं जिन्होंने जानते हुए या न जानते हुए पति की स्थिति को प्रकट न होने देकर पूरा जीवन कन्या के रूप में ही बिताया है, जो अपनी कामेच्छा को, जला डालने वाली बच्चों की कामना को अपने ही अन्दर हज़म करके नष्ट हो गयी हैं।

कुछ पुरुषों में पुंसत्व होता है। लेकिन उनके रेतस् में शुक्राणु नहीं होते। स्त्री के निस्सन्तान रह जाने का यह भी एक कारण है। इसका उपचार कठिन है।

यह कुछ परिवारों में आनुवंशिक रूप से भी चला आता है। स्त्रियाँ दूसरे पुरुषों की सन्तान को जन्म देकर ऐसे वंश को चलाती रहती हैं।

स्त्रियों में कमियाँ :

1. पौष्टिक भोजन करने के बाद व्यायाम न करने से शरीर का ख़ूब स्थूल हो जाना।

2. खून की कमी।

3. दुर्बलता।

4. गर्भाशय में जन्म से ही या किसी बीमारी के कारण ऐसी कमी होना।

5. यौन रोग।

6. आनुवांशिक बाँझपन।

पति से सन्तान न हो रही हो, तो सन्तान की तीव्र इच्छा रखने वाली स्त्री के लिए सब से पहला काम है, पुरुष को बदलना। यह काम करने से सीधे नब्बे प्रतिशत स्त्रियों को सन्तान होगी। बहुत तरसा-तरसाकर बच्चा पैदा हुआ है, यह कहकर जहाँ उत्सव मनाये जाते हैं, वहाँ उस तरह का कोई काम हुआ होता है। पुराणों में इस तरह दूसरे पुरुषों को निमन्त्रित करके वंशरक्षा करने की बातें हमने पढ़ी ही हैं। बाद में नैतिकता की रक्षा के उद्‌देश्य से इस पद्धति का निषेध किया गया।

तीर्थाटन पर हो आने के बाद, मन्दिरों की परिक्रमाएँ कर आने के बाद या यति-योगियों से वरदान पाकर लौटने के बाद जहाँ स्त्रियाँ सन्तानवती हो जाती हैं, वहाँ भी पुरुष का बदलना ही घटित हुआ होता है।

पतियों को इसके लिए अपनी सहमति देनी चाहिए। अन्यथा स्त्री को चाहिए कि "सन्तान न दे सकने वाले तुम कैसे पुरुष हो?" यह कहकर उसका प्रतिरोध करे। या यह तर्क दे कि "चलम् तो कहते हैं कि कमी पुरुष में ही होती है।" तब वह पुरुष आपको दोषी ठहरा नहीं सकता। क्योंकि केवल चलम् ही नहीं, इस विषय में आजकल जिन डॉक्टरों ने परीक्षण किये हैं, वे भी यही बात कह रहे हैं।

इस काम के लिए पहले से जिस पुरुष के बच्चे हों, ऐसे पुरुष का चुनाव करना ज़्यादा अच्छा है। तब भी लाभ न हो, तो डॉक्टर की सलाह लेनी चाहिए। सही तरह का आहार, व्यायाम, स्वच्छ हवा, दूर की यात्राएँ ये सब भी सहायक होते हैं। क्योंकि ये शरीर और मन के स्वास्थ्य में वृद्धि करते हैं। पेड़ों आदि की परिक्रमाओं का शायद यही उद्‌देश्य हो!

किन्हीं कामशास्त्रों में वर्णित स्त्री-पुरुष भेद, अंगों की नाप में कमी-बेशी, जातिभेद, वयोभेद, नज़दीकी सम्बन्ध या गम्यागम्यता, रति में असन्तुष्टि, मन की वितृष्णा ऐसी कोई बात बाँझपन का कारण नहीं होती।

स्त्री को सन्तान को जन्म देने का अधिकार है। साथ ही उत्तम सन्तान को जन्म देने का दायित्व भी। जब उसे यह मालूम हो, कि वह स्वस्थ सन्तान को जन्म नहीं दे सकती, तब उसे जन्म नहीं देना चाहिए। किसी दूसरे के बच्चों को पालकर उस इच्छा को यथासम्भव पूरा कर लेना चाहिए। सन्तान को जन्म देने में समर्थ स्त्रियों का पातिव्रत्य आदि की दकियानूसी के चक्कर में पड़कर बच्चे को पाल लेने से सन्तुष्ट होना तो ऐसे ही है जैसे भोजन समझकर मिट्टी खा लेना। पति से उत्तम सन्तान की प्राप्ति नहीं होगी, यह मालूम होने पर उसे किनारे कर देना स्त्री का समाज के प्रति महत्त्वपूर्ण दायित्व बन जाता है।

धीर और उदात्त पुरुषों द्वारा अनेक स्त्रियाँ सन्तान को जन्म दे सकें, ऐसी सुविधा होने पर वे देश के अभ्युदय में बहुत बड़ा योगदान दे सकेंगी।

31

विवाह विच्छेद

पति-पत्नी को बिना कारण बताये आसानी से अलग होने की सुविधा अवश्य होनी चाहिए। लेकिन अलग होते वक्त हर एक को सोचना चाहिए–अलग क्यों हों? अलग होने के बाद फिर? बिना किसी दूसरे सम्बन्ध के हम जी सकते हैं क्या? दूसरा सम्बन्ध इससे उत्तम और सुखद होगा? भविष्य में शान्ति मिलेगी, इस आशा से वर्तमान से बच निकलना किसी छद्म शान्ति के चक्कर में पड़ने वाली बात तो नहीं होगी?

मानव जीवन बहुत जटिल है। सुख और दुख उसमें अवश्यम्भावी हैं। इसलिए गृहस्थी से निकल पड़ने के बाद दिक़्क़तें दूर हो जायेंगी, इसकी निश्चित जानकारी के बिना, आगे क्या होगा, इस पर विचार किये बिना सम्बन्ध को छोड़ देना मूर्खता है। ख़ासतौर से स्त्रियों के लिए।

घर से चले जाने के बाद अकेले जीना या किसी एक बड़े अभियान में जीवन को विलीन कर देना या किसी नये सम्बन्ध में सुख-शान्ति प्राप्त करना किसी-किसी के लिए ही सम्भव होता है।

इसलिए सवाल यह उठता है कि अलग होने के लिए स्त्री-पुरुषों को समाज और क़ानून ख़ूब सुविधा दे और यह विवाह चार ही दिन की चाँदनी है, ऐसी बात आम स्त्री-पुरुषों के मन में बस जाये, तो वह विवाह की स्थिरता के लिए हानिकारक होगी न? कष्टकर होने के कारण विवाह विच्छिन्न हो जाये, तो समस्या कोई नहीं है। लेकिन यदि मनुष्य के स्वभाव में एक सुस्थिर सम्बन्ध को आवश्यक मानने वाली प्रवृत्ति हो और उस प्रकार के सुस्थिर सम्बन्ध के अभाव में जीवन के अस्त-व्यस्त और दिशाहीन होकर व्यर्थ हो जाने की, जीवन के प्रति आसक्ति और उसके आनन्द ही के नष्ट हो जाने की आशंका हो, तो जहाँ तक हो सके मनुष्यों को जोड़कर रखने का प्रयत्न करना ही अच्छा है। आजकल विवाह-बन्धन को तोड़ चुकी स्त्रियों के

जीवन को देखें तो लगेगा कि इनमें से ज़्यादातर स्त्रियाँ गृहस्थी में रहतीं, तो सुखी रहतीं। फिर यह सोचने के लिए कि चलो, सुख का त्याग करके इन लोगों ने किसी महान वस्तु की उपलब्धि तो कर ली है, वहाँ ऐसी कोई चीज़ दिखाई नहीं पड़ती। इनमें से बहुत-सी तो इतनी हीन दिखाई पड़ती हैं कि इनकी निकटता सहन नहीं होती।

लेकिन उनके कुशल-मंगल के विचार से गृहस्थी में ही उनको ज़बर्दस्ती बाँधे रखने की कोशिश करें, तो लोग वहीं बने रहेंगे, यह निश्चित रूप से नहीं कहा जा सकता।

एक इसी कारण से कि उनको गृहस्थी में रहने के लिए मज़बूर किया जा रहा है, वे बाहर जाने का विचार करेंगे। इसलिए ज़बर्दस्ती वाली बात कभी नहीं होनी चाहिए। चूँकि विवाह के इस बन्धन में इतनी ज़बर्दस्ती है, इसलिए, और चूँकि उसे ऐसे-ऐसे महान मूल्यों से मण्डित किया गया है, जो उसके अपने नहीं हैं, इसलिए, वह लोगों के प्राणों के लिए इतना भयानक राक्षस बन गया है। विवाह को आज धार्मिक, नैतिक और प्रतिष्ठा सम्बन्धी जो जूठे मूल्य प्राप्त हैं, उन सब को समाप्त हो जाना चाहिए और लोगों के जीवन को सुखमय बना सके, इस रूप में विवाह-व्यवस्था को बदलना चाहिए। अविवाहित रहना या गृहस्थी से बाहर निकल आना समाज में किसी प्रकार की अप्रतिष्ठा की या न्यूनता की बात समझी नहीं जानी चाहिए।

पुरुष का इतना अपक्षय होता नहीं दिखता। लेकिन उसमें भी बदलाव तो दिखाई पड़ता ही है। मैं समझता हूँ कि यह वर्तमान परिस्थितियों के कारण हुआ है। कुल मिलाकर कह सकते हैं कि जब तक लोग और अधिक विकसित नहीं होंगे, अपने दायित्वों को और उनको सुख देनेवाली चीज़ों को, निश्चित रूप से पहचानने की शक्ति हासिल नहीं करेंगे, तब तक ख़ाली तलाक के क़ानून शायद कुछ मदद नहीं कर सकते।

जीवन को देखते-परखते बहुतों को यह लगने लगता है कि किसी बड़ी चीज़ के लिए विशेष प्रयास करने की आवश्यकता नहीं है, जीवन बिना किसी झंझट के किसी तरह चलता रहे, यही काफ़ी है और इसमें गृहस्थी का बन्धन सहायक होता है।

अधिकारी से दुर्व्यवहार पाकर रोष से त्यागपत्र देनेवाला व्यक्ति धीर तो है पर उसे उस धीरता को बनाये रखना होगा। अपने को बहुत गिराकर दूसरी नौकरी लेने के बाद पहलेवाली घटना को लेकर डींग हाँकते हुए अन्दर-ही-अन्दर कुढ़ते रहनेवाले बहुत लोगों को मैंने देखा है।

इसी तरह किसी समस्या के कारण वैवाहिक बन्धन को ठुकराने के बाद निराश्रित होकर पहले से भी अधिक ग़ुलामी में फँसे हुए लोग भी बहुत हैं।

विवाह के बाद श्रृंगारभावना, नयापन और रोमांच सब जल्दी ही नष्ट हो जाते हैं। लेकिन असल में वह श्रृंगारभावना और प्रेम की कामना होती ही कितने लोगों में है? कितने लोगों में इनके लिए तीव्र छटपटाहट होती है? वे सब मुफ़्त में मिलें, अनायास घटित हों, ऐसे सपने देखनेवाले और इस गृहस्थी से बाहर निकल जायें, तो बस, उस बगल वाली गली में वे सब एकदम तैयार मिलेंगी, ऐसा सोचने वाले मूर्ख बहुत हैं। किसी तरह वे चीज़ें हाथ में आ ही जायें, तब भी उनको पहचानकर स्थायी रूप से उनको अपना बना सकने वाले ही कितने हैं?

महान प्रेम जब घटित होता है, तब यों भी आगे-पीछे देखनेवाली कोई बात नहीं होती। किसी की सलाह की ज़रूरत भी नहीं होती। विवेक और धर्म, इस तरह के विचार भी नहीं आते। लेकिन ऐसी स्थिति बहुत विरल है। ज़्यादातर होता यही है कि घर की परिस्थितियाँ दुर्भर होने, स्त्री की दृष्टि में पुरुष के हीन हो जाने और बाहर किसी के प्रति प्रेम हो जाने से ही स्त्रियाँ घरों से निकल जाती हैं। साँस लेने की स्वतन्त्रता भी न रहने से और उनकी श्रृंगारभावना को अभिव्यक्ति न मिलने के कारण वे चली जाती हैं। लेकिन बाहर आने पर भी बहुत बार बेचारी उन स्त्रियों की इच्छाएँ पूरी नहीं हो पातीं।

किसी के साथ स्त्रियों के भाग जाने वाली घटनाएँ बढ़ रही हैं। लेकिन भाग जाने वाली स्त्रियाँ यह काम अच्छी तरह सोच-समझकर नहीं करतीं। वे फिर से सम्बन्धियों और पतियों के हाथ आ जाती हैं। अनाथ हो जाती हैं। पुरुष तो आराम से ही रहता है। लेकिन स्त्री बहुत नुकसान उठाती है। सुख, शान्ति, आत्मसम्मान, उत्साह, आत्मविश्वास सब वह खो बैठती है।

गृहस्थी से निकल जाने से पहले स्त्रियों को इन विषयों पर विचार कर लेना चाहिए :–

1. लम्बा समय शान्ति से गुज़ारना हो, तो नब्बे प्रतिशत लोगों के लिए तो चाहे जैसे नरक में हों, किसी के साथ भाग जाने से तो गृहस्थी में बने रहना ही अच्छा है। चाहे जितनी ज़िम्मेदारियाँ हों, गृहस्थी में स्त्री का अपना एक स्थान है। चाहे जितना छोटा स्थान हो, उस में एक प्रकार की सुरक्षा और शान्ति है। वहाँ समाज, अड़ोसी-पड़ोसी, और सम्बन्धी कुछ सीमा तक ही सही, स्त्री के पक्ष में बोलेंगे।

निकल जाना चाहें, तो मन में यह पक्का इरादा करके निकल जाना चाहिए कि चार ही दिन सही, महान श्रृंगारानुभव प्राप्त करके उसके बाद नष्ट हो जायें या मर

जायें, तो क्या है? उनमें यातनाएँ, अकेलापन, उपहास, अन्याय, ग़रीबी सब सहन करने की शक्ति होनी चाहिए। मरने तक का साहस होना चाहिए।

2. लेकिन यह सब छोड़कर जाने के बाद भी बहुत बार वह श्रृंगारानुभव नहीं मिलता।

3. तुम्हें बुलानेवाले पुरुष में तुम्हारे पैसे का लालच तो नहीं है? इस बात की ख़ूब जाँच कर लो। उसे तुम्हारा भरण-पोषण करने की स्थिति में भी होना चाहिए।

4. गहने कुछ भी अपने साथ मत ले जाना।

5. जब तक तुम्हें विश्वास न हो, कि वह पुरुष तुम्हें दिव्यानुभव दे सकता है, तब तक हिलो मत।

6. सम्बन्धियों के हाथ न लगो, इसलिए बहुत दूर जाने का इन्तज़ाम कर लो।

7. विवाहित महिला से सम्बन्ध रखने वाले पुरुष को जेल की सज़ा होती है। इसके लिए तैयार रहो।

8. पहली शादी से छुटकारा पाना हो, तो इस्लाम धर्म स्वीकार करना भी एक उपाय हो सकता है।

32

शृंगार

शृंगार और प्रेम को इतना महत्त्व देकर अगर मैं समापन कर रहा हूँ, तो यह अकारण नहीं है। लोग जिन सुखों के लिए प्रयत्न करते हैं, अपने जीवन में जिन चीज़ों को देखकर सन्तुष्टि और गर्व का अनुभव करते हैं, उन चीज़ों का थोड़ा-बहुत अनुभव करके ही मैंने जाना है। पैसा, अधिकार, ऊँचा पद, यश, महान चरित्र, धर्म, ध्यान, परिवार, संघर्ष, साहसिक कार्य ऐसी बहुत चीज़ें हैं। लेकिन मैं निस्सन्देह और निस्संकोच कह रहा हूँ, कि शृंगार की बराबरी करने वाला अनुभव कहीं नहीं है। प्रेम? उसका मिलना बहुत कठिन है। मिल भी गया, तो वह एक ज्वाला है। एक तपस्या है। उस शिखर को पा सकने तक वह नसों को ख़ींचकर यन्त्रणा देता है! लेकिन अगर मिल गया तो प्रेम बहुत बड़ा वरदान है। इतनी बड़ी यन्त्रणा में भी उसमें से महिमामय वीणारव सुनाई देता ही रहता है।

लोग कहते हैं कि उस प्रेम से बड़ी तो आध्यात्मिक अनुभूति है। आध्यात्मिक अनुभूति का मतलब धर्म, पूजा-अर्चना, वेदान्त ये सब नहीं है। वह ऐसा अमृत है, जिसे ये संन्यासी, वेदान्ती और विरागी कोई नहीं जानता। अगर मिल जाये तो वह प्रेमानुभव से महान तो लगेगा! लेकिन वह मिलता किसको है और कैसे मिलता है? और कुछ नहीं बना तो हम इसके लिए प्रयत्न कर रहे हैं और वह अब मिलने ही वाली है, ऐसी शिशु आस्था से अपने को भरमाने और दूसरों को धोखा देने के सिवा कुछ हासिल नहीं होता। वास्तविक आध्यात्मिक अनुभूति का मतलब है, अपने को, या अपनी आत्मा को या जिसे 'मैं' कहा जाता है, उसे विश्व चेतना में विलीन कर पाना। विश्वगान में अपने स्वर को मिलाना, विश्वात्मा से एकात्म हो जाना। विश्वानन्द या ब्रह्मानन्द में लीन हो जाना–संसार के समस्त आनन्द को अपना बनाकर अनुभव करना। जब ऐसी आध्यात्मिक अनुभूति की प्राप्ति नहीं होती, तब आत्मविस्मृति की अवस्था में किसी दूसरे व्यक्ति में विलीन होने का आनन्द इस प्रेम में या कुछ हद तक शृंगारभावना में ही मिल सकता है। वह और कहीं नहीं मिल सकता।

इस तरह दूसरे में विलीन होना पुरुष से अधिक स्त्री के लिए सरल है। यह उसका सौभाग्य है। वह सहजता से अपने पुरुष पर देवत्व आरोपित करके स्वयं को उस में विलीन कर सकती है। इसी का लाभ उठाकर पुरुष अपनी आराधिका का निरादर करता है। आराध्य के साथ एकत्व साधना को ईश्वरीय वरदान मानकर ही कुछ पुरुष महान भक्त हुए हैं। एकत्व का यही आदर्श पुराणों में पातिव्रत्य कहा गया है। स्त्री से यह तो कहा गया कि तुम इस एकता को साधो, पर यह नहीं कहा गया है कि इसका अभिनय करो।

इन बड़ी-बड़ी बातों को छोड़कर मात्र रतिकर्म की बात सोचें, तो उस से अधिक दो शरीरों की अद्वैत स्थिति की कल्पना कोई नहीं कर सकता। उस मिलन के प्रति और अपने सहचर के प्रति आदर और भक्ति का भाव जितना अधिक होगा, एकात्म भाव उतना ही प्रगाढ़ होगा। परिणामत: बड़ी शक्तियाँ एकरूप हो जाएँगी। इसीलिए कहता हूँ कि रतिकर्म को मात्र दिनचर्या बना लेनेवालों से ज़्यादा अभागे पुरुष कहीं नहीं मिलेंगे। उस समय में महान भावों, सपनों, और कामनाओं को प्रज्वलित होकर सन्तुष्टि प्रदान करना चाहिए। आप यह न समझें कि मैं यों ही अंट-संट कुछ लिख रहा हूँ।

प्रेम, आसक्ति और श्रृंगार में आपको विश्वास न हो, और उनको पाना आपके बूते की बात न हो, तब भी सम्भोग तो आपको आता है न! उसमें, उसकी महानता में और वह जो उन्मुक्ति दे सकता है, उस में तो विश्वास कीजिए। लज्जा, वितृष्णा, और नीचता के लेश तक को अपने अन्त:करण से निकाल बाहर कर दीजिए। समझ लीजिए कि जीवन यह आनन्द और यह उन्मुक्ति पाने के लिए ही है! उसके सामने संसार के समस्त सुख तुच्छ हैं।

यही नहीं, मेरे जीवन में वे भी दिन रहे हैं, जब मैं भी आप ही लोगों की तरह आसक्ति, स्वेच्छा, आदि चीज़ों को पाप मानकर अपने आपको बाँधे रखता था। आज भी यह बात सही है कि संयम और मन द्वारा दिखाए जाने वाले नियम-नियन्त्रणों का तथा धर्म का अतिक्रमण करके बहुत अधिक सुख हम कभी भी पा नहीं सकते। लेकिन प्रेम और श्रृंगार में रुकावट बनने वाली ये शंकाएँ और भय थोथे हैं, सच नहीं हैं। दुर्बल लोगों ने ईर्ष्यावश इनकी सृष्टि की है। विगत युगों की परिस्थितियों में ये बनाये गये थे और आज निरर्थक हैं। अपनी अशक्तता का समर्थन करने के लिए और अपने को महान साबित करने के लिए ही कायरों द्वारा ये बनाये गये थे।

यौवन की चकाचौंध में लोग कविताओं, नाटकों और फ़िल्मों द्वारा महिमान्वित किसी अमूर्त प्रेम में विश्वास करके उसे ढूँढ़ते हैं। यह सोचते हैं कि आगे मुड़ते ही वह प्रेम कहीं मिलेगा। जो वे भोग रहे हैं, उससे सन्तुष्ट न होकर बार-बार ढूँढ़ने निकलते हैं। लेकिन जल्द ही हृदयों पर जीवन जो धूल-धक्कड़ फेंकता है, उसे सहन करने में असमर्थ होकर जिस पर उन्होंने विश्वास किया था, जिसके सपने देखे थे, उस प्रेम को खाली माया कहकर उसकी अवहेलना करना आरम्भ कर देते हैं। विरले लोगों के जीवन में ही कभी-कभार प्रेम घटित होता है। जिस मिनट वह घटित होता है, जब वह अपनी समस्त ऊर्जा के साथ प्रकट होता है, तब वह ऐसा अलौकिक प्रकाश बिखेरता है कि उसकी ऊँचाई को पाना न किसी कवि के लिए सम्भव है न किसी सपने के लिए ही। इसके अलावा वह जलाता भी है। लेकिन देखो, वह कितने बड़े आनन्द के प्रति, कितनी उदात्त महिमा के प्रति, कैसे अकथनीय ऐश्वर्य के प्रति और कैसे स्वर्गिक आलोक के प्रति मनुष्य की आँखें खोल देता है!

33

समापन

यह विषय अनन्त है। मैं जो कहना चाहता था मैंने कह दिया है। वर्षों से मुझे व्याकुल करते और अनुभव के साथ बदलते अपने विचारों को यहाँ मैंने प्रस्तुत किया है। लेकिन केवल ये ही सत्य हैं, ये ही अनुसरणीय हैं, ऐसा मेरा दावा नहीं है। भविष्य में ये बदल भी सकते हैं। सम्भव यह भी है कि ये 'सत्य' दूसरों के लिए सत्य हों ही नहीं।

एक के लिए उपयोगी सिद्ध हुई पद्धतियाँ बाक़ी सब के लिए भी उपयोगी सिद्ध होंगी, ऐसा सोचना ही संसार में बहुत अधिक मूर्खता, दुख और यातना का कारण है। बहुत से लोग इस पुस्तक को हानिकर और उन्मत्त प्रलाप मानकर इसे दियासलाई भी दिखा सकते हैं। किन्हीं थोड़े लोगों के लिए ही यह जानकारी उपयोगी होगी। ऐसे लोग इस पुस्तक को पढ़कर ये पद्धतियाँ कहाँ तक उनके लिए उचित और अनुसरण के योग्य हैं, इस पर विचार करें, यही मैं चाहता हूँ। बस। मेरे कहने का यह उद्देश्य नहीं है कि यह एक सम्पूर्ण प्रणाली है, या दुनिया को इस तरह बदलना चाहिए या वह बदलेगी।

आज के लिए ये पद्धतियाँ मुझे उपयुक्त जान पड़ती हैं। मैं ग़लत भी हो सकता हूँ। चाहे ग़लत ही हों, चूँकि मेरे मन को सूझी हैं इसलिए इन पर आचरण करूँ, तो मेरे जीवन में नया प्रकाश और अधिक फैलेगा, यह मेरा विश्वास है।

जो जड़मति किसी व्यक्ति, पुस्तक या रिवाज पर अन्धविश्वास के कारण पुराने धर्मों और नीतिवचनों का बखान करते हुए घूमते रहते हैं, उनकी उन्नति नहीं होती। साहस के साथ जो लोग अपने निजी विचारों के अनुसार–चाहे वे ग़लत ही क्यों न हों–आचरण करते हैं, वे ही लोग उन्नति करते हैं। जहाँ तक बुद्धि की गति हो, वहाँ तक साहसपूर्वक सोचना चाहिए। जो हमें सूझता है, वही हमारे लिए सत्य है। दूसरों

का सत्य चाहे कितना महान हो, हमारा सत्य नहीं हो सकता, जब तक हमें भी वह सहज रूप से नहीं प्राप्त होता।

कूदने से पहले गहराई का अन्दाज़ा कर लेना ही चाहिए। पर देखते-सोचते ही खड़े रह जायें, तो वह जड़ता है, मृत्यु है।

मैंने इस पुस्तक में समाज की जो कमियाँ दिखाई हैं, वे इस देश में ही नहीं, पूरे संसार में हैं। पीढ़ी-दर-पीढ़ी स्त्री के साथ पुरुष जो करता आया है, वह अन्याय है। उसने स्त्री के आत्मसम्मान का हनन किया है। स्त्री को उसे फिर से पा लेना है। अपनी इच्छानुसार और जो तरीक़ा सूझे, उस तरीक़े से।

इसका मुख्य साधन है प्रतिरोध। सब के विरुद्ध–घर के विरुद्ध, पति के विरुद्ध, बड़े-बूढ़ों के विरुद्ध, पुराने विधि-विधान के विरुद्ध, फफूँद लगी नैतिकता के विरुद्ध। अपनी उन्नति में अवरोध बनी हर संस्था का प्रतिरोध करके और कष्ट सहकर जब तक स्त्री अपना जीवन अर्पित नहीं करेगी, तब तक खोई हुई अपनी आत्मा को वह फिर से पा नहीं सकती।

इस डर में से, इस लज्जा में से, इस आलस्य में से, इस गुलामी में से जगकर प्रतिरोध द्वारा स्त्री को अपनी असली स्वतन्त्रता और अधिकार छीन लेना चाहिए। तभी वह अपनी आत्मा को धन्यता प्राप्त करा सकेगी और बाक़ी संसार का भी उद्धार कर सकेगी।

कुछ लोग कहते हैं कि यह पुस्तक पढ़कर लोग और समाज ख़राब हो जाएँगे। यह कहना कि लोगों को और समाज को ख़राब करने की शक्ति मुझ में है, मेरे लिए बड़े सम्मान की बात है। लेकिन मैं जानता हूँ कि ख़राब कोई नहीं होगा। मेरा विश्वास है कि ऐसे कमज़ोर लोग कहीं नहीं होते, जो मेरी किताब पढ़ने मात्र से मेरी बातों पर आस्था रखकर अपना विनाश करेंगे। इससे भी बढ़कर अपने साथी लोगों के प्रति मुझमें आदर है और विश्वास भी है।

परिशिष्ट-1

आईने में पर्वतोपम चलम्

वाविलाला सुब्बाराव
(तेलुगु के प्रसिद्ध आलोचक)

वेंकट चलम् 1894 से 1977 तक ही जीवित रहे। लेकिन आने वाली कई पीढ़ियों को सोचने के लिए प्रेरित करके गए हैं और जीवन को सार्थक बनाने के लिए एक लक्ष्य का निर्देश भी करके गए हैं। अपने जीवन के संघर्ष में से ही अपने दार्शनिक दृष्टिकोण का निर्माण करते हुए और अपने प्रयोगों के नतीजों को जब का तब रचनाओं के रूप में संसार के सामने प्रस्तुत करते हुए उन्होंने अपने जीवन को ही एक नित्य-प्रयोगशाला के रूप में रूपायित कर लिया था। ऐसा कोई लेखक तेलुगु साहित्य के हज़ार वर्ष के इतिहास में दूसरा कोई नहीं हुआ है। बुद्ध की तरह वैशाख पूर्णिमा के ही दिन उनका जन्म होना (19-5-1894) केवल यादृच्छिक ही हो सकता है। इसी तरह भौतिक सम्पत्तियों के प्रति अनासक्ति, परमार्थ के अन्वेषण की व्यग्रता, हेतुबद्ध चिन्तन, अपने अनुभवों को ही प्रमाण मानना, सर्वातिशयी अस्तित्व का अनुभव, इन चीज़ों का भी बुद्ध और चलम में समान रूप से पाया जाना भी यादृच्छिक ही हो सकता है।

लेकिन ये विशेषताएँ दोनों में समान हैं, इसे स्वीकार करने में किसी को सन्देह करने की आवश्यकता नहीं है।

1911 में काकीनाडा के कॉलेज में पढ़ते समय इनका ब्रह्मसमाज के नेता ब्रह्मश्री रघुपति वेंकट रत्नम नायडू का शिष्यत्व प्राप्त हुआ। इसी के साथ पारम्परिक विश्वासों और रीति-रिवाजों के विरुद्ध इनका विद्रोह आरम्भ हुआ। साथ ही जाति-पाँति के भेदभाव का तिरस्कार करने का सुसंस्कार भी प्राप्त हुआ।

सबसे पहले इन्होंने घर में ही स्त्री की स्वतन्त्रता का संघर्ष आरम्भ किया। पत्नी को बहू के पारम्परिक दायित्वों के बोझ से मुक्त करने के लिए इन्होंने संघर्ष किया। फिर छोटी बहन के बालविवाह का विरोध किया। उनके विद्रोही तेवर देखकर पिता

ने सम्पत्ति में उनके हिस्से से उनको बेदखल कर दिया और हमेशा के लिए उनको अपने घर से निकाल दिया। चलम् ने सोचा, सम्पत्ति गई तो गई, पिण्ड छूटा। इस तरह चलम् का सम्पत्ति का मोह तेनाली में ही छूट गया। रीति-रिवाज का सम्मान करना तो पहले ही छोड़ दिया था। अपने क्रान्तिकारी विचारों को व्यावहारिक रूप में परिवार में प्रवेश कराकर विरोध और बहिष्कार का स्वाद चखना तो यहीं आरम्भ हुआ था। आगे चलकर समाज की ओर से भी उनको ऐसे ही विरोध और बहिष्कार का सामना करना पड़ा था। संघर्ष करने के लिए आवश्यक साहस जुटाने के लिए और प्रतिबद्धता के साथ डटे रहने के लिए तेनाली उनकी प्रयोग-भूमि साबित हुई।

फिर सहज प्राप्त उग्र स्वभाव के कारण ब्राह्मण समाज का त्याग करके एकेश्वरोपासना और भक्ति तत्परता को महत्व देने वाले ब्रह्मसमाज में एक महत्तवपूर्ण व्यक्ति के रूप में ये उभरे। ब्रह्मसमाज में भी वे एक अतिवादी ही बने रहे।

चलम् के जीवन में प्रेम की समस्याएँ आरम्भ हुईं। नैतिकता प्रधान प्रेम से अधिक प्रेम प्रधान नैतिकता को ही उन्होंने अपने मार्ग के रूप में चुना। परिणाम यह हुआ कि ब्रह्मसमाज से दूर हो गए। फिर भी उस चिन्तन से पूरी तरह हटे नहीं। अपने ईश्वर को स्वयं परिभाषित करने में लग गए।

उन्होंने देखा कि स्त्री का प्रेम सामाजिक नियमों की कठोरता के नीचे, पुरुषाधिपत्य के नीचे कुचला जा रहा है। स्त्री की स्वेच्छा, ईश्वर के प्रति भक्ति, और सौन्दर्य-भावना, इन्हीं पर ये केन्द्रित रहे। रवीन्द्रनाथ की गीतांजली उनका पारायण ग्रन्थ बन गई। सम्पूर्ण प्रेम की खोज में विवाह अवरोध बन सकता है, यह भावबीज 'शशिरेखा' नामक उपन्यास के रूप में फला फूला है। यह इनका पहला उपन्यास है, 1921 में रचा गया।

स्त्री जाति को स्वतन्त्रता न देने का मतलब है, ईश्वर की सृष्टि के एक महत्वपूर्ण हिस्से का अवमूल्यन करना। ईश्वर की बनाई नैतिकता ही असली नैतिकता है, मानव निर्मित नैतिकता सर्वोच्च नहीं है, ये निर्णय 1920 के बाद इनका मार्गनिर्देश करते रहे। इन निर्णयों के कारण नैतिकतावादी ब्रह्मसमाज से दूर और स्त्रियों के प्रेम के निकट हो गए। मेटरलिंक, रसैल, एलिस आदि पश्चिमी लेखकों का इन्होंने गहरा अध्ययन किया।

कई जगहों में अध्यापक के रूप में, प्रधानाचार्य के रूप में और स्कूलों के इंस्पेक्टर के रूप में चलम् कार्य करते रहे। स्त्रियों से अपने परिचयों को शृंगार सम्बन्धी चपलता में परिणत होते देखकर अपने ही ऊपर खीझते रहे। "यह कमज़ोरी

मुझे छोड़ेगी नहीं। इस कमज़ोरी के साथ मैं जीवन भर युद्ध करता रहूँगा" उन्होंने कहा।

समाज के आधिपत्य के नीचे कुचली जा रही स्त्री की प्रकृति और उसकी सहज प्रवृत्तियों और प्रेरणाओं का अध्ययन करके 1924 में इन्होंने 'स्त्री' नामक पुस्तक लिखी। यह पुस्तक आज भी पाठकों को आकृष्ट कर रही है और उदारमना पुरुषों को ज्ञान दे रही है।

पतिव्रत्य के नाम पर स्त्री का दमन करने वाले सामाजिक बन्धनों की भर्त्सना करते हुए इन्होंने लिखा, "पातीव्रत्य नामक एक असहज गुण के लिए अनेक सहज गुणों की हत्या की गई है। स्वेच्छा, साहस, सच्चाई, धीरता, उदारता, लोकव्यवहार का ज्ञान, शिक्षा, स्वास्थ्य, चतुराई आदि सारे गुण स्त्री में से ग़ायब हो गए हैं। ऐसी स्थिति में स्त्री पुरुष की दासता करने वाली कठपुतली नहीं बनेगी तो और क्या बनेगी?"

पुरुष की यशलिप्सा को 'हरिश्चन्द्र' नाटिका में और स्त्री के प्रेम में अन्तर्भूत ज्ञान को 'सावित्री' नमक नाटिका में इन्होंने व्याख्यायित किया है। पौराणिक आख्यानों की चलम् ने नई व्याख्या की। 'प्रेमपत्र' नामक पत्र साहित्य की एक अमूल्य पुस्तक भी इसी समय प्रकाशित हुई है। पत्र कितने मूल्यवान हो सकते हैं यह बात तेलुगु पाठकों को चलम् ने ही सिखाई है।

1930 तक अनेक कहानियों, नाटकों और उपन्यासों की इन्होंने रचना की। 'मैदानम्' नामक उपन्यास में प्रेम के लिए समस्त सामाजिक बन्धनों को तोड़ने वाली स्त्री का चित्रण करके इन्होंने तेलुगु समाज को चकित-स्तम्भित कर दिया था। यह उपन्यास आज भी तेलुगु समाज को चकित-स्तम्भित कर रहा है।

पुत्र रवि की अस्वस्थता ने ईश्वर में उनकी आस्था को प्रभावित किया। विचार नास्तिकता की ओर मुड़ गए। किन्तु ये नास्तिक कभी नहीं बने।

ईश्वर-भावना से दूर होते हुए इन्होंने वह स्थान स्त्रियों के साथ सम्बन्धों को दिया।

चलम् जीवन-भर मानव जीवन के अनेक विषयों को लेकर स्वच्छंदता से और गहराई से विचार करते रहे। उनके ये विचार 'म्यूजिंग्स' नामक एक नई विधा की पुस्तक के रूप में आ गए हैं। चलम् के विचारों के विस्तार को, तर्क की तीक्ष्णता को और उनके मन के ऊहापोह को समझने के लिए इस पुस्तक को पढ़ना बहुत

आवश्यक है। यह रचना उनके मन का एक चलचित्र है। तेलुगु साहित्य में यह एक अपूर्व रचना मानी जाती है।

'पुरूरवा' नामक नाटिका इनकी रचनाओं में अत्यंत महत्वपूर्ण है। इन्होंने कहा, "जो मनुष्य स्त्री के प्रेम से ज्ञान प्राप्त नहीं कर सकता वह कहीं से भी ज्ञान प्राप्त नहीं कर सकता, चाहे इस लोक के लिए हो चाहे आध्यात्मिक लोक के लिए, स्त्री का प्रेम ही प्रवेश का मार्ग है।"

फरवरी 1950 में आन्ध्र प्रदेश से अपने सारे रिश्ते तोड़कर आध्यात्मिक साधना के उद्देश्य से चलम् का परिवार रमण महर्षि के आश्रम तिरुवन्नामलै पहुँच गया। चलम् की आस्था ईश्वर में नहीं, भगवान रमण महर्षि में थी। लेकिन इन लोगों के वहाँ पहुँचने के दो ही महीने बाद महर्षि का देहान्त हो गया था।

स्त्री को अपनी स्थिति से विद्रोह करने का उद्बोधन देने के अतिरिक्त उसकी समस्या का कोई व्यावहारिक समाधान न देने वाले अराजकतावादी के रूप में कुछ लोग चलम् को देखते हैं। स्त्री सम्बन्धी आज की व्यवस्था को बदलने के लिए कोई वैकल्पिक योजना तो चलम् के पास नहीं है, लेकिन आने वाले समय के लिए जीवन के कुछ स्पष्ट लक्ष्यों की ओर इन्होंने संकेत अवश्य किया है। इन्होंने माना कि सामाजिक धर्म से मानव धर्म कहीं श्रेष्ठ है, प्रेम के आधार पर ही विवाह होना चाहिए और पति-पत्नी को मित्रों की तरह जीवन व्यतीत करना चाहिए।

अगर आप यह सवाल करें कि कुल मिलाकर चलम् कहते क्या है? तो उत्तर में यही कहा जा सकता है कि सम्पूर्ण स्वेच्छा के द्वारा ही स्त्री अपने स्त्रीत्व का सम्पूर्ण विकास कर सकती है और पुरुष की यात्रा का मार्ग यही होना चाहिए कि वह एक ऐसे सम्पूर्ण पुरुष के रूप में उन्नति करे, जिससे एक सम्पूर्ण स्त्री उसकी कामना करे।

चलम् पत्र लेखक के रूप में भी प्रसिद्ध हैं। मित्रों, पाठकों और साहित्यकारों द्वारा इनको लिखे अनेक पत्र इनके विकास के डॉक्यूमेंट के रूप में देखे जा सकते हैं। वे अपने को 'विश्व पत्र लेखक संघ' के अध्यक्ष बताया करते थे।।

चलम् ने जिन विषयों का प्रतिपादन किया है उनमें से कुछ विषयों को समाज अभी से स्वीकार कर चुका है। कुछ दूसरे विषयों को लेकर चर्चा कर ही रहा है और आगे बहुत समय तक चर्चा करता ही रहेगा। इनके कुछ प्रतिपादन आज उद्यम का रूप भी ले चुके हैं।

चलम् ने लगभग 7000 पृष्ठों के साहित्य का सृजन किया है। इसको अरुणाचलम् जाने से पहले के प्रवृत्तिपरक साहित्य और अरुणाचलम् में रहकर लिखे गए निवृत्तिपरक साहित्य, इस तरह दो भागों में विभाजित किया जा सकता है। यद्यपि इनके प्रवृत्तिपरक साहित्य को ही अधिक महत्व दिया जाता है और यही इनके यश का आधार है, अरुणाचलम् में लिखी गई रचनाओं का अध्ययन किए बग़ैर चलम् का विकासक्रम पूरी तरह समझ में नहीं आ सकता। महाभारत युद्धपर्वों के साथ ही समाप्त नहीं होता न?

इन्होंने अपनी आत्मकथा भी लिखी जो एक उपन्यास की तरह रोचक है।

साहित्यकार के दायित्व को लेकर चलम् ने लिखा, आराम से सो रहे लोगों को वह जगा न पाए, तो उसका कागज़ और उसकी छपाई व्यर्थ है। चलम् ने गहरी नींद सो रहे समाज को जगाने में अपनी पूरी शक्ति लगा दी थी। उन्होंने लिखा, "मेरी रचनाएँ मेरे जीवन-समर को ही प्रतिबिम्बित करती हैं। अबालाओं की आर्ति ही मेरी रचनाओं के घटनाक्रम का आधार है। स्त्री-हृदय की गहराइयों का प्रगाढ़ चित्रण मैंने किया है। यहाँ मेरा सारा प्रयास समाज का सुधार करना नहीं, मेरा अपना सुधार करना रहा है।" इस प्रयास में अपनी सफलता-विफलता को लेकर वे लिखते हैं, "मेरे स्त्री पात्र अधिकांशत: समाज के विरुद्ध विद्रोह करने वाले पात्र हैं। चूँकि समाज उन पात्रों से कहीं अधिक शक्तिशाली है, उन पात्रों के विद्रोह की परिणति सुखद नहीं रही।"

जब उनसे यह पूछा गया कि "आपके साहित्य को लेकर एक आक्षेप यह किया जाता है कि जहाँ शरत के स्त्री पात्र भारतीय धर्म और संस्कृति के प्रतिनिधि हैं, उनमें कामुकता से अधिक स्नेह और स्वच्छ शील-सौजन्य है, वहाँ आपके स्त्री पात्र पश्चिमी सभ्यता-संस्कृति से प्रभावित और केवल कामुकता भरी दिखाई पड़ती हैं। इसका आप क्या जवाब देंगे," तो चलम् ने कहा, "शरत के स्त्री पात्रों के सम्बन्ध में एम.एन. राय ने कहा था कि 'वे पात्र बहुत महान तो हैं, लेकिन शरत ने उनको रीढ़ की हड्डी नहीं दी।' मैंने वह रीढ़ की हड्डी दी है। यह सत्य भी उजागर किया है कि वे ऐसे मनुष्य हैं जिनकी अपनी इच्छाएँ और कामनाएँ होती हैं।"

परिशिष्ट-2

आर्ग्यूमेंट

(यह 1952 की रचना है। कहानी, गल्प, स्केच जैसे नाम उस समय तक व्यवहार में नहीं आए थे। शिल्प की दृष्टि से चलम् नए-नए प्रयोग करते थे। गर्भपात को वैधता प्रदान करने के लिए प्रस्तुत किए गए विधेयक के प्रारूप को तैयार करने में जिन्होंने प्रमुख भूमिका निभाई थी, उन श्रीमती रमा देवी (तत्कालीन संसदीय सचिव) ने कहा है कि उस प्रारूप को तैयार करने में इस कहानी का उन पर बहुत प्रभाव रहा है। इस कहानी के चरित्र की आत्मवेदना ने लगभग आधी शताब्दी के बाद वैधता प्राप्त की थी।

यहाँ किसी वकील की सहायता लिए बग़ैर अभियुक्त स्त्री अदालत में स्वयं अपनी दलीलें प्रस्तुत करती है। जो क़ानून इस समय लागू हैं, उनके सहारे स्त्री की व्यथा के पक्ष में तर्क करके उसे न्याय दिलाना सम्भव नहीं है। इस चरित्र की व्यथा कानून को ही दोषी ठहराने वाली व्यथा है। इस व्यथा को या तो वह स्त्री जानती है या मानवता जानती है।)

"श्रीमान् जज महोदय, मुझे सज़ा सुनाने से पहले मैं जो कहने जा रही हूँ, उस पर ज़रा ग़ौर कीजिए। जैसे मेरे अन्दर हैं, वैसे ही आपके अन्दर भी सब रसों की चाहत है, ख़्वाहिशें हैं, भूख है। आपका भी मेरे ही जैसा शरीर है, और उसमें माँस-मज्जा है। लोहा नहीं है। जो आत्मा मेरे अन्दर और दूसरे सब लोगों के अन्दर है, वही आत्मा आपके अन्दर भी प्रकाशमान है। चाहे जितना अपने को पत्थर-दिल बना लो, एक हृदय तो आपके अन्दर भी धड़क ही रहा है। अपराध को तोलकर सज़ा तैयार करके मेरे मुँह पर पटक देने वाला मशीन तो अप नहीं हैं न! सुनिए आप–मैं जो कहना चाहती हूँ, वह सब सुनने के बाद आपको मेरी बातों में सच्चाई दिखे, तो मुझे बरी कर दीजिए। बरी कर देने का अधिकार आपको नहीं है? तब हिम्मत हो, तो यह नौकरी छोड़ दीजिए। ऐसी हिम्मत न होने की वजह से एक निरपराध को दण्ड देंगे क्या? चलिए आगे बढ़ते हैं।

मैं निर्दोष हूँ। मुझसे बहस करके मुझे दोषी साबित करो। उधर उस वकील को चुप कराओ! इन वकीलों का अपनी फ़ीस के अलावा किसी सच्चाई से कोई वास्ता नहीं रहता। मैं अपने अपराध को ख़ुद क़बूल करती हूँ। गवाहों की कोई ज़रूरत नहीं। तुम्हारे पास दिमाग़ है। मेरे पास भी है। चलो, अब हम दोनों मिलकर विचार करते हैं।

यह सही है कि शिशु को जन्म लेने से रोकने के लिए मैंने गर्भपात करा लिया है। लेकिन यह अपराध कैसे है, यह मुझे बताओ!

पुस्तकों में लिखा है कि यह ग़लत है, इसलिए इसे ग़लत मत कहो! ये पुस्तकें बहुत पुरानी हैं। जिन्होंने वे पुस्तकें लिखी हैं, वे दुष्टात्मा और बुद्धिहीन थे। उनके कहे मुताबिक ही चलना हो, तो हमें अलग से दिमाग़ रखने की क्या ज़रूरत? हमारे अपने विवेक की क्या ज़रूरत? क्या तुम पुस्तकों के अक्षरों के सामने हथियार डाल दोगे? मैंने उनके ख़िलाफ़ बग़ावत की है। तुम उनके अधीन रहना चाहते हो तो तुम मुझसे बड़े कायर हो, स्वतन्त्र चिन्तन से हीन हो, अपराधी हो। ऐसे में मुझे दण्ड देने का अधिकार तुम्हारे पास कैसे रहेगा?

बताती हूँ, सुनो फिर—जिस काम को तुम अपराध कहते हो, वह काम करने से पहले मैंने जो काम किया था, उसे भी तुम क्या ग़लत कहोगे? लेकिन वह काम करना तो ग़लत नहीं है! दण्डनीय नहीं है! तुम्हारी किताबों के अनुसार भी। उस काम को ही सिरे से ग़लत कहोगे? लेकिन वह काम ऐसा है, जो तुम ख़ुद करते रहते हो। तो क्या पति न होने पर वह काम करना ग़लत है? पति के रहते गर्भ ठहर जाए और फिर कोई गर्भपात कराए, तब भी वह अपराध ही होता है न? ऐसा न करके गर्भधारण से बचने के लिए कुछ भी करो, वह ग़लत नहीं है?

गर्भ ठहरने की सूरत में सब काम शुरू से ही ग़लत हो जाता है क्या? गर्भ के ठहरने में मेरी कोई ग़लती नहीं है न! बच्चे न होने पर दोष बीवी के सिर मढ़नेवाले तुम लोग यह कहते हो कि मेरा गर्भवती होना ही ग़लत है? यह पूछते हो कि गर्भ ठहरने के बाद गर्भपात क्यों कराया था? मेरे अपने अनेक कारण हैं। जो आदमी मेरा पोषण कर रहा था, उसने मुझे छोड़ दिया है। अब मैं कैसे जीऊँ? दूसरा कोई काम करके जीना मुझे नहीं आता। बड़ी आसानी से तुम कहोगे, मेहनत-मज़दूरी करो! किसी के घर में खाना बना दिया करो! लेकिन क्या ये मर्द खूबसूरत मज़दूरिन या खाना बनानेवाली को आराम से जीने देंगे? यहाँ जितने लोग हैं, वे सब ऐसे ही महानुभाव हैं। कोट और पगड़ियाँ धारण करके, हिकारत की हँसी हँसते हुए या मूँछों पर ताव देते हुए आँखें गड़ाकर मुझे देखते हुए बैठे रहें, तो क्या यह सही है? आप

लोगों के बारे में कौन नहीं जानता? तुम पूछोगे, मर्दों ने ज़बर्दस्ती की, तो तुम्हारी अपनी नीयत कहाँ चली गई थी? आप लोगों के सामने आत्मसमर्पण न करूँ, तो अपनी बीवियों से झूठ-मूठ की शिकायत करके मुझे नौकरी से निकलवा दोगे तुम लोग। मैं ख़ुद उन बीवियों से शिकायत करूँ, तो खसमों से झगड़ा-वगड़ा करके भी आख़िर में वे औरतें आराम से मुझे ही निकाल देंगी। मुझे भी तो किसी तरह जीना है! पूछने वाले तो सभी हैं कि उस काम के लिए तुम मान क्यों गई थी? अपनी बीवियों को इस तरह कमरों में न छिपाकर, एक पैसा भी हाथ में दिए बिना मेरी तरह सड़क पर फेंककर तो देखो। बेवा होते ही औरतें किसी रिश्तेदार के घर में चाकर बनने के लिए मज़बूर हो जाती हैं न! स्वाभिमान रखनेवाली औरत हूँ, इसलिए मैंने सोचा कि उस नीचता से यह आज़ादी ही बेहतर है। अपनी बीवियों से कहो कि बाहर जाकर दो पैसे कमाकर लाएँ। तब पता चलेगा। यह नाज़-नख़रा और यह पतिपरायणता, सब ग़ायब हो जाएगी! उनसे कहो कि घर से निकलकर बाहर दो दिन बिताकर आएँ। तब पता चलेगा, कि असल में मामला क्या है!

इस बात को भी छोड़ दीजिए। गर्भ ठहरते ही उस आदमी ने मुझे छोड़ दिया था। भूख सताने लगी। तबीयत भी बिगड़ने लगी। दवाइयाँ चाहिए थीं। क्या करती? आप लोगों के द्वार पर आऊँ, तो आप भगा देंगे। बात यही है न? आपकी बीवियाँ पतिव्रताएँ हैं। द्वार धो लेंगी। मैली हो गई है यह सोचकर जहाँ मेरी परछाई पड़ी होगी, उस जगह पर गोबर पोतकर और गोमूत्र का छिड़काव करके उसको शुद्ध कर लेंगी।

मान लो कि मैंने बच्चे को जन्म दिया है। तब क्या उसे तुम पालोगे साहब? यह न सही, उसे पालने का खर्चा दोगे? शरणालय हैं, लेकिन सुना है कि वे लोग नैतिक तरीके से पैदा हुए बच्चों को, वह भी माता-पिता के मरने पर ही लेते हैं। उन शरणालयों के संस्थापक असल में नैतिक तरीके से ही पैदा हुए लोग होंगे शायद! बेवा के बच्चे को सब सताने लग जाएँ, तो कौन उसे तसल्ली देगा? क्या तुम उसे अपने बच्चों के साथ खेलने दोगे? मैं तो किसी तरह भूख बर्दाश्त करके मर-मरकर जीऊँगी। लेकिन अपने बच्चे को कैसे मरने दूँ? उसकी तकलीफ़ देखी नहीं जाएगी, तो उसे किसी कुएँ में धकेलकर मुझे भी उसी कुएँ में कूद जाना पड़ेगा। फिर आप लोग अख़बार में पढ़ेंगे कि एक औरत अपने बच्चे को मारकर ख़ुद मर गई। पढ़कर तुम गाली दोगे कि ऐसा नीच काम उस औरत ने क्यों किया? फिर अख़बार बन्द करके और दीया बुझाकर सो जाओगे।

फिर जिन लोगों ने वह 'क़ानून' बनाया है, चाहे तुम हो या तुम्हारे दादा-पड़दादा, बहिष्कार से मुझे और अपमान से मेरे बच्चे को बचा सकते हैं क्या? यह बात तो तुम लोग बिलकुल नहीं जानते। तुम लोग जो जानते हो वह है, मुझे जेल में डाल देना।

हाँ, दूसरा कोई चारा न होने से और उस अभागी सन्तान को रुलाते हुए रखने लायक़ पत्थरदिल न रखने की वजह से, माँ हूँ न, इसलिए, मैंने यह काम किया है। इससे तुमको एतराज क्यों होना चाहिए?

तुम्हारा पहला आरोप यह है कि मैंने उसकी जान ले ली है। वह मेरे ही अन्दर का एक हिस्सा था या दूसरा कोई प्राण था? मेरे अन्दर का ही हिस्सा था, तो उसे मैं निकाल देती हूँ, तो इससे आपको क्या? मेरे बदन पर कोई फोड़ा हो जाए, तो क्या मैं उसे कटवा नहीं डालूँगी? मैं अपना हाथ भी कटवा लूँ, तो आपको क्या? उस बच्चे को कोई दूसरा अलग प्राण कहते हो? यह बात अगर है, तो किसने उससे कहा था कि मेरे अन्दर प्रवेश करो? मेरी इज़ाज़त के बग़ैर? किसने कहा था कि मेरे अन्दर आकर मुझे सताओ? आपकी इज़ाज़त के बग़ैर कोई आपके घर में घुस आए तो आप क्या करेंगे? आपकी ही तरह मैंने उसे बाहर भगा दिया। वह मर गया तो मैं क्या करूँ? मैंने उसे अपने अन्दर बुलाया था क्या? नहीं न! मैं यह बिलकुल नहीं चाहती कि मेरा कोई बच्चा हो। मेरे अन्दर घुसकर, मेरा स्वास्थ्य और मेरी सुन्दरता बिगाड़कर वह मुझे संकट में डाले, तो यह सब आपको अच्छा लगता है? मैं क्यों उसको बचाऊँ? उसकी भलाई के लिए? हाँ, हाँ, लगता है कि आप लोगों की भलाई के लिए भी मुझे उसे बचाना चाहिए, जिससे आप लोग उसे चिढ़ाकर और गालियाँ देकर अपनी पतिव्रताओं का और अपने बच्चों के पवित्र जन्म का यश गा सकें।

जो चाहूँ वह दवाई मैं खा लूँगी। किसने कहा उससे कि तुम मर जाओ? आपके पेट में कोई कीड़ा पहुँच जाए, तो उसे मारने के लिए तो बहुत दवाइयाँ आप खाते तो हैं!

असल में उसमें प्राण था, यह आपको कैसे मालूम? जब तक वह धरती पर नहीं आता तब तक वह साँस भी नहीं लेता है। यह तुम कैसे कह सकते हो कि उसमें प्राण था? क्या तुम कभी पेट से रहे हो? जज साहब, तुम्हें क्या मालूम है? जन्म लिया हुआ बच्चा भूख से तड़पकर मर जाए, तो तुम्हारे प्राणों को चैन मिलेगा? तुम्हारे कलेजे को ठण्डक पहुँचेगी? जो किसी की जान लेता है, उसे फाँसी देते हो न! वही सज़ा मुझे क्यों नहीं दे देते? मतलब है, वह पूरा प्राण नहीं था। आधा प्राण और

पाव-भर प्राण भी होता है क्या? आधी आत्मा और पाव-भर आत्मा भी होती है कहीं? आप लोगों के पास पूरी आत्माएँ हैं क्या? अगर होतीं तो मुझे इस तरह क्यों सताते?

मुर्गी के अण्डे में प्राण कितनी प्रतिशत होता है? भेड़-बकरियों में आत्मा होती है या नहीं? ऐसे क्यों देख रहे हो, मेरी तरफ़? तुम जानते ही क्या हो कि मुझे सज़ा देने बैठे हो, इस तरह?

यह कहते हो कि मेरी तबीयत ख़राब हो जाएगी? होटल में अंट-शंट खाने वालों को, जवान बीवियों के पास जाते हुए ताक़त की दवाइयाँ खानेवाले बुड्ढों को दण्ड क्यों नहीं देते? चालीस साल की उम्र में ही बवासीर और अतिमूत्र जैसी बीमारियों के शिकार होने वाले जजों को सज़ा क्यों नहीं देते? अभागिन एक मैं ही मिली हूँ क्या तुम्हें? मेरी तबीयत बिगड़ जाए, तो किसका क्या नुक़सान होने वाला है? मेरी जान चली भी जाए तो किसका क्या बिगड़ता है? तुम लोगों की बीवियाँ मुझे देखकर, ''देखो गन्दगी में गिरकर कैसे मर गई है!'' यह कहकर खुशी से अपना पेट भर लेंगी।

क्या तुम सब यह कहोगे कि मैंने उसे मार डाला है, इसलिए दुनिया में लोगों की कमी हो जाएगी? ऐसी बात है, तो आप जैसे पुण्यात्मा लोग तो हैं न! यह काफ़ी नहीं है क्या? फिर हर उस औरत को दण्डित करो, जो बच्चों को जन्म नहीं देती और ऐसा भी करो कि हर विधवा बच्चों को जन्म दे। ज़बर्दस्ती!

अपनी आबादी बढ़ाने के लिए एक और जीव का बोझ ढोने के लिए मुझे मज़बूर करनेवाले तुम होते कौन हो? क्या यह कहोगे कि सृष्टि चलेगी नहीं? मेरा क्या? क्या मैंने गारंटी दी है कि मैं सृष्टि को चलाऊँगी? असल में समाज की आज्ञा है कि मैं किसी बच्चे को जन्म न दूँ। लेकिन क़ानून कहता है कि जन्म दो। जन्म दूँ तो समाज, और जन्म न दूँ, तो क़ानून मुझे दण्डित करेगा। लेकिन समाज ने ही तो यह क़ानून बनाया है! सृष्टि ने एक-दूसरे जीवन को मेरे अन्दर प्रवेश कराया है। उसे निकालने की शक्ति भी मुझे दी है। बीच में आपको क्या?

क्या कहते हो फिर? मुझे बरी कर दोगे? या इस बात से डरते हो कि तुम्हारी नौकरी चली जाएगी? अपनी नौकरी बचाने के लिए मुझ निर्दोष को दण्ड दोगे? नैतिकता क्या यही है? पुण्य भी यही है? जवाब दो!"

□□